개정증보판 기초 **경영경제수학**

개정증보판

기초 경영경제수학

정홍열 | 조성철 | 유일선 | 김종석 | 유성진 지음

∑ 시그마프레스

기초 경영경제수학

발행일 | 2007년 3월 15일 초판 1쇄 발행
2008년 1월 2일 수정판 1쇄 발행
2009년 1월 5일 수정판 2쇄 발행
2010년 3월 2일 수정판 3쇄 발행
2012년 9월 1일 개정증보판 1쇄 발행
2013년 1월 10일 개정증보판 2쇄 발행
2013년 5월 1일 개정증보판 3쇄 발행
2015년 1월 20일 개정증보판 4쇄 발행
2017년 8월 10일 개정증보판 5쇄 발행

저 자 | 정홍열 · 조성철 · 유일선 · 김종석 · 유성진
발행인 | 강학경
발행처 | ㈜시그마프레스
디자인 | 송현주
편 집 | 김문선

등록번호 | 제10-2642호
주소 | 서울특별시 영등포구 양평로 22길 21 선유도코오롱디지털타워 A401~402호
전자우편 | sigma@spress.co.kr
홈페이지 | http://www.sigmapress.co.kr
전화 | (02)323-4845, (02)2062-5184~8
팩스 | (02)323-4197

ISBN | 978-89-97927-28-9

- 이 책의 내용은 저작권법에 따라 보호받고 있습니다.
- 잘못 만들어진 책은 바꿔 드립니다.

* 책값은 뒤표지에 있습니다.

개정판 서문

이 책은 2007년 경제학과 경영학에서 필요한 수학에 초점을 맞추어 기획되었다. 이 책에는 수학을 너무 힘들어하는 학생들을 어떻게 가르칠 것인가에 대한 필자들의 고민이 담겨 있으며, 한 학기 동안 수학에 대한 기초가 얕은 학생들이 쉽게 수학에 접근할 수 있도록 하는 것이 목표였다.

이런 목표가 실제로 어느 정도 반영되었는지 이 책의 초판은 전국 여러 대학에서 교재로 사용되었으며, 우리 필자들은 이 책에 관심을 가져 주신 모든 분들께 진심으로 감사드린다. 한편으로 강의를 담당했던 여러 교수님들과 학생들로부터 여러 가지 충고와 조언을 받았다. 그 내용을 요약해 보면 첫째, 예제나 연습문제에서 경제학 또는 경영학과 관련된 문제가 많았으면 좋겠다는 것이다. 둘째, 설명 문장에 논란의 여지가 있는 부분을 명확히 해 달라는 부탁이 있었다. 셋째, 본문의 내용을 이해해도 풀 수 없는 어려운 연습문제가 있다는 지적이 있었다. 넷째, 너무 요약식으로 기술된 부분이 있어 이해하기 어렵다는 지적이 있었다. 그리고 5년 동안 필자들이 강의해 오면서 학생들이 찾아낸 오자, 탈자와 모호한 문장들을 전체적으로 보완할 필요성을 느꼈다.

이러한 요구사항을 반영할 필요성에 따라 이번에 개정판을 내게 되었다. 전체적인 틀을 크게 변화시키지 않고 지금까지 매학기 강의 현장에서 교수님과 학생들이 지적한 요구사항을 충실히 반영하도록 노력하였다. 그러나 학생들이 이 책을 가지고 경제학과 경영학을 논리적으로 이해하고 비판할 수 있는 능력을 배양하는 데는 아직도 부족함이

개정판 서문

많다는 것을 인지하고 있으며, 이의 수정을 위해 독자들의 많은 충고와 비판을 계속 부탁드린다. 저희 필자들도 강의현장의 요구사항을 충실히 반영하여 미진한 것을 계속 보완하도록 노력하겠다.

지금까지도 애정을 가지고 지원을 아끼지 않는 (주)시그마프레스의 강학경 사장님께 다시 한 번 감사드리며, 강의현장의 지적사항과 요구사항이 있을 때마다 수시로 연구실을 방문해 전해 주신 부산지사 문정현 부장님과 이호진 전무님, 개정판을 잘 꾸며준 편집부 직원 모두에게 감사드린다.

2012년 8월
저자 일동

초판 서문

불행하게도 수학은 많은 학생들에게 공부하기 힘든 것으로 받아들여지고 있다. 수학은 기본적으로 어렵다는 인식이 있기 때문이다. 특히 문과 학생들은 더욱 그러하다. 수학을 피하기 위해 문과로 진학했는데 이렇게 수학을 또 공부해야 할 줄은 몰랐다고 자탄을 하는데도 많은 대학에서 필수과목으로 지정하여 학생들에게 가르치려고 한다.

그리고 7차 교육과정 실시로 고등학교에서 미분과 적분을 배울 기회가 없어진 상황에서 미분과 적분을 가장 많이 활용하는 경제학과 경영학 이론을 이해해야 하는 학생들은 더욱 고통을 느낄 것으로 생각된다.

이와 같이 학생들의 태도가 '수학혐오증'에 가까울 정도로 된 것은 대부분 수학이 학생들에게 친절하게 가르쳐지지 않고 있다는 데 있다. 수학이 가진 간결함 때문에 이해하기 어려워지고, 지나친 형식 논리는 어떤 현상의 직관성과 연관성의 규명을 방해함으로써 학생들의 동기유발을 위축시킬 수 있다.

이러한 문제의식을 공유한 저자들은 수학은 경제학과 경영학을 공부하는 데 필요한 도구라는 시각에서 최대한 쉽고 편리하게 사용하는 입장에서 서술하려고 노력하였다. 이 책은 경제학과 경영학에 입문하는 학생들을 대상으로 하였지만, 특히 수학적인 지식이 없거나 수학적 응용능력이 초보인 학생들이 스스로 배우고 익힐 수 있도록 하는 것을 목표로 하였다. 그래서 많은 그림과 예제를 통해서 수학적 논리를 쉽게 설명하고, 그것이 어떻게 경제학과 경영학 분야에 응용되고 있는지를 보여 주려고 노력하였다.

초판 서문

 경제학과 경영학은 궁극적으로 주어진 자원을 가지고 최적 상태의 자원배분을 구하는 것을 목표로 하므로 이 책은 최적화(optimization) 문제에 초점이 맞추어져 있다. 그러므로 최적화에 관련된 기초지식을 중심으로 기술되어 있지만 경제학과 경영학에서 필요한 모든 수학 분야를 포함하지는 않는다.

 이 책을 탈고하면서 저자들은 수많은 책들 중에 특색 없는 또 하나의 책이 만들어지는 것은 아닌가 하는 두려움과 부끄러움을 느꼈다. 그럼에도 불구하고 이 책을 내는 것은 학생들이 수학적 기본지식을 활용하여 경제학과 경영학 이론을 논리적으로 이해하고 비판할 수 있는 능력을 기르는 데 조금이나마 도움이 되었으면 하는 바람에서이다. 그리고 앞으로 더욱 정진하여 미진하고 부족한 것은 추후에 보완할 것을 약속드린다.

 그동안 교정과 타이핑, 편집 등을 도와준 한국해양대학교 국제무역경제학부 유기성, 주재방 군과 동서대학교 서희정 군에게 감사를 전한다. 그리고 무엇보다도 이 책의 출판을 기꺼이 후원해 주신 (주)시그마프레스의 강학경 사장님께 진심으로 감사드리는 바이다.

2007년 2월
저자 일동

| 차 례 |

제1장　경영경제수학이란?　1

1. 왜 경영경제수학을 배우는가?　1
2. 경영, 경제학에서의 모델　3

제2장　집합　7

1. 집합의 정의 및 표기　7
2. 집합의 종류　9
3. 집합의 연산　10
4. 명제와 집합　15
5. 카테시안 적과 관계　16

제3장　함수　23

1. 함수의 정의　23
2. 함수의 종류와 연산　26
3. 함수의 대응 형태와 역함수　29
4. 지수함수와 로그함수　33

제4장 행렬　43

1. 행렬의 이용　43
2. 행렬의 정의　45
3. 행렬의 기초 연산　47
4. 행렬의 연산과 일반대수의 연산 비교　54
5. 행렬의 종류　56

제5장 행렬의 응용　67

1. 행렬식　67
2. 행렬식의 특성　74
3. 행렬식을 이용한 비특이행렬 판별　79
4. 역행렬의 도출　82
5. 연립방정식의 해 구하기　88
6. 정방행렬의 부호　98
7. 경영경제학에서의 응용　100

제6장 함수의 미분　109

1. 함수의 극한과 연속　110
　보론　127
2. 함수의 미분법　130
3. 경영경제학에서의 응용　153

제7장 다변수함수의 미분　163

1. 편도함수　163
2. 전미분　169
3. 경영경제학에서의 응용　178

제8장 극대화와 극소화 191

1. 일변수함수의 극대와 극소 191
2. 다변수함수의 극대 · 극소 198
   보론 204
3. 경영경제학에서의 응용 207

제9장 제약조건하의 극대 · 극소화 215

1. 등식 제약조건이 존재하는 경우의 극대 · 극소화 215
2. 부등식의 제약조건을 가지는 극대 · 극소 229
3. 경영경제학에서의 응용 232

제10장 적분 243

1. 부정적분 243
2. 정적분 253
3. 적분과 관련한 몇 가지 쟁점 267
4. 경영경제학에서의 응용 269

연습문제 및 종합문제 정답 279
찾아보기 302

제1장
경영경제수학이란?

대학 입학 후 경영학이나 경제학을 전공으로 선택한 학생들은 전공과 관련된 여러 과목을 접하게 되는데 경영학 원론이나 경제학 원론 같은 기초 과목부터 재정학, 산업조직론, 투자론, 재무관리, 회계학, 경영과학 등 응용 과목에 이르기까지 다양한 분야에 대한 지식을 배우게 된다.

이 책은 여러 분야 중에서 경영학이나 경제학을 배우는 학생들에게 필요한 기초 수학을 위해 썼다. 그러면 왜 이러한 수학 개념들이 경영학이나 경제학에서 필요한지, 그리고 경영학이나 경제학에서 말하는 경영경제 모델이란 무엇인지 알아보자.

1 왜 경영경제수학을 배우는가?

경영학이나 경제학은 사회과학으로서 국가나 기업의 경영, 경제에 있어 어떤 일들이 일어나는지를 단순히 말로써 서술하는 것뿐만 아니라, 경영이나 경제가 어떻게 운영되고 있는지를 설명한다. 또한 만일 어떤 외부적 변화가 일어나면 특정한 경영변수나 경제변수에 어떤 변화가 일어날 것인가 하는 것을 예측하는 학문이기도 하다. 예를 들어 수요가 급격히 증가하면 기업의 판매량은 얼마나 늘어나고, 기업의 수입(收入)에는 어떤 영향을 주는가를 설명한다. 또한 기업이 공급을 줄이면 경쟁시장하에서 가격은 얼마나 올라가고, 그로 인한 기업의 수입(收入)은 얼마나 증가하는가, 혹은 감소하는가 등을 예측하는 것이 중요하다. 국가 전체의 경제를 다룰 경우에도 마찬가지다. 정부가 정부지출을 증가시키면 실업률에 어떠한 영향을 주고, 소비, 투자, 정부지출과 조세가 어떻게 GDP에 영향을 미치는가를 설명한다. 그리고 이것들의 변화가 GDP를 얼마만큼 변화시키는가를 예측할 수 있다.

이때 단순히 수요가 증가하면 기업의 판매량이 증가한다든가, 정부지출이나 투자가 늘어났을 때 GDP가 증가한다든가 하는 일반적인 현상을 알아보려는 것이 아니라, 실제로 특정 상품의 수요가 증가하면 그 상품을 생산하는 기업의 판매량이 얼마나 증가하며, 여러 제약요인에 의해 공급이 줄어들 경우 과연 가격이 정확히 얼마나 상승할 것인가, 그리고 가격이 상승하면 이러한 가격 변화에 대한 반응으로 해당 기업의 판매량이 얼마나 줄어드는가, 정부지출이 늘어나거나 세금이 줄어들면 GDP는 얼마나 증가하는가 등을 정확히 예측하려고 하기 때문에 이를 위해 명확히 정의된 수요함수나 공급함수, 국민소득 모형 등이 필요하다. 그리고 이러한 함수들을 이용하여 변화량을 측정하기 위해 함수, 행렬, 미분, 적분 등의 수학적 도구가 필요하게 된다. 따라서 이 책을 통해 학생들이 대학 4년 동안 경영학이나 경제학을 전공하면서 자주 접하게 되는 기본적인 모델들을 배우고, 또한 필요한 기초적인 수학 개념을 배우게 되는 것이다.

그러나 일부 학생들은 이러한 수학이 경영학과 경제학을 더 복잡하고 어렵게 만들어 공부하기가 어려운 학문으로 생각하는 경향이 있다. 그래서 수리분석 과목을 신청하기를 꺼리고 회피하는 경향까지 생겼다. 하지만 경우에 따라서는 오히려 이러한 수학적 접근이 간편하고 명확하며 이해하기 쉬울 때도 있다. 가상적이지만 간단한 예를 하나 들어 보자. 만일 올해 학교 축제기간에 학생회에서 제주도 감귤을 학생들에게 나누어 주려고 계획하고 있다고 하자. 학생회 측에서 감귤을 학생들에게 무료로 나누어 줄 경우 총 2,300kg이 필요하고, 가격이 1원씩 올라가면 감귤에 대한 학생들의 수요가 15kg씩 줄어드는 것으로 파악하고 있다고 하자. 학생회 간부들은 이러한 내용을 간부회의에서 논의할 때 말로써 장황하게 수요 상황을 이야기할 것 없이, 간단히 감귤에 대한 수요함수를 $Q_d = 2,300 - 15P$(이때 Q_d는 수요, P는 가격)로 표현하고 서로 토론하면 오히려 간결하고 이해하기 쉬울 것이다.

따라서 기본적인 수학 개념을 이해하기만 하면 이것을 이용하여 주어진 현상이나 현실적으로 발생하는 일에 대해 더 쉽게 이해하고 체계적으로 기술할 수 있으며, 어떻게 변화하고 그 영향이 어떠한가를 더 정확히 평가할 수 있다. 그래서 여러 대안 중에서 하나를 선택하는 의사결정도 쉽게 할 수 있다. 결국 이러한 이유로 우리는 경영학이나 경제학과 관련된 수학 개념들을 배워서 경영이나 경제에 활용하게 된다.

2 경영, 경제학에서의 모델

앞 절에서는 경영, 경제학에 필요한 분석을 위해 특정한 수학적 모델이 필요하다고 하였다. 먼저 학생들이 고등학교 때 이미 배운 수요함수(需要函數, demand function)에 대해 생각해 보자. 일반적인 수요법칙에 의하면, 가격이 오르면 수요량이 감소하고 가격이 내려가면 수요량이 증가한다. 이것을 간단한 수학적 모델로 나타내면 아래 <식 1-1>과 같다.

$$Q_d = a + bP \qquad (1\text{-}1)$$

이때 Q_d는 해당 상품의 수요량을 나타내며, P는 그 상품의 가격을 나타낸다. 또한 파라미터 a, b는 보통 $a > 0$, $b < 0$로 가정하는데 a의 경우 <식 1-1>을 그래프로 그렸을 때 Y축에 Q_d의 절편을 나타내는 파라미터로 언제나 양수값을 갖는 것으로 간주한다. 그리고 b의 경우 Q_d와 P 사이의 관계와 변화 크기를 나타내는 기울기로서 두 변수 간의 관계, 즉 P가 증가하면 Q_d가 줄어들고 P가 감소하면 Q_d가 증가하는 관계를 나타내므로 음(−)으로 가정한다.

비슷한 개념으로 공급함수(供給函數, supply function)를 생각해 보자. 공급법칙은 가격이 올라가면 해당 상품을 생산하는 기업의 공급량이 늘어나고, 가격이 내려가면 기업의 공급량이 감소하는 것을 뜻한다. 따라서 공급함수를 수식으로 나타내 보면 <식 1-2>와 같다.

$$Q_s = c + dP \qquad (1\text{-}2)$$

이때 Q_s는 해당 상품의 공급량을 나타내며, P는 그 상품의 가격을 나타낸다. 또한 파라미터 c, d는 보통 $c < 0, d > 0$으로 가정하는데, c의 경우 <식 1-2>를 그래프로 그렸을 때 Y축에 Q_s의 절편을 나타내는 파라미터로 보통 음수(−)값을 갖는 것으로 간주하지만 경우에 따라 양수(+)값으로 나타낼 수도 있다. 그리고 d의 경우 Q_s와 P 사이의 관계와 변화 크기를 나타내는 기울기로서 두 변수 간에 양(+)의 관계, 즉 P가 증가하면 Q_s가 증가하고 P가 감소하면 Q_s도 감소하는 관계를 나타내고 있다.

이렇게 우리가 수요함수와 공급함수 모델을 설정하고 파라미터값만 정확히 정의해 준다면 시장에서 특정 상품의 수요와 공급에 있어 균형값뿐만 아니라 가격이 변했을 때의 수요량과 공급량의 변화량까지 정확히 예측할 수 있다.

따라서 이러한 수요·공급함수는 가장 널리 사용되는데, 현실적으로 이러한 경영경제 모델은 두 가지 측면에서 비판을 받기도 한다.

첫째, 이러한 수학적 모델은 실제 현실 세계에서 고려해야 하는 많은 요인들을 거의 다 생략하고 너무나 단순하게 설정된다.

둘째, 비록 이러한 경제 모델이 현실 세계를 잘 반영하더라도, 실제로 이를 뒷받침해 줄 자료가 충분하지 못하다.

앞에서 예로 들었던 수요함수의 경우 대부분의 경제 원론 수준에서 우리는 수요에 미치는 요소가 다양하다는 것을 공부할 수 있다. 즉, 실제 특정 상품의 수요에 영향을 미치는 요인으로 그 자체의 가격뿐만 아니라 다른 상품의 가격, 소비자의 소득 수준, 기타 인구 크기, 소비자 선호 등의 영향도 받는 것으로 나타난다. 따라서 <식 1-1>에 나타난 수요함수는 아래 <식 1-3>과 같이 확대시킬 수 있다.

$$Q_{d1} = a + bP_1 + cP_2 + dY + eN + fT \qquad (1\text{-}3)$$

이때 Q_{d1}은 재화 1의 수요, P_1은 재화 1의 가격, P_2는 재화 2의 가격, Y는 소득 수준, N은 인구 크기, T는 소비자의 선호, a, b, c, d, e, f는 파라미터를 나타낸다. 따라서 이렇게 모델을 확장하게 되면 처음에 설정한 수요함수보다는 좀 더 수요에 영향을 주는 추가적 요소들을 반영한 모델을 만들 수 있다. 따라서 <식 1-1>의 수요함수보다는 좀 더 현실성 있는 모델이라 평가할 수 있지만, 이 모델 또한 수요에 영향을 주는 모든 요인들을 고려하지 못했다는 비판에서 완전히 자유롭지 못하다.

두 번째로 자료 불충분에 대한 비판의 경우도 부분적으로는 사실이다. 특히 모델을 확장해 나갈수록 자료를 수집하고 분류하는 데 따른 어려움은 더욱 커지게 된다. 앞에서 논의했던 수요함수에 영향을 주는 요인들은 이론상으로는 대체로 명확하다. 그러나 자료를 구하는 데 있어 소득 수준이나 인구 크기 등은 쉽지만, 소비자의 선호 같은 요인은 개념도 불분명하며 그와 관련하여 자료를 수집하기도 어렵다.

이러한 비판은 수학적 접근(분석)이 부적절하다는 의미는 아니며, 배움의 출발점에서 이러한 문제점들을 늘 염두에 두고 해결책도 동시에 찾는 계기가 되도록 하여야 할 것이다. 왜냐하면 경제경영 모델이 현실 세계의 문제를 다 고려하지 못하는 점이 단점이 될 수는 있지만, 다른 한편으로는 복잡한 현실을 단순화시켜 핵심 요인을 통해 구조적으로 볼 수 있는 장점이 있기 때문이다. 그래서 모든 요인들을 다 고려할 필요 없이 경영학이나 경제학에서 가장 중요한 요인들을 중심으로 현실분석을 하는 것이 더 유효하다. 이러한 수학적 접근법이 주어진 문제나 상황을 훨씬 간결하게 나타낼 수 있고, 가정을 명확히 세우면 불필요한 요소들을 제거하여 오히려 상황을 더 명료하게 들여다볼 수 있게 해 준다. 실제로 학생들은 학년이 올라가면서 전공 분야에서 점점 더 복잡하고 난해한 주제를 다루게 될 것이다. 또한 졸업 후 현실에서는 보다 더 복잡한 현실 문제에 직면하게 될 것이다. 그러나 현실의 복잡한 문제들에 대한 해결은 상당수 이 책을 통해 공부하게 되는 비교적 단순화한 경영경제 모델을 통해 그 실마리를 찾을 수 있을 것이다. 시간이 지나면서 학생들은 왜 이러한 수식을 통한 추상적인 모델들이 필요하며, 모델에서 나타나는 문제점들을 어떻게 해소할 것인가에 대해 스스로 이해하게 될 것이다. 저자들은 그러한 날이 하루빨리 오기를 기대한다.

제2장
집합

1 집합의 정의 및 표기

수학을 언어에 비유하자면, **집합**은 알파벳에 해당한다. 즉, 집합(set)은 모든 수학적 논의가 출발하는 시발점이므로 정의할 필요가 없는 원초적 개념으로 설명되기도 한다. 굳이 정의한다면 그저 개체들의 모임이라고 하면 충분하다. 전통적으로 이 개체들의 모임이란 명확하게 인식되는 개체들의 모임을 의미해 왔다. 예를 들어 한 공정에서 생산되는 제품들의 모임은 명확하게 인식되는 집합의 사례이다. 반면에 한 공정에서 생산되는 아름다운 제품들의 모임은 명확하게 인식되지 않으므로 집합이라고 하지 않는다. 최근 수학의 발달은 명확하게 인식되지 않는 애매한 개체들의 모임도 포함하는 집합 이론을 소개하고 있는데 이를 퍼지 집합(fuzzy set) 이론이라고 한다. 그러나 이에 대한 논의는 이 책의 한계를 넘어서는 것이므로 이 책에서의 집합의 논의는 전통적인 명확한 개체들의 모임에 국한하기로 하자.

오늘날 사회과학의 많은 분야에서는 그 이론의 객관적 타당성을 주장하기 위해 수학적 명제를 자주 활용한다. 그런데 수학적 명제는 언제나 적절한 집합을 배경으로 하는 진술들이라고 할 수 있다. 예를 들어 "소비자는 효용을 극대화하는 의사결정을 한다."
라는 명제를 생각해 보자. 소비자의 행위에 대한 어떤 가정을 전제하든 이 명제는 소
비자가 선택할 수 있는 재화나 서비스의 집합, 그리고 소비자가 적절한 재화와 서비스
를 선택할 때 누리게 되는 효용값들의 모임이라는 또 다른 집합을 배경으로 하여 진술
된 것이다.

관습적으로 집합은 영어의 알파벳 대문자를 사용하여(예 : A) 표현한다. 반면 집합
을 구성하고 있는 각 개체들은 원소(element)라고 하는데, 이 원소들은 소문자(예 : a)
를 사용하여 표현하는 것이 일반적인 관습이다. a가 집합 A의 원소일 때, 통상적으로
$a \in A$로 표기한다. 순서를 바꾸어 $A \ni a$로 표현하기도 하지만 자주 사용하지는 않는
다. 반면 a가 집합 A의 원소가 아닐 때 $a \notin A$로 나타낸다. 논의의 편의상 원소가 없
는 집합이라는 개념을 사용하기도 하는데 이를 **공집합**(empty set)이라 하고, $\emptyset$ 혹은
{ }로 표기하기도 한다. 예를 들어 3보다 큰 음수의 집합은 공집합이라고 할 수 있다.

집합의 구체적 표현을 위해 원소들을 개별적으로 나열하여 나타내기도 하고, 원소들
의 관계를 규정하는 일종의 조건식을 통해 나타내기도 한다. 예를 들어 집합 A를 4
이하의 자연수의 집합(N)이라고 하자. 그러면 아래와 같은 두 가지 방법으로 이를 표
기할 수 있다.

$$A = \{1, 2, 3, 4\} \text{ 혹은 } A = \{x \mid x \in N, x \leq 4\}$$

숫자들의 비교를 일반적으로 부등기호 $\leq, \geq$로 나타내듯이, 가장 기본적인 집합의
비교는 부분집합이라는 개념으로 나타낸다.

정의 2.1

집합 A의 모든 원소가 집합 B의 원소일 때(즉, $x \in A$인 모든 원소 x에 대해
$x \in B$가 성립할 때) A는 B의 **부분집합**(subset)이라고 하며, $A \subset B$로 표기한다.
만일 $A \subset B$이고 동시에 $B \subset A$이면 이때 두 집합 A와 B를 같다고 정의하고,
$A = B$로 표현한다. 만일 $A \subset B$이지만 $A \neq B$이면 이 경우 특히 A가 B의 **진부
분집합**(proper subset)이라고 한다.

정리 2.1

공집합은 임의의 집합의 부분집합이다. 즉, 임의의 집합 A에 대해 $\emptyset \subset A$이다.

증명 만일 $\emptyset$이 어떤 집합 A의 부분집합이 아니라면, <정의 2.1>에 의해 A의 원소가 아닌 $\emptyset$의 원소가 있어야 한다는 결론이 나온다. 그러나 이는 $\emptyset$의 정의에 위배된다. 따라서 $\emptyset$은 임의의 집합의 부분집합일 수밖에 없다.

예제 1 집합 $A = \{1, a, -2\}$의 부분집합을 모두 나열하라.

풀이 우선 <정리 2.1>에 의해 $\emptyset$을 들 수 있고, 다음 원소가 하나인 부분집합으로 $\{1\}, \{a\}, \{-2\}$를 들 수 있다. 원소가 2개인 부분집합으로는 $\{1, a\}, \{a, -2\}, \{1, -2\}$가 있고, A 자체, 즉 $\{1, a, -2\}$가 또한 A의 부분집합이다. 이로써 A의 부분집합은 모두 8개임을 알 수 있다.

2 집합의 종류

집합을 구성하는 원소의 수가 유한한 집합을 **유한집합**(finite set)이라고 한다. 예를 들어 10보다 작은 자연수의 집합은 유한집합이다. 반면 원소의 개수가 무한한 집합을 **무한집합**(infinite set)이라고 한다. 예를 들어 10보다 큰 자연수의 집합은 무한집합이다. 또한 무한집합 중에는 자연수나 정수처럼 그 수가 무한하지만 각각의 원소를 개별적으로 셀 수 있는 **가산집합**(countable set)과 세는 것이 불가능한 **불가산집합**(uncountable set)이 있다. 예들 들어 0과 1 사이에 있는 유리수의 집합은 가산집합, 모든 실수의 집합은 불가산집합이다.

아래와 같이 유한집합은 부분집합도 유한개만 존재하게 되는데, 독자들은 이를 고등학교 수학에 소개된 조합 이론의 계산방법을 통하여 쉽게 확인해 볼 수 있다.

정리 2.2

집합 A를 n개의 원소로 구성된 유한집합이라고 하자. 그러면 A의 부분집합은 모두 2^n개가 존재한다.

관습적으로 일부 영어 대문자들은 자주 사용하는 특별한 집합들을 나타내기도 한다. 예를 들어 N은 자연수의 집합을, Z는 정수의 집합을, Q는 유리수의 집합을, R는 실수 전체의 집합을 나타내는 기호로 사용된다. 특히 R의 부분집합으로서 **구간**(open interval), **폐구간**(closed interval), **반개구간**(half-open interval) 등으로 구분하여 부른다.

개구간의 예 : $\{x \mid x \in R, a < x < b\}$ 혹은 (a, b)로 표현한다.
폐구간의 예 : $\{x \mid x \in R, a \leq x \leq b\}$ 혹은 $[a, b]$로 표현한다.
반개구간의 예 : $\{x \mid x \in R, a < x \leq b\}$ 혹은 $(a, b]$로 표현한다.

3 집합의 연산

숫자들 간에 덧셈, 곱셈 등의 연산이 있듯이 집합들 사이에도 적절한 연산이 존재한다.

[그림 2.1]은 다음에 정의한 교집합, 합집합과 서로 분리된 집합의 개념을 벤다이어 그램(Venn diagram)을 통해 보여 주고 있다.

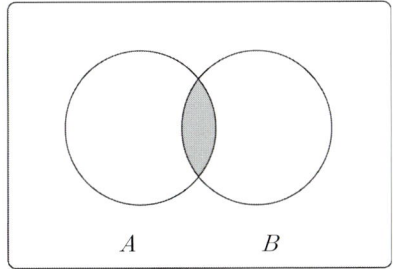
교집합 $A \cap B$

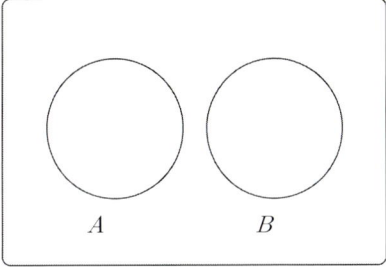
서로 분리된 집합 ⇔
$A \cap B = \phi$

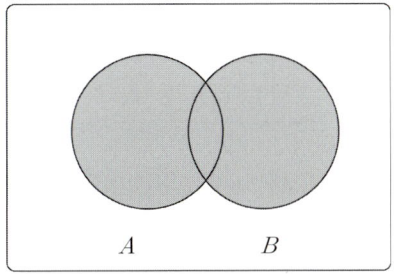
합집합 $A \cup B$

그림 2.1 두 집합의 연산

| 정의 2.2 |

임의의 2개의 집합 A와 B 모두에 속한 원소들의 집합을 A와 B의 **교집합**(intersection)이라 하고, $A \cap B$로 표시한다.

즉, $A \cap B = \{x \mid x \in A, x \in B\}$이다. 만일 $A \cap B = \emptyset$이면 집합 A와 B는 서로 **분리되어**(disjoint) 있다고 정의한다.

> **정의 2.3**
>
> 임의의 두 집합 A와 B 중 적어도 하나에 속한 원소들의 집합을 A와 B의 **합집합**(union)이라 하고, $A \cup B$로 표시한다.
> 즉, $A \cup B = \{x \,|\, x \in A \text{ 또는 } x \in B\}$이다.

대체로 집합에 관한 논의에는 그 논의의 배경이 되는 암묵적인 **전체집합**(universal set)이 존재하기 마련이다. 예를 들어 집합 A가 어떤 공정에서 생산되는 불량품들의 집합이라고 하면, 자연스럽게 이 공정에서 생산되는 제품 전체의 집합을 전체집합으로 볼 수 있다. 이러한 전체집합을 U로 나타내기로 하자.

> **정의 2.4**
>
> 집합 A에 속하지 않는 원소들의 집합을 A의 **여집합**(complement)이라고 하고 A^c로 표시한다. 즉, $A^c = \{x \,|\, x \in U, x \notin A\}$이다. 비슷하게 임의의 두 집합 A와 B에 대해 A에 속하지만 B에는 속하지 않는 원소들의 집합을 A에 대한 B의 **상대적 여집합**(relative complement)이라 하고 $A - B$로 표시한다.[1] 즉, $A - B = \{x \,|\, x \in A, x \notin B\}$, 혹은 동일한 표현으로 $A - B = A \cap B^c$로 정의하기도 한다.

위의 정의로부터 임의의 원소 x는 $x \in A$이거나 $x \in A^c$ 둘 중 하나이며, 동시에 둘 다 성립할 수는 없다. 따라서 $A \cap A^c = \varnothing$이며, $A \cup A^c = U$이다. 또한 여집합의 정의 자체로부터 $(A^c)^c = A$임을 알 수 있다.

[그림 2.2]는 여집합과 상대적 여집합을 벤다이어그램(Venn diagram)을 통해 보여주고 있다. 지금까지 논의한 집합의 연산들에는 <정리 2.3, 2.4>와 같은 연산법칙이 성립하며, 이는 보다 복잡한 집합에 대한 추론을 위해 유용하게 활용될 수 있다. 각각의 법칙들에 대한 증명은 지금까지 논의한 정의들로부터 자명하거나, 이 정의들로부터 독자들이 쉽게 확인해 볼 수 있기 때문에 생략하기로 한다.

---

[1] A와 B의 차집합이라 하기도 한다.

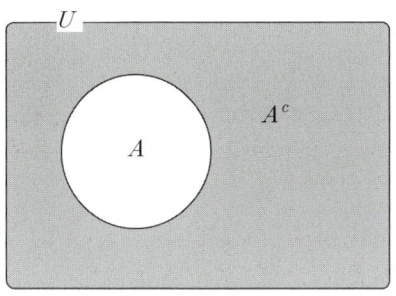

여집합 A^c

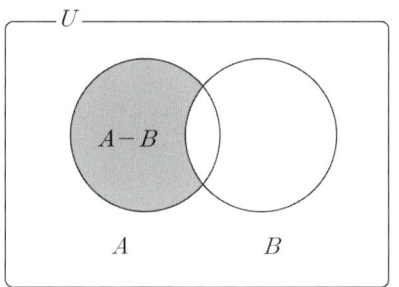

상대적 여집합 $A-B$

그림 2.2 여집합과 상대적 여집합

 정리 2.3

임의의 집합 A, B, C에 대해 다음이 성립한다.

(1) $A \cap \varnothing = \varnothing \cap A = \varnothing$, $A \cup \varnothing = \varnothing \cup A = A$
(2) 교환법칙(commutative law)
$A \cap B = B \cap A$
$A \cup B = B \cup A$
(3) 결합법칙(associative law)
$A \cap (B \cap C) = (A \cap B) \cap C$
$A \cup (B \cup C) = (A \cup B) \cup C$
(4) 분배법칙(distributive law)
$A \cap (B \cup C) = (A \cap B) \cup (A \cap C)$
$A \cup (B \cap C) = (A \cup B) \cap (A \cup C)$

아래에 소개된 **드모르간**(De Morgan)**의 법칙**은 2개의 집합뿐만 아니라 <종합문제> 3번에서와 같이 일반적으로 $n(\geq 2)$개의 집합으로 확대될 수 있다.

 **정리 2.4**

임의의 두 집합 A, B에 대해 다음의 관계가 성립한다.

$$(A \cup B)^c = A^c \cap B^c, \quad (A \cap B)^c = A^c \cup B^c$$

예제 2 다음과 같이 주어진 집합 A, B, C와 전체집합 U에 대해 다음을 계산하라.

$A = \{1, 3, 5, 7, 9\}$
$B = \{1, 2, 4, 7, 8\}$
$C = \{2, 4, 6, 8, 10\}$
$U = \{1, 2, 3, 4, 5, 6, 7, 8, 9, 10\}$

(1) $A \cup B$
(2) $B \cap C$
(3) A^c
(4) $B - C$
(5) $B^c \cap C^c$

| 풀이 | 전술한 정의들에 의해 즉각적으로 다음과 같은 결과를 얻을 수 있다.

(1) $A \cup B = \{1, 2, 3, 4, 5, 7, 8, 9\}$
(2) $B \cap C = \{2, 4, 8\}$
(3) $A^c = \{2, 4, 6, 8, 10\}$
(4) $B - C = \{1, 7\}$
(5) 드모르간의 법칙에 의해 $B^c \cap C^c = (B \cup C)^c = \{3, 5, 9\}$

연습문제 2-1

1. U를 폐구간 $[0,1]$이라고 하자. 집합 A를 $[0,1]$에 있는 유리수의 집합, 집합 B를 $[0,1]$에 있는 무리수의 집합, 집합 C를 $[0,1]$에 있는 정수의 집합이라고 하자. 다음을 계산하라.

   (1) $A \cup B$ (2) $A \cap B$

   (3) $A \cap C$ (4) C^c

   (5) $A - C$

2. $A \subset B$이면 $A \cup B = B$, $A \cap B = A$임을 증명하라.

3. 〈정리 2.4〉를 활용하여 임의의 3개의 집합 A, B, C에 대해 $(A \cup B \cup C)^c = A^c \cap B^c \cap C^c$, $(A \cap B \cap C)^c = A^c \cup B^c \cup C^c$ 임을 증명하라.

4 명제와 집합

수학적 **명제**란 객관적으로 참과 거짓을 판명할 수 있는 진술을 말한다. 이러한 진술은 항상 문맥 속에 나타나 있는 집합과 관련이 있으므로 명제의 참과 거짓은 관련된 집합의 관계로부터 판별될 수 있다. 예를 들면 "자연수는 유리수이다."라는 명제가 참인 것은 $N \subset Q$라는 사실로부터 자명하다. 즉, 자연수의 집합은 유리수 집합의 부분집합이므로 모든 자연수는 유리수인 것이다. 반면에 "유리수는 자연수이다."라는 명제는 거짓이다. 왜냐하면 유리수의 집합은 자연수 집합의 부분집합이 아니기 때문이다.

"p이면 s이다."라는 명제는 관습적으로 $p \rightarrow s$로 간략히 표기하는데, 이 명제에 대해 일반적으로 다음과 같이 부분집합 관계를 통해 참과 거짓을 판별할 수 있다. 각각의 진술 p와 s에 대해 집합 P, S를 $P = \{x \mid x$는 진술 p를 만족함$\}$, $S = \{y \mid y$는 진술 s를 만족함$\}$으로 각각 정의하기로 하자. 그러면 명제 $p \rightarrow s$는 $P \subset S$일 때 참의 명제이고, 그렇지 않을 경우 거짓의 명제이다.

> **정의 2.5**
>
> 명제 $p \to s$가 참일 때(이를 $p \Rightarrow s$로 표기하기로 하자), p는 s를 위한 **충분조건**이라고 하며, 동시에 s는 p를 위한 **필요조건**이라고 한다. 만일 $p \Rightarrow s$이고 $s \Rightarrow p$이면(이 경우 일반적으로 $p \Leftrightarrow s$로 표기한다), p는 s를 위한 그리고 s는 p를 위한 **필요충분조건**이라고 한다. 동일한 표현으로 p와 s가 서로 **동치**(equivalent)라고 말하기도 한다.

예제 3 다음에서 p는 s를 위한, 혹은 s는 p를 위한 어떤 조건인지 판별하라.

(1) $p : x^2 = 4$ $s : |x| = 2$
(2) $p : x$는 양수 $s : |x|$는 양수
(3) $p : x^2 - 3x + 2 \leq 0$ $s : |x| \leq 2$
(4) $p : x^2 - 3x + 2 = 0$ $s : x = 2$

| 풀이 |
(1) $P = S = \{-2, 2\}$이므로 p와 s는 동치이다. 즉, 서로 필요충분조건이다.
(2) P는 양수의 집합이고, S는 0이 아닌 모든 실수의 집합이므로 $P \subset S$이다. 따라서 p는 s를 위한 충분조건이고, s는 p를 위한 필요조건이다.
(3) $P = \{x | 1 \leq x \leq 2\}$이므로 역시 $P \subset S$이다. 따라서 p는 s를 위한 충분조건이며, s는 p를 위한 필요조건이다.
(4) $P = \{1, 2\}$이므로 $P \supset S$이다. 따라서 p는 s를 위한 필요조건, 혹은 s는 p를 위한 충분조건이다.

5 카테시안 적과 관계

두 종류 이상의 상품을 동시에 생산하는 기업의 경우 각 상품의 생산을 개별적으로 관리하지 않고 동시에 파악하여 관리하는 시스템적 시야가 필요하다. 예를 들어 개인용 컴퓨터의 키보드와 마우스 두 종류의 상품을 생산하는 기업은 제한된 인력과 원자재 등 생산요소들을 각각의 생산에 나누어 투입하게 되기 때문에, 한 제품의 생산을

증가시키면 다른 제품의 생산은 감소하게 된다. 그러므로 기업의 경영자는 개별적으로 키보드의 생산량과 마우스의 생산량을 결정하는 것이 아니라, 두 제품의 생산량을 동시에 결정하는 것에 관심을 두게 된다. 이러한 생산량의 조합들 중 기업의 이익을 최대로 하는 조합을 발견하는 것이 당면한 관리적 과제가 될 수 있다.

2개의 변수 x_1, x_2를 사용하여 x_1으로 키보드의 생산량, x_2로 마우스의 생산량을 나타내면, 임의의 생산량 조합을 일반적으로 (x_1, x_2)의 순서쌍(ordered pair)의 형태로 나타낼 수 있다. 이러한 순서쌍들을 체계적으로 만들 수 있는 기본적 방법이 <정의 2.6>에 소개된 집합들 간의 카테시안 적(Cartesian product)이다. 프랑스의 철학자이자 수학자인 데카르트(Descartes)에 의해 개발되었기 때문에 이를 데카르트 적(Descartes' product)이라고 부르기도 한다.

> **정의 2.6**
>
> 공집합이 아닌 임의의 두 집합 A, B에 대해 A와 B의 **카테시안 적**을 $A \times B$로 표시하며 다음과 같이 정의한다.
>
> $$A \times B = \{(x_1, x_2) \mid x_1 \in A, x_2 \in B\}$$

예제 4 다음 각각의 경우 $A \times B$를 계산하라.

(1) $A = \{1, 2, 3\}, B = \{a, b\}$
(2) $A = [0, 1], B = (2, 4]$

| 풀이 | <정의 2.6>에 서술한 대로 각각 다음과 같이 됨을 쉽게 확인할 수 있다.
(1) $A \times B = \{(1, a), (1, b), (2, a), (2, b), (3, a), (3, b)\}$이다.
(2) $A \times B = \{(x_1, x_2) \mid 0 \leq x_1 \leq 1, 2 < x_2 \leq 4\}$

<정의 2.6>에서 x_1을 첫 번째 좌표(first coordinate), x_2를 두 번째 좌표라고 부르기도 한다. 교집합이나 합집합과는 달리 카테시안 적에 대해서는 교환법칙이 성립하지 않는다. 즉, 일반적으로 $A \times B \neq B \times A$이며, 오히려 교환법칙이 성립하는 경우가 예

외적이라고 할 수 있다. 예를 들어 $A = B$이면 언제나 교환법칙이 성립하는 것은 자명하다. 이 경우 관습적으로 $A \times B = A \times A = A^2$이라고 표현하기도 한다. 또한 아래의 <정리 2.5>와 같이 카테시안 적은 결합법칙을 만족하므로, A^2을 확대하여 즉각적으로 A^3, A^4, ⋯, A^n 등의 표현을 일반화할 수 있다.

> **정리 2.5**
>
> 공집합이 아닌 임의의 세 집합 A, B, C에 대해 $A \times (B \times C) = (A \times B) \times C$가 성립한다.

카테시안 적을 통하여 이미 독자들이 잘 알고 있는 좌표평면 R^2은 $R \times R$로 이해할 수 있다. 또한 위의 <정리 2.5>로부터 카테시안 적의 반복 적용을 통해 일반적으로 R^n, Q^n, Z^n 등이 유일하게 도출되는 순서쌍들의 집합임을 알 수 있다.

두 집합 A와 B의 특정 원소들 간에는 논의의 맥락에 따라 의미 있는 다양한 관계들이 관찰되고 논의될 수 있을 것이다. 예를 들어 집합 A와 B가 각각 한 마을에 사는 남자와 여자들 전체의 집합이라고 하면, 특정 남자(A의 특정 원소들)와 여자(B의 특정 원소들) 사이에 존재하는 부부관계를 상상할 수 있다. 일반적으로 카테시안 적의 부분집합으로 두 집합 사이에 존재하는 관계를 아래와 같이 정의한다.

> **정의 2.7**
>
> $A \times B$의 임의의 부분집합을 A에서 B로의 **관계**(relation)라고 한다.

$A \times B$의 부분집합은 매우 다양하므로 A에서 B로의 관계를 얼마든지 도출할 수 있지만, 실제로는 논의의 맥락에 따라 특정 관계만이 관심대상이 될 수 있을 것이다. 현실적으로 관계는 이러한 의미 있는 맥락에서만 활용된다. 예를 들어 R에서 R로의 관계는, R^2의 부분집합으로 무한히 많지만 일정한 규칙에 의해 설명되는 특정 관계들만이 현실적 관심의 대상이 된다. 일례로 $\{(x_1, x_2) | x_1 \in R, x_2 \in R, x_1 + x_2 = 3\}$은 정

의에 의해 R에서 R로의 관계이며, 순서쌍을 이루는 두 개체 x_1, x_2가 $x_1 + x_2 = 3$이라는 방정식에 의해 구체적 관계가 규정된다. 실제로 이 경우의 관계는 $x_2 = 3 - x_1$이라는 함수관계이다. 다음 장에서는 이렇게 함수를 관계의 특수한 형태로 설명하게 될 것이다.

예제 5 $A = \{2, 3, 4, 5\}$, $B = \{2, 4, 6, 8, 10\}$이라고 하자.

(1) A에서 B로의 관계는 모두 몇 개가 있는가?
(2) 순서쌍의 두 번째 수가 첫 번째 수의 배수가 되는 관계 C를 구하라.
(3) 순서쌍의 두 번째 수가 첫 번째 수의 2배가 되는 관계 D를 구하라.
(4) $x_1 + x_2 = 10$으로 설명되는 관계 E를 구하라.

풀이 (1) $A \times B$가 순서쌍인 20개의 원소로 구성되어 있으므로 A에서 B로의 관계는 $A \times B$의 부분집합의 수인 2^{20}개가 존재한다.

(2) $C = \{(2, 2), (2, 4), (2, 6), (2, 8), (2, 10), (3, 6), (4, 4), (4, 8), (5, 10)\}$
(3) $D = \{(2, 4), (3, 6), (4, 8), (5, 10)\}$
(4) $E = \{(2, 8), (4, 6)\}$

연습문제 2-2

1. 다음 각각의 경우 $A \times B$를 계산하라.

   (1) $A = \{2, 4, 5\}$, $B = \{1, 2\}$
   (2) $A = R$, $B = R^2$

2. 다음 세 집합 A, B, C에 대해 〈정리 2.5〉의 결합법칙이 성립함을 확인하라.

   $A = \{1, 2\}$, $B = \{(0, 1)\}$, $C = \{2\}$

3. $A = \{1, 3, 5\}$, $B = \{2, 4, 6\}$이라고 하자.

   (1) $A \times B$를 구하라.
   (2) A에서 B로의 관계는 모두 몇 개가 있는가?
   (3) $x_1 + x_2 = 7$로 설명되는 관계를 구하라.

chapter 2 종합문제

1 다음과 같은 집합이 주어졌다고 하자.

$A = \{x \mid x \in R, x^2 - 3x + 1 > -1\}$
$B = \{x \mid x \in R, -3 \leq x \leq 4\}$

(1) $A \cup B$, $A \cap B$를 구하라.
(2) A^c, $A - B$를 구하라.

2 〈정리 2.4〉에 소개된 드모르간 법칙의 두 표현은 논리적으로 동치임을 증명하라.

3 집합 $A_1, \cdots, A_n$이 주어졌다고 하자($n \geq 2$). 〈정리 2.4〉를 이용하여 확장된 드모르간의 법칙인 다음을 증명하라.

(1) $(A_1 \cap \cdots \cap A_n)^c = A_1^c \cup \cdots \cup A_n^c$가 성립한다.
(2) $(A_1 \cup \cdots \cup A_n)^c = A_1^c \cap \cdots \cap A_n^c$가 성립한다.

4 공집합이 아닌 임의의 집합 A, B, C에 대해 다음을 증명하라.

(1) $(A \cap B) \times C = (A \times C) \cap (B \times C)$
(2) $(A \cup B) \times C = (A \times C) \cup (B \times C)$
(3) $A \times (B - C) = (A \times B) - (A \times C)$

5 만일 $A \times B = B \times A$이면 $A = B$인가?

6 $A = \{1, 2\}$, $B = \{a, b, c\}$, $C = \{3, 4\}$일 때 $A \times B \times C$를 구하라.

7 구간 $[a, b]$와 $[c, d]$에 대한 카테시안 적을 구하라. 또한 이를 좌표평면에 나타내어라.

8 $A = \{2, 3, 4\}$, $B = \{4, 5, 6, 7, 8\}$일 때 순서쌍 (x, y)를 원소로 갖고 있는 다음과 같은 A에서 B로의 관계를 구하라.

(1) $x + y = 10$
(2) y는 x의 배수

9 $A \cup B = B$는 $A \subset B$이기 위한 무슨 조건인가?

10 $2x - y \geq 12$, $x + 2y \geq 10$은 $3x + y \geq 22$이기 위한 무슨 조건인가? 그래프를 그려서 판별하라.

제3장
함수

1 함수의 정의

함수는 다양한 방법으로 정의될 수 있으나, 여기에서는 제2장의 <정의 2.7>에서 소개한 관계의 일종으로 함수를 소개하고자 한다.

> **정의 3.1**
>
> 집합 A와 B가 모두 공집합이 아니라고 하자. 만일 A에서 B로의 관계 F가 다음과 같은 성질을 만족하면 이를 A에서 B로의 **함수**(function)라고 한다.
> (1) 모든 $x \in A$에 대해 $(x, y) \in F$인 $y(y \in B)$가 존재한다.
> (2) 만일 $(x, y) \in F$이고 $(x, y') \in F$이면 $y = y'$이 성립한다. [즉, 특정 $x \in A$와 관계된 $y \in B$는 오직 1개만(유일하게) 존재한다.]

[그림 3.1]은 A에서 B로의 관계들 중 함수관계인 것과 아닌 것을 간략하게 보여 주고 있다.

<정의 3.1>에서 집합 F로 표시된 함수는 특정한 규칙으로 설명되는 관계이므로, 관습적으로 함수의 표시는 이러한 특정한 규칙을 상징하는 소문자(예: 함수 f)를 사용하기도 한다. 이 관습에 의하면 위와 같이 정의된 A에서 B로의 함수는 다음과 같이 표기한다.

$$f: A \to B$$

또한 위의 함수 f에 대해 집합 A를 함수 f에 대한 **정의역**(domain)이라 하고, B를 함수 f의 **공역**(co-domain)이라고 한다. 통상 $(x, y) \in F$일 때 $y = f(x)$로 표기하고 이를 x에서의 **함수값** $f(x)$로 부르기도 한다. 또한 이 함수값 $f(x)$의 모임을 함수 f의 **치역**(Range)이라고 하는데 편의상 $f(A)$로 표기하기로 하자.

$$f(A) = \{f(x) | x \in A\}$$

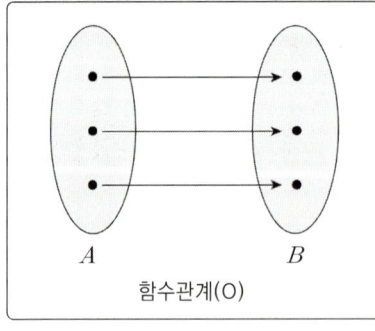
함수관계(O)

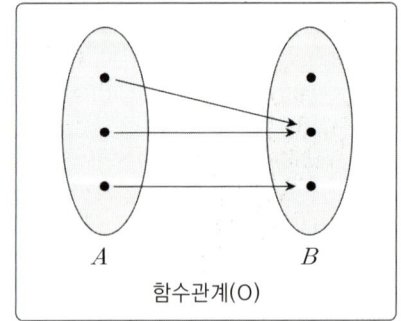
함수관계(O)

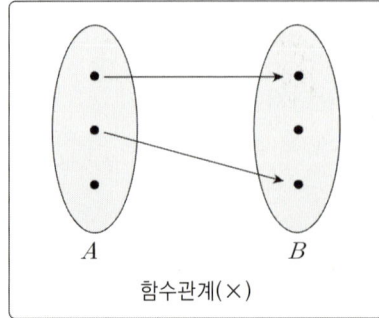
함수관계(×)

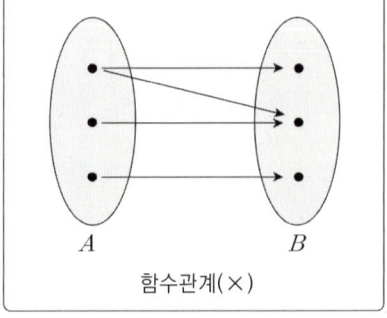
함수관계(×)

그림 3.1 관계와 함수

예제 1 $f: R \to R$이라고 할 때 다음 함수 f의 치역을 구하라.

(1) $f(x) = x^2 - 2x - 2$ (2) $f(x) = |-3x| + 2$

(3) $f(x) = \dfrac{1}{x^2 + 2}$

풀이 (1) $f(x) = (x-1)^2 - 3 \geq -3$으로부터 $f(R) = \{y | y \in R,\ y \geq -3\}$, 즉, 치역은 -3 이상의 모든 실수의 집합이다.

(2) $f(x) \geq 2$이므로 치역은 2 이상의 모든 실수이다.

(3) $x^2 + 2 \geq 2$이므로 $0 < f(x) \leq \dfrac{1}{2}$, 따라서 치역은 $\left(0, \dfrac{1}{2}\right]$의 반개구간이다.

예제 2 어느 자동차 영업소 사원의 월급은 판매실적 x에 따라 $f(x) = 80 + 20x$(단위 : 만 원)의 함수에 의해 결정된다고 한다. $f(10), f(25)$를 구하라.

풀이 $f(10) = 80 + 20 \times 10 = 280,\ f(25) = 80 + 20 \times 25 = 580$

연습문제 3-1

1. 정의역이 음수가 아닌 실수들의 집합($\{x \in R | x \geq 0\}$)이고 실수값을 갖는 다음 함수의 치역을 구하라.

   (1) $f(x) = \sqrt{x+2}$ (2) $f(x) = x^2 - 3x + 2$

   (3) $f(x) = \dfrac{2}{x+2}$

2. 순서쌍 (x_1, x_2)를 R에서 R로의 관계의 원소들이라고 하자. 〈정의 3.1〉에 의하여 다음을 판정하라.

   (1) 만일 $2x_1 + x_2^2 + 1 = 2$라면 이 관계는 함수인가?

   (2) 만일 $2x_2 + x_1^2 + 1 = 2$라면 이 관계는 함수인가?

3. 두 집합 $A = \{1, 2, 3\}$, $B = \{a, b\}$에 대하여 다음에 답하라.

   (1) A에서 B로의 함수를 하나 만들어라.

   (2) A에서 B로의 관계지만 함수가 아닌 관계를 하나 만들어라.

2 함수의 종류와 연산

함수의 정의상 함수값을 실수값으로 국한시킬 수 없으나, 실생활에서 자주 사용하게 되는 함수들은 대체로 실수를 함수값으로 갖는다. 이제 정의역과 공역이 모두 실수인 함수 f(즉, $f:R \to R$)에 대해 논의해 보자. 이 함수를 2개의 변수 $x(\in R)$, $y(\in R)$를 통해 $y = f(x)$로 표현할 때, 변수 x를 **독립변수**(independent variable), y를 **종속변수**(dependent variable)라고 한다. 이 경우 독립변수는 1개의 실수값을 나타내므로 이 함수를 **일변수함수**라고 부르기도 한다. 반면 독립변수가 여러 개인 함수도 있는데 ($f:R^n \to R$이면($n \geq 2$)), 이 경우 함수 f를 **다변수함수**라고 부른다. 예를 들면 $f(x) = x_1 + x_1 x_2 + 2x_2^2$, $x = (x_1, x_2)$일 때 $f(x)$는 독립변수가 x_1과 x_2 2개인 다변수함수(혹은 이변수함수, bivariate function)이다.

일변수함수 중 특히 $f(x) = a_o + a_1 x + \cdots + a_n x^n$의 형태가 수학적 분석을 위해 쉬운 특성을 가지기 때문에 자주 활용되는데, 이러한 형태의 함수를 **다항함수**(polynomial function)라고 한다. 특히 $a_n \neq 0$인 경우 n을 이 다항함수의 차수라고 한다. 예를 들어 3차 함수는 $f(x) = a_o + a_1 x + a_2 x^2 + a_3 x^3$의 형태를 가지며($a_3 \neq 0$), 상수함수($f(x) = a_0$)는 0차 함수에 해당한다.

2개의 다항함수 $f(x)$와 $g(x)$(단, $g(x) \neq 0$)가 있을 때 $f(x)/g(x)$의 형태로 표현되는 함수를 **유리함수**라고 한다. 특히 유리함수의 경우 $g(x) = 0$이 되는 x의 값들은 정의역에 포함될 수 없는 것에 주의하여야 한다.

일변수함수 f에 대해 만일 임의의 두 실수 x_1, x_2(단, $x_1 < x_2$)에 대해 항상 $f(x_1) \leq f(x_2)$이면 f를 **증가함수**(increasing function)라고 하며, 특히 $f(x_1) < f(x_2)$인 경우를 **강증가함수**(strictly increasing function)라고 한다. 반대로 $x_1 < x_2$일 때 항상 부등호가 반대 방향으로 성립하면, 즉 $f(x_1) \geq f(x_2)$ 혹은 $f(x_1) > f(x_2)$이면 각각을 **감소함수**(decreasing function)와 **강감소함수**(strictly decreasing function)라고 한다.

숫자들 사이의 연산과 비슷하게 함수들 간에도 연산이 존재한다. 다음과 같은 함수의 연산들을 통하여 다양한 형태의 함수들을 만들 수 있다.

정의 3.2

정의역이 동일한 임의의 두 함수 f와 g에 대해 다음과 같이 정의한다.

(1) 함수의 덧셈 : 임의의 $x \in A$에 대해 $(f+g)(x) = f(x) + g(x)$
(2) 함수와 상수의 곱셈 : 임의의 상수 c에 대해 $(cf)(x) = cf(x)$
(3) $-f$의 정의 : $(-f)(x) = ((-1)f)(x)$, 즉, $(-f)(x) = -f(x)$
(4) 함수와 함수의 뺄셈 : $(f-g)(x) = (f+(-g))(x)$,
   즉 $(f-g)(x) = f(x) - g(x)$
(5) 함수와 함수의 곱셈 : $(f \cdot g)(x) = f(x) \cdot g(x)$
(6) 함수와 함수의 나눗셈 : $g(x) \neq 0$일 경우 $(f/g)(x) = f(x)/g(x)$

예제 3 두 함수 $f : R \to R$, $g : R \to R$이 다음과 같이 정의되어 있다.

$$f(x) = 3x - 2, \ g(x) = x^2 + 2x - 3$$

(1) $(f+g)(x)$, $(3g)(x)$, $(-f)(x)$, $(f \cdot g)(x)$를 구하고 $x = 1$에서의 함수값을 각각 계산하라.
(2) $(f/g)(x)$, $(g/f)(x)$를 구하고 $x = 0$에서의 함수값을 각각 계산하라.
(3) 위의 (2)에서 구한 함수들의 정의역은 그대로 R로 유지될 수 있는가?

풀이 (1) $(f+g)(x) = f(x) + g(x) = (3x-2) + (x^2+2x-3) = x^2 + 5x - 5$
$(3g)(x) = 3g(x) = 3(x^2 + 2x - 3) = 3x^2 + 6x - 9$
$(-f)(x) = -f(x) = -3x + 2$
$(f \cdot g)(x) = f(x) \cdot g(x) = (3x-2)(x^2+2x-3) = 3x^3 + 4x^2 - 13x + 6$
따라서 $(f+g)(1) = 1$, $(3g)(1) = 0$, $(-f)(1) = -1$, $(f \cdot g)(1) = 0$ 임을 알 수 있다.

(2) $(f/g)(x) = \dfrac{3x-2}{x^2+2x-3}$, $(g/f)(x) = \dfrac{x^2+2x-3}{3x-2}$ 이다.

따라서 $(f/g)(0) = \dfrac{2}{3}$, $(g/f)(0) = \dfrac{3}{2}$ 이다.

(3) $(f/g)(x)$가 정의되려면 $g(x) \neq 0$이어야 하므로 $x \neq 1, x \neq -3$이어야 한다. 따라서 $(f/g)(x)$의 정의역은 R이 아니라 $R - \{-3, 1\}$로 줄여야 한다. 같은 추론에 의해 $(g/f)(x)$의 정의역은 R이 아니라 $R - \{2/3\}$로 줄여야 한다.

> **정의 3.3**
>
> $f:A \to B$이고 $g:B \to C$일 때 f에 g를 합성한 **합성함수** $g \circ f : A \to C$를 다음과 같이 정의한다.
>
> $$(g \circ f)(x) = g(f(x))$$

예제 4 $f(x) = 3x - 2$, $g(x) = \dfrac{2}{x}$ 일 때 다음을 구하라.

(1) $(f \circ g)(x)$ (2) $(f \circ f)(x)$
(3) $(g \circ f)(x)$ (4) $(g \circ g)(x)$
(5) $(g \circ f)(1)$

| 풀이 |

(1) $(f \circ g)(x) = 3\left(\dfrac{2}{x}\right) - 2$

(2) $(f \circ f)(x) = 3(3x - 2) - 2 = 9x - 8$

(3) $(g \circ f)(x) = \dfrac{2}{(3x - 2)}$

(4) $(g \circ g)(x) = \dfrac{2}{\left(\dfrac{2}{x}\right)} = x$

(5) $(g \circ f)(1) = \dfrac{2}{3 \times 1 - 2} = 2$

연습문제 3-2

1. $R \to R$인 함수 $f(x) = x^2 + 1$과 $g(x) = 2x - 1$에 대해 다음을 계산하라.
   (1) $(f + g)(x), (f - g)(1), (f \cdot g)(x), (7g)(2), (-f)(x)$
   (2) $(f/g)(x), (2f - 3g)(2)$
   (3) 함수 (f/g)의 정의역을 설정하라.

2. $f(x) = 2x - 3$, $g(x) = x^2 - 1$일 때 다음을 계산하라.
   (1) $(f \circ g)(2)$ (2) $(f \circ f)(x)$
   (3) $(g \circ f)(1)$ (4) $(g \circ g)(x)$

3 함수의 대응 형태와 역함수

정의역과 치역의 원소들 간의 대응 특성에 따라 다음과 같은 함수를 정의할 수가 있다.

> **정의 3.4**
>
> $f : A \rightarrow B$라고 하자.
> (1) 만일 $f(x_1) = f(x_2)$가 $x_1 = x_2$를 의미하면 f를 A에서 B로의 **일대일** 혹은 **단사함수**(injection)라고 한다.
> (2) 만일 f의 치역이 B와 동일하면, 즉 $f(A) = B$이면, f를 A에서 B로의 **전사함수**(surjection)라고 한다.
> (3) f가 A에서 B로의 단사함수이면서 동시에 전사함수일 경우 이를 A에서 B로의 **쌍사함수**(bijection) 혹은 **일대일 대응관계**(one-to-one correspondence)라고 한다.

[그림 3.2]는 전사함수와 단사함수의 특성을 간단히 보여 주고 있다.

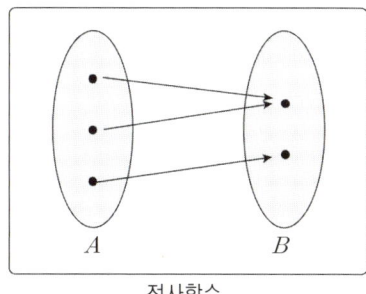
전사함수

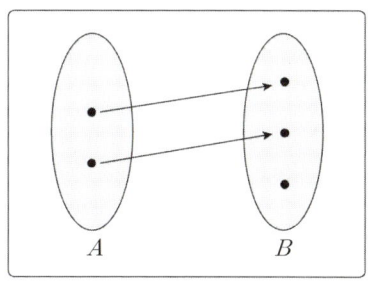
단사함수

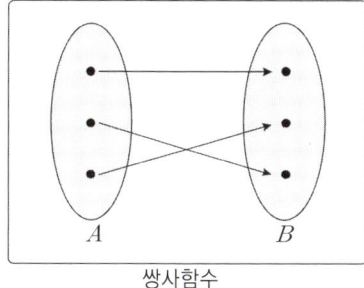
쌍사함수

그림 3.2 전사함수와 단사함수

아래의 <정리 3.1>은 단사함수에 대한 충분조건 하나를 보여 주고 있다.

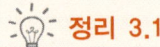 정리 3.1

$f: R \rightarrow R$이라고 하자. 만일 함수 f가 강증가(감소)함수이면 단사함수이다.

증명 강증가함수의 경우만 논증하면 충분하다. 서로 다른 두 실수 x_1과 x_2에 대해 편의상 $x_1 < x_2$라고 가정해 보자($x_1 > x_2$의 경우는 따로 다루지 않더라도 일반성을 잃지 않는다). 그러면 강증가함수의 정의로부터 $f(x_1) < f(x_2)$이다. 따라서 만일 $f(x_1) = f(x_2)$라면 $x_1 = x_2$임을 의미한다. 따라서 함수 f는 단사함수임이 증명되었다.

예제 5 $f: R \rightarrow R$일 때 다음은 <정의 3.4>에 의해 어떤 함수인가를 판별하라.

(1) $f(x) = 2x - 1$ (2) $f(x) = x^2$
(3) $f(x) = |x|$ (4) $f(x) = 2^x$

| 풀이 | 각 함수에 대한 [그림 3.3]의 그래프 모양을 통해 직관적으로 결론을 알 수 있지만 다음과 같은 자세한 설명이 필요하다.

(1) 만일 $2x_1 - 1 = 2x_2 - 1$이면 $x_1 = x_2$이므로 f는 단사함수이다. 또한 임의의 실수 y에 대해 $2\left(\dfrac{y+1}{2}\right) - 1 = y$이므로 $f(R) = R$임을 알 수 있다. 즉, f는 전사함수이기도 하다. 따라서 f는 쌍사함수이다.

(2) 임의의 양수 a에 대해 $a^2 = (-a)^2$이므로 f는 단사함수가 아니다. 또한 $f(x)$는 음수의 값을 가질 수 없으므로 전사함수도 아니다.

(3) 위 (2)의 풀이와 비슷하게 $|x| = |-x|$이므로 f는 단사함수가 아니다. 또한 절대값은 음의 값을 갖지 않으므로 전사함수도 아니다.

(4) 지수함수는 강증가함수이다. 따라서 단사함수이다. 그러나 $2^x > 0$이 항상 성립하므로 전사함수는 될 수 없음을 알 수 있다.

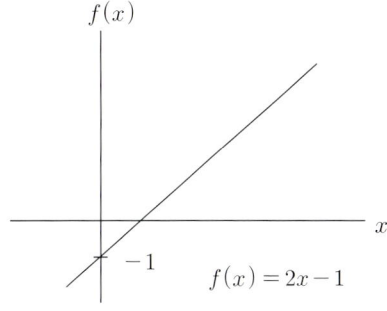
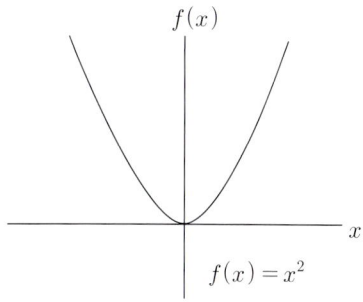
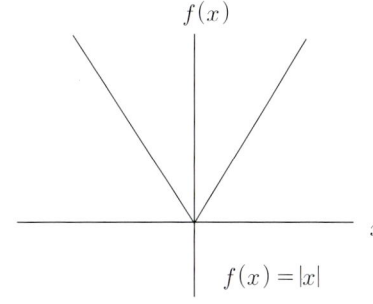
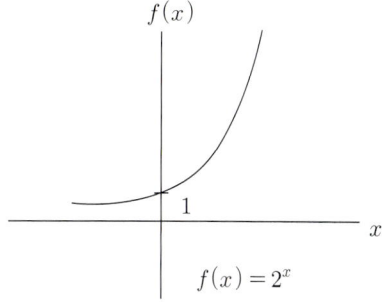

그림 3.3 〈예제 5〉 함수의 그래프

특히 $f:A{\rightarrow}B$가 쌍사함수일 경우 f의 함수 관계를 역방향인 B에서 A로 정의한 역함수(inverse function)를 도출할 수가 있다. 왜냐하면 쌍사함수의 경우는 임의의 $y{\in}B$에 대해(전사함수이므로) $f(x)=y$인 x가 A 안에 유일하게(단사함수이므로) 존재하기 때문이다.

정의 3.5

함수 $f:A{\rightarrow}B$가 쌍사함수일 때, 다음과 같이 정의된 함수 $f^{-1}:B{\rightarrow}A$를 f의 **역함수**라고 한다.

임의의 $y{\in}B$에 대해 $f(x)=y$일 경우 $f^{-1}(y)=x$

예제 6 다음 각 함수의 역함수가 존재하도록 정의역과 공역을 설정하고 역함수를 구하라.

(1) $f(x) = x + 2$ (2) $f(x) = x^2$
(3) $f(x) = \sqrt{x} \ (x > 0)$

| 풀이 | (1) <예제 5>의 (1)의 경우와 같은 이유로 f는 $R \to R$인 쌍사함수이다. 따라서 <정의 3.5>에 의해 역함수 $f^{-1} : R \to R$를 발견할 수 있다. $y = x + 2$로부터 $f^{-1}(y) = y - 2$이다.

(2) 정의역과 공역을 모두 양의 실수(R^+)로 하면 ($f : R^+ \to R^+$), f는 쌍사함수이다. $y = x^2$으로부터 $f^{-1}(y) = \sqrt{y}$임을 알 수 있다.

(3) 마찬가지로 정의역과 공역을 모두 양의 실수로 하면 f는 쌍사함수이다. $y = \sqrt{x}$로부터 역함수는 $f^{-1}(y) = y^2$이다.

<정의 3.5>에 의하면 역함수의 역함수는 원래의 함수이다. 즉, $(f^{-1})^{-1} = f$이다. 합성함수의 정의로부터 또한 다음과 같은 성질이 자명하게 성립한다.

정리 3.2

함수 $f : A \to B$의 역함수를 f^{-1}라고 할 때 다음이 성립한다. 즉, 역함수를 원래 함수에 합성한 합성함수는 항등함수이다.

(1) 임의의 $x \in A$에 대해 $(f^{-1} \circ f)(x) = x$
(2) 임의의 $y \in B$에 대해 $(f \circ f^{-1})(y) = y$

연습문제 3-3

1. $f : R \to R$일 때 다음은 <정의 3.4>에 의해 어떤 함수인가를 판별하라.

   (1) $f(x) = x^3$ (2) $f(x) = \begin{cases} x - 1 & x \leq 1 \\ \dfrac{x-1}{x} & x > 1 \end{cases}$

(3) $f(x) = \begin{cases} -x & x \leq 0 \\ x^2 & x > 0 \end{cases}$

2. 문제 1의 함수들이 쌍사함수가 되도록 각 함수들의 정의역과 공역을 설정하고 각각의 역함수를 구하라.

4 지수함수와 로그함수

자주 활용되는 역함수 관계로 지수함수와 로그함수의 역함수 관계를 들 수 있다. 일반적으로 임의의 실수 x에 대해 $y = a^x (a > 0, a \neq 1)$의 양수를 대응시키는 함수를 밑(base)이 a인 **지수함수**라고 정의한다. 또한 이 함수는 $R \to R^+$의 쌍사함수이므로 <정의 3.5>에 의해 역함수가 존재하는데, 이 역함수 $x = \log_a y$를 밑이 a인 **로그함수**라고 한다.

(1) 자연지수 e

다양한 양수 a를 밑으로 활용할 수 있는 지수함수와 로그함수는 자연지수 e와 이를 밑으로 하는 자연지수함수에 의해 모두 설명될 수 있다. 자연지수 e는 연속적인 변화율 혹은 성장률 계산의 토대가 되는 이론적인 수치인데, 다음과 같이 극한값으로 정의할 수 있다.

> **정의 3.6**
>
> **자연지수** e를 아래와 같은 극한값으로 정의한다.
>
> $$e = \lim_{n \to \infty} \left(1 + \frac{1}{n}\right)^n = \lim_{h \to 0} (1+h)^{1/h}$$

자연지수 e는 무리수로 실제 값은 대략 2.7182818…이다. 이 자연지수 e가 변화율 혹은 성장률의 계산에 자주 활용되는 이유는 다음과 같은 근사적 추론 때문이다. 예를 들어 현 시점에서 1원을 저축하면 1년 후 100%의 이자가 발생하는 가상적인 저축을 생각해 보자. 만일 모든 이자가 1년 만기 시점에 발생하여 지불되면 1년 후의 원리 합계는 $1+1=2$원이 될 것이다. 그런데 이자가 6개월에 한 번씩 복리로 계산된다면 1년 후의 원리합계는 $\left(1+\dfrac{1}{2}\right)^2$원이 될 것이다. 따라서 1년에 n번 이자가 복리로 계산되는 경우 1년 후의 원리합계는 $\left(1+\dfrac{1}{n}\right)^n$이 됨을 알 수 있다. 이런 생각을 확대하여 가상적으로 무한 번 복리로 이자가 계산되는 경우를 상상하면 1년 후의 원리합계는 위에서 정의한 자연지수 e원과 같아짐을 알 수 있다. 물론 무한 번 복리계산을 하는 경우는 현실적으로 존재하지 않는다. 그러나 이와 같은 가상적 추론에 의해 정해진 기간 동안 매우 여러 번 복리식으로 이자가 발생하는 경우나, 어떤 물량이 끊임없이 성장하는 경우, 이를 통한 최종 변화에 대한 근사값을 계산하기 위해 일반적으로 자연지수 e를 활용할 수 있다는 생각을 할 수 있다.

(2) 자연지수함수와 자연로그함수

<정의 3.7>과 같이 자연지수 e를 밑으로 하는 지수함수를 자연지수함수라고 한다.

정의 3.7

자연지수함수(natural exponential function) $f(x)$는 임의의 실수 x에 대해 e^x을 대응시켜 주는 함수이다. 즉, $f(x) = e^x$이다.

[그림 3.4]는 자연지수함수의 모양을 보여 주고 있다. 이러한 자연지수함수는 다음과 같은 특징을 갖는다.

① $f(0) = e^0 = 1$이므로 좌표평면에서 (0, 1)을 통과한다.
② 임의의 x에 대해 $f(x) > 0$이다. 즉, 자연지수함수는 항상 양의 함수값을 갖는다.

③ 자연지수함수는 강증가함수이다. 즉, $x < y$이면 항상 $f(x) < f(y)$이다.
④ 자연지수함수는 그래프의 모양이 아래로부터 볼 때 볼록하다. 이러한 함수를 일반적으로 **볼록함수**(convex function)라고 한다.
⑤ x가 증가할 경우($x \to \infty$) $f(x)$는 얼마든지 큰 값을 가지며($f(x) \to \infty$), 반면 x가 감소할 경우 $f(x)$는 점점 0에 가까워진다($f(x) \to 0$). 즉, 좌표평면에서 수평축은 자연지수함수의 그래프의 점근선이다.
⑥ 자연지수함수의 치역 $f(R)$은 양의 실수의 집합이다. 즉, 편의상 양의 실수의 집합을 R^+로 나타내면 $f(R) = R^+$이다.

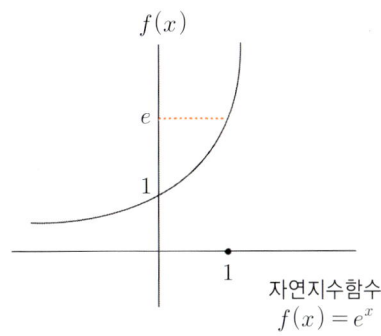

그림 3.4 자연지수함수의 그래프

다른 지수함수들과 마찬가지로 자연지수함수 또한 지수의 법칙에 의해 다음과 같은 특징을 가진다.

정리 3.3

f가 자연지수함수일 때, 임의의 두 실수 x, y에 대해 다음과 같은 규칙이 성립한다.

(1) $f(x)f(y) = f(x+y)$, 즉 $e^x e^y = e^{x+y}$
(2) $(f(x))^y = f(xy)$, 즉 $(e^x)^y = e^{xy}$
(3) $f(x)/f(y) = f(x-y)$, 즉 $e^x/e^y = e^{x-y}$
(4) $f(-x) = 1/f(x)$, 즉 $e^{-x} = 1/e^x$

자연지수함수 $f: R \to R^+$는 강증가함수이므로 단사함수이고, $f(R) = R^+$이다. 즉, 자연지수함수는 쌍사함수이므로 즉각적으로 자연지수함수의 역함수 $f^{-1}: R^+ \to R$을 정의할 수가 있다. 이 자연지수함수의 역함수를 자연로그함수(natural logarithmic function)라고 하며 일반적으로 ln으로 표시한다.

> **정의 3.8**
>
> 자연지수함수의 역함수를 **자연로그함수**라고 한다. 즉, 임의의 양수 x에 대해 $\ln(x) = y \Leftrightarrow e^y = x$이다.

[그림 3.5]는 자연로그함수의 그래프를 보여 주며, 자연지수함수의 역함수이므로 다음과 같은 특징을 갖는다.

① $\ln(1) = 0$, 즉 좌표평면에서 (1, 0)을 통과한다.
② 자연로그함수의 정의역은 양의 실수(R^+)이며, 치역은 모든 실수의 집합(R)이다.
③ 자연로그함수는 강증가함수이다. 즉, $x < y$이면 항상 $\ln(x) < \ln(y)$이다.
④ 자연로그함수는 그래프의 모양이 아래로부터 볼 때 오목하다. 이러한 함수를 일반적으로 **오목함수**(concave function)라고 한다.
⑤ x가 증가할 경우($x \to \infty$) $f(x)$는 얼마든지 큰 값을 가지며($f(x) \to \infty$), 반면 x가 0에 가까워질 경우($x \to 0$) $f(x)$는 한없이 작아진다($\ln(x) \to -\infty$).

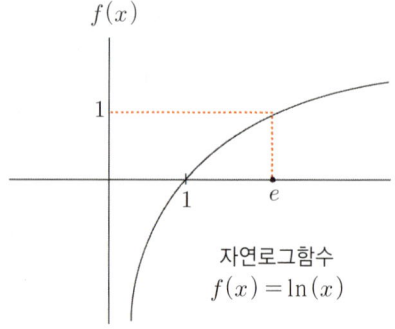

그림 3.5 자연로그함수의 그래프

⑥ x가 0과 1 사이일 경우 $\ln(x) < 0$이다. 즉, $\ln(x)$는 x가 0과 1 사이에서는 음의 값을, 1에서는 0을, 1보다 클 경우는 양의 값을 갖는다.

또한 역함수의 정의와 <정리 3.2, 3.3>으로부터 자연로그함수가 다음과 같은 성질을 가짐을 쉽게 증명할 수 있다.

정리 3.4

임의의 양수 x와 y에 대해 다음의 성질이 성립한다.

(1) $\ln(xy) = \ln(x) + \ln(y)$
(2) $\ln\left(\dfrac{1}{x}\right) = -\ln(x)$
(3) $\ln\left(\dfrac{x}{y}\right) = \ln(x) - \ln(y)$
(4) 임의의 상수 c에 대해 $\ln(x^c) = c\ln(x)$이다.

증명

(1) $\ln(x) = a$, $\ln(y) = b$라고 하자. 그러면 $e^a = x$, $e^b = y$이므로 $xy = e^{(a+b)}$이다. 따라서 $\ln(xy) = a + b = \ln(x) + \ln(y)$이다.

(2) 자연지수함수는 $x \in R$, $y \in R^+$ 범위 내에서 쌍사함수이므로 <정리 3.2>에 의해 $e^{\ln(1/x)} = \dfrac{1}{x} = \dfrac{1}{e^{\ln(x)}} = e^{-\ln(x)}$이다. 따라서 $\ln\left(\dfrac{1}{x}\right) = -\ln(x)$가 성립한다.

(3) 위의 (1)과 (2)를 활용하여,
$\ln\left(\dfrac{x}{y}\right) = \ln\left(x \cdot \dfrac{1}{y}\right) = \ln(x) + \ln\left(\dfrac{1}{y}\right) = \ln(x) - \ln(y)$임을 알 수 있다.

(4) 위 (2)의 증명에서와 같이, $e^{\ln(x^c)} = x^c = (e^{\ln(x)})^c = e^{c\ln(x)}$로부터 $\ln(x^c) = c\ln(x)$가 도출된다.

(3) 지수함수와 로그함수

밑을 e로 하는 자연지수함수 이외의 지수함수는 임의의 양수 a에 대해 정의할 수 있다. 그런데 밑을 $a(a>0)$로 하는 지수함수 $y=a^x$은 <정리 3.5>와 같이 항상 자연지수함수와 선형(1차)함수의 합성함수로 표현될 수 있다.

정리 3.5

임의의 양수 a와 실수 x에 대해 다음의 관계식이 성립한다.

$$a^x = e^{x\ln(a)}$$

증명 자연로그함수는 자연지수함수의 역함수이다. 따라서 <정리 3.2>에 의해 자연지수함수와 자연로그함수의 합성함수는 항등함수이므로 $e^{\ln(a^x)}=a^x$이 성립한다. 또한 <정리 3.4>의 (4)에 의해 $\ln(a^x)=x\ln(a)$이므로 $a^x=e^{x\ln(a)}$임이 증명되었다.

<정리 3.5>에 의해 a를 밑으로 하는 지수함수 a^x은 x의 선형함수 $y=x\ln(a)$에 y의 자연지수함수 e^y을 합성한 합성함수임을 알 수 있다.

비슷하게 아래의 <정리 3.6>과 같이 로그함수는 자연로그함수와 선형함수의 합성함수임을 알 수 있다.

정리 3.6

임의의 양수 a와 x에 대해 다음의 관계식이 성립한다.

$$\log_a x = \frac{\ln(x)}{\ln(a)}$$

증명 로그함수는 지수함수의 역함수이므로 $y=\log_a x$는 $a^y=x$임을 의미한다. 또한 <정리 3.5>로부터 $x=a^y=e^{y\ln(a)}$이므로 $\ln(x)=y\ln(a)$임을 알 수 있다. 따라서 $y=\log_a x = \dfrac{\ln(x)}{\ln(a)}$임이 도출된다.

<정리 3.6>은 구체적으로 로그함수 $\log_a x$는 자연로그함수 $\ln(x)$에 상수 $\dfrac{1}{\ln(a)}$을 곱한 함수로, 즉 자연로그함수에 선형함수를 합성한 함수로 해석할 수 있음을 보여 준다. 지금까지 <정리 3.5, 3.6>을 통해 관찰한 자연지수(로그)함수와 일반적인 지수(로그)함수의 관계는 이 책의 뒷부분에서 지수함수와 로그함수의 미분을 설명할 때 또한 매우 유용한 관계식임을 발견하게 될 것이다.

연습문제 3-4

1. 자연지수함수는 강증가함수임을 증명하라.

2. 다음의 함수들을 자연지수함수와 다른 함수의 합성함수로 나타내어라.

    (1) 2^x

    (2) 3^{x+2}

    (3) $5^{(x^2-2)}$

3. 다음의 함수들을 자연로그함수와 다른 함수의 합성함수로 나타내어라.

    (1) $\log_{10} x$

    (2) $\log_3(x^2+2)$

    (3) $\log_4 \dfrac{(x-3)^2}{x^2+1}$

chapter 3 종합문제

1 $A = \{1, 2\}$, $B = \{3, 4, 5\}$라고 할 때 A에서 B로의 함수를 가능한 대로 모두 만들어라.

2 집합 A의 원소가 m개, B의 원소가 n개 있다.

   (1) A에서 B로의 함수는 최대한 몇 개가 가능한가?
   (2) A에서 B로의 단사함수가 존재하기 위한 조건을 구하라.
   (3) 위의 조건이 만족되는 경우 A에서 B로의 단사함수는 최대한 몇 개가 가능한가?

3 $f : R \to R$일 때 〈정의 3.4〉에 의하면 다음은 어떤 함수인가를 판별하라.

   (1) $f(x) = 2x + 1$
   (2) $f(x) = \begin{cases} x & (x < 0) \\ x^2 & (x \geq 0) \end{cases}$
   (3) $f(x) = e^{|x|}$

4 $f(x) = 4x - 2$라고 하자.

   (1) $(f \circ f)(x)$를 구하라.
   (2) 방정식 $(f \circ f)(x) = 6$을 구하라.
   (3) 역함수 f^{-1}을 구하라.

5 f와 g가 모두 R에서 R로의 증가함수이면 $f \circ g$ 역시 R에서 R로의 증가함수가 됨을 증명하라.

6 f와 g가 모두 R에서 R로의 강증가함수이면 $f \circ g$ 역시 R에서 R로의 강증가함수가 됨을 증명하라.

7 실수값을 갖는 다음 함수가 역함수를 가질 수 있도록 정의역과 공역을 정해 보고 각 경우의 역함수를 구하라.

(1) $f(x) = x^2 - 1$

(2) $f(x) = \sqrt{x-2}$

(3) $f(x) = \dfrac{1}{x^2}$

8 자연로그함수의 계산 규칙을 활용하여 다음을 간단히 하여라.

(1) $3\ln(x) - \ln(x^2 + 2)$

(2) $\ln(x) + \ln(y^3) - 2\ln(y) - \ln(5)$

9 x에 대한 다음 방정식을 풀어라.

(1) $4e^{(2x-1)} = 10$

(2) $3\ln(x^2) - 5 = 0$

10 현재 A원을 연이율 r(단, $r > 0$)로 예금하였다고 하자.

(1) 이자가 1년에 n번 복리로 계산될 경우 1년 후의 원리 합계를 계산하는 공식을 만들어 보라.

(2) 위에서 만든 공식을 활용하여 무한 번 이자가 복리로 계산될 경우 1년 후의 원리 합계는 Ae^r이 됨을 증명하라.

제4장
행렬

행렬(matrix) 또는 선형대수(linear algebra)[2]는 약 150년 전부터 해밀턴(Hamilton), 케일리(Cayley), 실베스터(Sylvester) 같은 수학자들에 의해 쓰여 왔던 상당히 유용한 분석도구로, 오늘날 통계학이나 계량경제학, 비교정태분석, 선형계획법뿐만 아니라 전자공학, 기계공학, 항공우주학 등 모든 분야에서 폭넓게 사용하는 방법이다.

  이 행렬 이론의 기하학적인 측면을 배우고 사용하면 편리한 점이 많지만, 여기에서는 기초적인 사회과학 분야의 응용을 원하는 독자들만을 대상으로 하기 때문에 행렬 이론의 대수적 측면만 다룰 것이다. 특히 행렬의 정의 및 표시방법, 행렬의 종류, 행렬의 연산법칙 등 기초적인 내용을 제4장에서 다루고, 행렬식, 역행렬과 크래머 공식(Cramer's rule) 등은 다음 장에서 다룬다.

1 행렬의 이용

행렬(行列)에 관한 기본적인 내용을 알아보기 전에 먼저 행렬의 쓰임새에 대해 살펴보자.

---

[2] 여기서 선형이란 1차 함수로 나타난 방정식을 의미한다.

<식 4-1>과 같은 선형 연립방정식이 있다고 하자. 일반적으로 이러한 연립방정식은 유일한 해(解)를 가질 수도 있지만, 경우에 따라 해가 없을 수도 있고 여러 개의 해를 가질 수도 있다. 하지만 이 장에서는 설명을 간단히 하기 위해 유일한 해를 가질 경우만 고려한다.

$$x + y + z = 7$$
$$x + 2y + 2z = 10$$
$$2x + 3y - 4z = 3$$

(4-1)

<식 4-1>은 변수가 3개, 선형방정식이 3개, 매개변수(파라미터)가 12개로 구성되어 있다. 그런데 만일 변수가 4개로 늘어나면 선형연립방정식이 유일한 해를 갖기 위해 방정식이 4개, 매개변수(파라미터)가 20개로 늘어나고, 변수가 4개 이상으로 늘어나면 그에 따라 선형방정식 수와 매개변수(파라미터)가 계속 늘어나야 한다. 그러면 학생들은 다음과 같은 몇 가지 의문을 가지게 될 것이다.

① 단순한 선형연립방정식 모형에서 변수의 수가 추가될 때마다 유일한 해를 갖기 위해 방정식의 수가 늘어나는데 그 방정식들을 일일이 다 써야 하는가? 좀 더 간단히 표현할 수 있는 방법은 없는가?
② 이러한 선형연립방정식에서 유일한 해가 존재하는지 쉽게 알 수 있는 방법은 없는가?
③ 만일 유일한 해가 존재한다면, 그 해를 찾기 위해 연립방정식을 간단히 풀 수 있는 방법은 없는가?

이러한 의문들은 사실 우리가 여기서 배우는 행렬대수를 이용하면 쉽게 그 대답을 찾을 수 있다. 다만 이 행렬대수는 앞의 <식 4-1>과 같은 선형연립방정식에서만 적용이 가능하다. 따라서 그 적용범위가 상당히 한정적이라는 단점을 가지고 있지만, 비선형 모형(2차 함수 이상)에서도 로그를 이용하면 선형 모형으로 변환시킬 수 있으므로 실제적으로는 그 적용범위가 생각보다 넓다고 할 수 있다. 그러나 이러한 로그를 이용한 선형식으로의 변환은 이 책의 범위를 넘어서므로 여기서 다루지는 않는다.

2. 행렬의 정의

행렬이란 일련의 개체들을 행(行, row)과 열(列, column)에 맞추어 직사각형 형태로 배열하여 괄호 [ ]로 표시한 것을 말한다. 그리고 행렬을 구성하는 개별 개체들을 행렬의 원소(element)라고 하며, 보통 소문자로 a_{ij}, b_{ij}, c_{ij} 등으로 나타낸다.

이제 m개의 행과 n개의 열로 구성되어 있는 행렬 A가 있다고 하면, 행렬 A는 다음과 같이 표시된다.

$$A = \begin{bmatrix} a_{11} & a_{12} & \ldots & a_{1n} \\ a_{21} & a_{22} & \ldots & a_{2n} \\ \vdots & & & \vdots \\ a_{m1} & a_{m2} & \ldots & a_{mn} \end{bmatrix}$$

이때 행렬 A의 원소인 a_{ij}에 나타난 아랫첨자들의 의미를 살펴보자.

먼저 a_{11}로 나타난 것은 이 원소가 1행, 1열의 위치에 있고, a_{21}이면 2행, 1열의 위치에 있다는 것을 의미한다. 즉, 아랫첨자의 앞에 있는 숫자는 원소가 위치한 행의 위치, 그리고 뒤에 있는 숫자는 열의 위치를 나타낸다. 따라서 일반적으로 a_{ij}는 i번째 행, j번째 열에 있는 원소(파라미터)를 나타낸다.

앞의 <식 4-1>에서 언급했던 선형연립방정식은 변수가 3개인 간단한 식이지만, 만일 변수가 매우 큰 방정식 체계일 경우 그것을 모두 다 쓴다는 것은 힘든 작업이 될 것이다. 따라서 이 연립방정식을 다 쓰지 않고 간단히 표기할 수 있는 방법을 찾아야 한다. 아래 <식 4-2>와 같은 연립방정식이 있다고 하자.

$$\begin{aligned} a_{11}x_1 + a_{12}x_2 + \ldots + a_{1n}x_n &= b_1 \\ a_{21}x_1 + a_{22}x_2 + \ldots + a_{2n}x_n &= b_2 \\ &\vdots \\ a_{m1}x_1 + a_{m2}x_2 + \ldots + a_{mn}x_n &= b_m \end{aligned}$$ (4-2)

이 연립방정식을 모두 계수(A)와 변수(x), 상수(b)의 집합으로 분류해 보면 다음과 같이 쓸 수 있다.

$$A = \begin{bmatrix} a_{11} & a_{12} & \ldots & a_{1n} \\ a_{21} & a_{22} & \ldots & a_{2n} \\ \vdots & & & \vdots \\ a_{m1} & a_{m2} & \ldots & a_{mn} \end{bmatrix}, \quad x = \begin{bmatrix} x_1 \\ x_2 \\ \vdots \\ x_m \end{bmatrix}, \quad b = \begin{bmatrix} b_1 \\ b_2 \\ \vdots \\ b_m \end{bmatrix}$$

이때 행렬 A는 변수 x의 계수들만 포함하고 있으므로 계수행렬이라 하고, x는 변수행렬, b는 상수행렬이라 한다.

이렇게 행렬이란 장방형(rectangular)으로 배열한 숫자, 혹은 그 밖의 요소들의 모임을 말한다. 그리고 장방형으로 배열한 숫자나 요소를 원소(element)라고 한다.

<식 4-2>는 간단하게 <식 4-3>과 같이 쓸 수 있다.

$$Ax = b \tag{4-3}$$

따라서 비록 m과 n이 매우 큰 수라도 행렬로 간단히 나타낼 수 있다. 그러나 연립방정식이 어떻게 이렇게 표현될 수 있는지 의문이 드는 학생은 3절에 나오는 행렬의 기초 연산을 배울 때까지 그 의문을 잠시 접어 두고 먼저 행렬의 기본적인 내용부터 알아보자.

(1) 행렬의 차원

행렬의 크기를 차원(dimension)이라 하는데 이는 (행의 개수)×(열의 개수)의 형태로 나타낸다. 즉, <식 4-2> 계수행렬의 경우 m행과 n열로 구성되어 있고, <식 4-1>의 경우 3행과 3열로 구성되어 있다. 이때 <식 4-2>의 계수행렬은 $m \times n$행렬 혹은 $m \times n$차원 행렬이라 하고, <식 4-1>의 계수행렬은 3×3행렬 혹은 3×3차원 행렬이라 한다. 이렇게 차원을 말할 때 항상 행을 먼저 말하고, 열은 나중에 말한다. 즉, $A = \begin{bmatrix} 2 & 1 & 3 \\ 0 & -1 & 4 \end{bmatrix}$이면 A는 2×3행렬이고, $B = \begin{bmatrix} 0 & 1 & 3 & 5 \\ 2 & 4 & -2 & 6 \\ 1 & 2 & 1 & 4 \end{bmatrix}$이면 B는 3×4행렬이다.

행렬의 차원은 일반적으로 명시적으로 표기를 하지는 않지만 필요할 경우 다음과 같이 표기한다.

$$\underset{m \times n}{A} \quad \text{혹은} \quad \underset{3 \times 3}{A}$$

(2) 벡터

벡터(vector)란 행렬의 특수한 행태로 오직 1개의 열만을 가지고 있거나 1개의 행만을 가지고 있는 행렬을 말한다. 이때 오직 1개의 열만을 가지고 있는 행렬을 열벡터(column vector)라 하고, 반대로 오직 1개의 행만을 가지고 있는 행렬을 행벡터(row vector)라고 한다. $\alpha = [a_{11}\ a_{12}\ a_{13}]$이나 $\beta = [a_{21}\ a_{22}\ a_{23}]$은 행벡터이고, $\gamma = \begin{bmatrix} a_{11} \\ a_{21} \\ a_{31} \end{bmatrix}$이나 $\delta = \begin{bmatrix} a_{12} \\ a_{22} \\ a_{32} \end{bmatrix}$는 열벡터이다.

<식 4-4>는 1×4차원의 행벡터 예인데, 열벡터와 구분하기 위해 프라임(′) 표시를 한다.

$$x' = [x_1\ x_2\ x_3\ x_4] \tag{4-4}$$

3 행렬의 기초 연산

행렬은 실수와 마찬가지로 더하기, 빼기, 곱하기 등의 연산을 정의할 수 있다. 그러나 행렬에 대한 연산은 모든 행렬에 다 적용될 수 있는 것이 아니라 그 행렬의 차원에 따라 적용 가능 여부가 결정된다.

(1) 행렬의 덧셈

행렬의 덧셈은 2개 행렬의 차원이 같을 때만 가능하다. 그리고 그 덧셈은 A와 B행렬의 같은 행과 열에 있는 원소끼리 더하는 것으로 정의된다. 만일 $m \times n$차원의 행렬 $A = [a_{ij}]$와 $B = [b_{ij}]$가 있다면 두 행렬의 합 $A + B$는 다음과 같이 된다.

> **정의 4.1**
>
> 행렬의 합
>
> $$A + B = [a_{ij}] + [b_{ij}] = [c_{ij}], \quad \text{여기서} \quad [c_{ij}] = a_{ij} + b_{ij}$$

2×2행렬을 예로 들어 표기하면 다음과 같다.

$$\begin{bmatrix} a_{11} & a_{12} \\ a_{21} & a_{22} \end{bmatrix} + \begin{bmatrix} b_{11} & b_{12} \\ b_{21} & b_{22} \end{bmatrix} = \begin{bmatrix} a_{11}+b_{11} & a_{12}+b_{12} \\ a_{21}+b_{21} & a_{22}+b_{22} \end{bmatrix}$$

예제 1 A행렬과 B행렬을 더하라.

$$A = \begin{bmatrix} 2 & -4 \\ 1 & 0 \end{bmatrix}, \quad B = \begin{bmatrix} 4 & 3 \\ 5 & -1 \end{bmatrix}$$

| 풀이 | $A + B = \begin{bmatrix} 2+4 & -4+3 \\ 1+5 & 0-1 \end{bmatrix} = \begin{bmatrix} 6 & -1 \\ 6 & -1 \end{bmatrix}$

예제 2 A행렬과 B행렬을 더하라.

$$A = \begin{bmatrix} 3 & 2 & 0 \\ 3 & 1 & -2 \end{bmatrix}, \quad B = \begin{bmatrix} 1 & 3 & 4 \\ 2 & 1 & 0 \end{bmatrix}$$

| 풀이 | $A + B = \begin{bmatrix} 3+1 & 2+3 & 0+4 \\ 3+2 & 1+1 & -2+0 \end{bmatrix} = \begin{bmatrix} 4 & 5 & 4 \\ 5 & 2 & -2 \end{bmatrix}$

(2) 행렬의 뺄셈

행렬의 뺄셈은 행렬의 덧셈과 마찬가지로 두 행렬이 동일한 차원일 때에만 가능하다. 뺄셈 연산 $A - B$는 일반적으로 다음과 같이 주어진다.

> **정의 4.2**
>
> 행렬의 뺄셈
>
> $$A - B = [a_{ij}] - [b_{ij}] = [c_{ij}], \text{ 여기서 } c_{ij} = a_{ij} - b_{ij}$$

2×2행렬을 예로 들면 아래와 같다.

$$\begin{bmatrix} a_{11} & a_{12} \\ a_{21} & a_{22} \end{bmatrix} - \begin{bmatrix} b_{11} & b_{12} \\ b_{21} & b_{22} \end{bmatrix} = \begin{bmatrix} a_{11}-b_{11} & a_{12}-b_{12} \\ a_{21}-b_{21} & a_{22}-b_{22} \end{bmatrix}$$

예제 3 A행렬에서 B행렬을 빼라.

$$A = \begin{bmatrix} 2 & 4 & 7 \\ 3 & -1 & 0 \end{bmatrix}, \quad B = \begin{bmatrix} -3 & 2 & 5 \\ 4 & 3 & 2 \end{bmatrix}$$

| 풀이 |
$$A - B = \begin{bmatrix} 2 & 4 & 7 \\ 3 & -1 & 0 \end{bmatrix} - \begin{bmatrix} -3 & 2 & 5 \\ 4 & 3 & 2 \end{bmatrix} = \begin{bmatrix} 2-(-3) & 4-2 & 7-5 \\ 3-4 & -1-3 & 0-2 \end{bmatrix} = \begin{bmatrix} 5 & 2 & 2 \\ -1 & -4 & -2 \end{bmatrix}$$

이러한 뺄셈 연산은 벡터에도 적용된다.

예제 4 A벡터에서 B벡터를 빼라.

$$A = \begin{bmatrix} 2 \\ -7 \\ 5 \end{bmatrix}, \quad B = \begin{bmatrix} 0 \\ 4 \\ 3 \end{bmatrix}$$

| 풀이 |
$$A - B = \begin{bmatrix} 2 \\ -7 \\ 5 \end{bmatrix} - \begin{bmatrix} 0 \\ 4 \\ 3 \end{bmatrix} = \begin{bmatrix} 2 \\ -11 \\ 2 \end{bmatrix}$$

(3) 스칼라 곱

행렬에 어떤 숫자[행렬에서는 이를 스칼라(schalar)라고 한다]를 곱할 때는 행렬의 모든 원소에 그 스칼라를 곱한다. 일반적으로 스칼라를 λ로 표기하면 다음의 식이 성립한다.

> **정의 4.3**
>
> 스칼라 곱
>
> $$\lambda [a_{ij}] = [\lambda a_{ij}] = [a_{ij}]\lambda$$

예제 5 $\lambda = 3$, $A = \begin{bmatrix} 3 & 0 \\ 2 & 1 \\ 0 & 4 \end{bmatrix}$ 일 때 λA를 구하라.

| 풀이 | $\lambda A = 3\begin{bmatrix} 3 & 0 \\ 2 & 1 \\ 0 & 4 \end{bmatrix} = \begin{bmatrix} 9 & 0 \\ 6 & 3 \\ 0 & 12 \end{bmatrix}$

스칼라 λ는 앞에서 곱하거나 뒤에서 곱하거나 그 순서에는 관계없이 같은 값을 가진다.

스칼라 곱은 벡터에도 적용된다.

예제 6 $\lambda = 4$, $A = \begin{bmatrix} 4 \\ -2 \\ 1 \end{bmatrix}$ 일 때 λA를 구하라.

| 풀이 | $\lambda A = 4\begin{bmatrix} 4 \\ -2 \\ 1 \end{bmatrix} = \begin{bmatrix} 16 \\ -8 \\ 4 \end{bmatrix}$

(4) 행렬의 곱셈

행렬의 곱셈은 행렬의 덧셈이나 뺄셈에서와 같이 두 행렬이 반드시 같은 차원을 가져야 한다는 요구조건은 없지만, 대신 행렬의 곱셈이 성립하기 위해서는 앞 행렬의 열의 수와 뒤 행렬의 행의 수가 일치해야만 정의된다. 즉, 행렬의 곱 AB에 있어 A의 차원이 $m \times n$이면 B의 차원은 $n \times p$이어야 하며, m이나 n, p는 어떤 숫자든 관계없다. 이때 두 행렬의 곱은 앞의 행렬 A의 행과 뒤의 행렬 B의 열의 곱의 합으로 정의된다.

그러면 행렬의 곱을 계산하는 과정을 간단한 3×3행렬을 가지고 살펴보자.

$$A \times B = \begin{bmatrix} a_{11} & a_{12} & a_{13} \\ a_{21} & a_{22} & a_{23} \\ a_{31} & a_{32} & a_{33} \end{bmatrix} \begin{bmatrix} b_{11} & b_{12} & b_{13} \\ b_{21} & b_{22} & b_{23} \\ b_{31} & b_{32} & b_{33} \end{bmatrix} = \begin{bmatrix} c_{11} & c_{12} & c_{13} \\ c_{21} & c_{22} & c_{23} \\ c_{31} & c_{32} & c_{33} \end{bmatrix} = C$$

이때 C의 원소는 다음과 같이 정의된다.

$$[C_{ij}] = \begin{bmatrix} c_{11} & c_{12} & c_{13} \\ c_{21} & c_{22} & c_{23} \\ c_{31} & c_{32} & c_{33} \end{bmatrix}$$

$$= \begin{bmatrix} a_{11}b_{11}+a_{12}b_{21}+a_{13}b_{31} & a_{11}b_{12}+a_{12}b_{22}+a_{13}b_{32} & a_{11}b_{13}+a_{12}b_{23}+a_{13}b_{33} \\ a_{21}b_{11}+a_{22}b_{21}+a_{23}b_{31} & a_{21}b_{12}+a_{22}b_{22}+a_{23}b_{32} & a_{21}b_{13}+a_{22}b_{23}+a_{23}b_{33} \\ a_{31}b_{11}+a_{32}b_{21}+a_{33}b_{31} & a_{31}b_{12}+a_{32}b_{22}+a_{33}b_{32} & a_{31}b_{13}+a_{32}b_{23}+a_{33}b_{33} \end{bmatrix}$$

예제 7 A, B 두 행렬을 곱하라.

$$A = \begin{bmatrix} 1 & 2 \\ 3 & 4 \end{bmatrix}, \quad B = \begin{bmatrix} 1 & -1 & 0 \\ -2 & 5 & 3 \end{bmatrix}$$

| 풀이 |
$$AB = \begin{bmatrix} 1 & 2 \\ 3 & 4 \end{bmatrix} \begin{bmatrix} 1 & -1 & 0 \\ -2 & 5 & 3 \end{bmatrix} = \begin{bmatrix} (1 \times 1)+(2 \times -2) & (1 \times -1)+(2 \times 5) & (1 \times 0)+(2 \times 3) \\ (3 \times 1)+(4 \times -2) & (3 \times -1)+(4 \times 5) & (3 \times 0)+(4 \times 3) \end{bmatrix}$$

$$= \begin{bmatrix} -3 & 9 & 6 \\ -5 & 17 & 12 \end{bmatrix}$$

이때 새로 생긴 행렬은 차원이 2×3이 된다.

일반적으로 차원이 $(m \times n)$인 A행렬과 $(n \times p)$인 B행렬의 곱의 결과로 나타나는 C행렬의 차원은 $(m \times p)$가 되고, A행렬의 차원이 $(n \times t)$이고 B의 행렬이 $(t \times q)$이면 C행렬의 차원은 $(n \times q)$가 된다.

$$\underset{(m \times n)}{\square} \times \underset{(n \times p)}{\square} = \underset{(m \times p)}{\square}$$

한편 행렬의 곱 AB가 정의되더라도 BA의 곱은 정의되지 않을 수 있다. 예를 들어 A행렬이 2×3이고 B행렬은 3×3이면 AB는 정의되지만 BA는 곱의 가능조건을 충족시키지 못함으로써 정의되지 않는다. 또한 BA가 정의되더라도 일반적으로 $AB \neq BA$이다. 즉, 행렬의 곱에서는 교환법칙이 성립할 때도 있지만 그것은 특수한 경우이고, 일반적으로 성립하지 않는 경우가 더 많다.

예제 8 A와 B가 다음과 같을 때 $AB = BA$임을 증명하라.

$$A = \begin{bmatrix} 3 & 0 \\ 0 & 1 \end{bmatrix}, \quad B = \begin{bmatrix} 1 & 0 \\ 0 & 2 \end{bmatrix}$$

| 풀이 | $AB = \begin{bmatrix} 3 & 0 \\ 0 & 2 \end{bmatrix}$, $BA = \begin{bmatrix} 3 & 0 \\ 0 & 2 \end{bmatrix}$

따라서 $AB = BA$로 특수한 경우이다.

예제 9 행렬 A와 B가 다음과 같을 때 $AB \neq BA$임을 증명하라.

$$A = \begin{bmatrix} 3 & 0 \\ 1 & 0 \\ 5 & 2 \end{bmatrix}, \quad B = \begin{bmatrix} 4 & 7 & 1 \\ 6 & 8 & 0 \end{bmatrix}$$

| 풀이 | $AB = \begin{bmatrix} 12 & 21 & 3 \\ 4 & 7 & 1 \\ 32 & 51 & 5 \end{bmatrix}$, $BA = \begin{bmatrix} 24 & 2 \\ 26 & 0 \end{bmatrix}$ 이므로 $AB \neq BA$가 된다.

(5) 행렬의 나눗셈

행렬의 나눗셈은 덧셈, 뺄셈, 곱셈과는 달리 정의되지 않는다. 즉, A, B의 행렬에 나눗셈 A/B 혹은 B/A는 가능하지 않다. 따라서 연립방정식을 $Ax = b$로 표기했을 때 x의 값을 $x = b/A$라고 쓸 수 없다. 대신 이것을 역행렬을 사용하여 $x = A^{-1}b$로 x의 답을 구할 수 있는데, 이에 대한 자세한 내용은 제5장의 역행렬 단락에서 알아본다.

연습문제 4-1

1. 다음 행렬을 기준으로 답을 구하라.

   $A = \begin{bmatrix} 2 & 3 \\ 0 & 1 \end{bmatrix}$, $B = \begin{bmatrix} 4 & -2 \\ 3 & 1 \end{bmatrix}$, $C = \begin{bmatrix} 1 & 2 & 3 \\ 4 & 5 & 6 \end{bmatrix}$, $D = \begin{bmatrix} 7 \\ 2 \end{bmatrix}$

   (1) $A + B$ (2) AB
   (3) $B - A$ (4) AD
   (5) $A - B$ (6) BD
   (7) BC (8) AC

2. $A = \begin{bmatrix} 2 & 1 \\ 7 & 5 \end{bmatrix}$, $B = \begin{bmatrix} x_1 & x_2 \\ x_3 & x_4 \end{bmatrix}$ 일 때 $A + B = \begin{bmatrix} -3 & 0 \\ 4 & 7 \end{bmatrix}$ 이기 위한 x_1, x_2, x_3, x_4를 구하라.

3. 다음 행렬의 곱을 계산하라.

   (1) $\begin{bmatrix} 1 \\ 3 \\ 4 \end{bmatrix} \begin{bmatrix} 10 & -20 & 15 \end{bmatrix}$ (2) $\begin{bmatrix} a & b & c \\ a^2 & b^2 & c^2 \end{bmatrix} \begin{bmatrix} -a & -a^2 \\ b & -b^2 \\ 0 & -c^2 \end{bmatrix}$

4. 행렬 $A = \begin{bmatrix} 5 & 2 \\ 0 & -3 \end{bmatrix}$, $B = \begin{bmatrix} 2 & -1 \\ 4 & 3 \end{bmatrix}$, $C = \begin{bmatrix} 7 & 3 \\ 6 & 2 \end{bmatrix}$ 가 주어졌을 때 다음을 구하라.

   (1) $A + B$ (2) $B - A$
   (3) $A + 2B$ (4) $B - C$
   (5) $2B + 3C$ (6) $-2C$
   (7) $3B - 2A$ (8) $C - A$

5. 다음 등식을 만족하는 a, b, c, d를 구하라.

   $\begin{bmatrix} 3a+1 & 5c \\ -4a & d+2 \end{bmatrix} = \begin{bmatrix} 2 & 3c+1 \\ 4b-1 & 6 \end{bmatrix}$

4. 행렬의 연산과 일반대수의 연산 비교

앞에서도 나타났듯이 행렬의 연산은 우리가 보통 생각하고 있는 일반대수에서 당연시 되던 법칙들이 성립하지 않는 경우가 많다. 예를 들면 일반대수에서 $a^2 = 0$이면 $a = 0$이고, ab는 항상 ba와 같으며, $ab = cb$에서 만일 $b = 0$이 아니라면 당연히 $a = c$이다. 또한 $ab = 0$이라는 관계가 성립하면 이는 a나 b 둘 중에 적어도 하나는 0이라는 관계가 성립한다. 그러나 행렬에서는 이러한 관계가 반드시 성립하지는 않는다.

몇 가지 예를 들어 보자. 아래와 같은 행렬 A, B가 있다고 하자.

$$A = \begin{bmatrix} 1 & 1 \\ -1 & -1 \end{bmatrix}, \quad B = \begin{bmatrix} 1 & 1 \\ 1 & 1 \end{bmatrix}$$

이때 B와 A는 영행렬[3]이 아니지만 $BA = \begin{bmatrix} 0 & 0 \\ 0 & 0 \end{bmatrix}$으로 된다.

그리고 $AB = \begin{bmatrix} 2 & 2 \\ -2 & -2 \end{bmatrix} = 2\begin{bmatrix} 1 & 1 \\ -1 & -1 \end{bmatrix} = 2A$이지만 실제로 B행렬은 2가 아니다.

또한 A의 행렬이 $\begin{bmatrix} 1 & 2 & 5 \\ 2 & 4 & 10 \\ -1 & -2 & -5 \end{bmatrix}$로서 영행렬이 아니더라도 A행렬의 제곱은

$AA = \begin{bmatrix} 0 & 0 & 0 \\ 0 & 0 & 0 \\ 0 & 0 & 0 \end{bmatrix}$으로 영행렬이 된다.

그 외에도 $A = \begin{bmatrix} 1 & 0 \\ 0 & 0 \end{bmatrix}$, $B = \begin{bmatrix} 2 & 3 \\ -1 & 4 \end{bmatrix}$, $C = \begin{bmatrix} 2 & 3 \\ 0 & 7 \end{bmatrix}$인 경우 $AB = AC = \begin{bmatrix} 2 & 3 \\ 0 & 0 \end{bmatrix}$이지만 $B \neq C$이다.

그러나 행렬에서는 다음의 <정리 4.1>과 같은 연산법칙이 항상 성립하며, 이에 대한 증명은 <연습문제 4-2>에서 문제를 풀면서 이해하도록 하자.

---

[3] 영행렬이란 행렬의 모든 원소가 0인 행렬을 뜻하는데 이에 대해서는 다음 절에서 자세히 언급된다.

정리 4.1 행렬의 연산법칙

덧셈의 결합법칙	$(A+B)+C = A+(B+C)$
곱셈의 결합법칙	$(AB)C = A(BC)$
배분법칙	$A(B+C) = AB+AC$
	$(B+C)D = BD+CD$
덧셈의 교환법칙	$A+B = B+A$

연습문제 4-2

1. 행렬 $A = \begin{bmatrix} 2 & 1 \\ 0 & -2 \end{bmatrix}$, $B = \begin{bmatrix} 3 & -4 \\ 1 & 2 \end{bmatrix}$, $C = \begin{bmatrix} 5 & 6 \\ 1 & -2 \end{bmatrix}$, $D = \begin{bmatrix} -1 & 0 \\ 2 & 7 \end{bmatrix}$이 주어졌을 때 다음이 성립함을 보여라.

   (1) $(A+B)+C = A+(B+C)$
   (2) $(AB)C = A(BC)$
   (3) $A(B+C) = AB+AC$
   (4) $(B+C)D = BD+CD$
   (5) $C+D = D+C$

2. $A = \begin{bmatrix} 3 & 4 \\ 5 & 0 \end{bmatrix}$, $B = \begin{bmatrix} 0 & 4 \\ 2 & 7 \end{bmatrix}$, $C = \begin{bmatrix} 1 & 1 \\ 0 & 1 \end{bmatrix}$일 때 다음을 증명하라.

   (1) $(A+B)+C = A+(B+C)$
   (2) $(AB)C = A(BC)$

3. $A = \begin{bmatrix} 3 & 3 & 0 \\ 1 & 1 & 0 \\ -5 & 2 & 0 \end{bmatrix}$, $B = \begin{bmatrix} 0 & 0 & 0 \\ 0 & 0 & 0 \\ 1 & 3 & 1 \end{bmatrix}$일 때 $AB = 0$이지만 $BA \neq 0$임을 증명하라.

5 행렬의 종류

자주 사용되는 행렬 중에 정방행렬과 단위행렬, 영행렬, 역행렬 등이 있는데 이 절에서는 이러한 특수한 형태의 행렬에 대해 알아보자.

(1) 정방행렬

정방행렬은 행렬 중 행과 열의 수가 같은 행렬을 말한다. 예를 들면 아래와 같은 행렬들이다.

$$A = \begin{bmatrix} a_{11} & a_{12} \\ a_{21} & a_{22} \end{bmatrix}, \quad B = \begin{bmatrix} a_{11} & a_{12} & a_{13} \\ a_{21} & a_{22} & a_{23} \\ a_{31} & a_{32} & a_{33} \end{bmatrix}$$

이때 A는 2차 정방행렬, B는 3차 정방행렬이라 한다.

(2) 단위행렬

단위행렬(identity matrix)이란 주대각선의 원소가 모두 1이고 나머지 원소들은 0인 정방행렬을 말하며 I로 표기한다. 즉, I_n으로 표기되는 정방행렬은 아래와 같다.

$$I_2 = \begin{bmatrix} 1 & 0 \\ 0 & 1 \end{bmatrix}, \quad I_3 = \begin{bmatrix} 1 & 0 & 0 \\ 0 & 1 & 0 \\ 0 & 0 & 1 \end{bmatrix}, \quad I_4 = \begin{bmatrix} 1 & 0 & 0 & 0 \\ 0 & 1 & 0 & 0 \\ 0 & 0 & 1 & 0 \\ 0 & 0 & 0 & 1 \end{bmatrix}$$

이 단위행렬은 실수의 1과 유사한 성격을 가지고 있어 어떠한 행렬 A에 대해서도

$$IA = AI = A \quad (4\text{-}5)$$

의 관계가 성립한다. 이는 A 앞뒤 단위행렬의 차원이 다른 경우에도 성립한다. 예를 들면

$$\underset{(2\times 2)}{I}\underset{(2\times 2)}{A} = \underset{(2\times 2)}{A}\underset{(2\times 2)}{I} = \underset{(2\times 2)}{A}$$

그리고

$$\underset{(3\times 3)}{I}\underset{(3\times 2)}{A}=\underset{(3\times 2)}{A}\underset{(2\times 2)}{I}=\underset{(3\times 2)}{A}$$

이다.

예제 10 $A=\begin{bmatrix} 2 & 4 \\ 1 & 3 \\ 0 & 5 \end{bmatrix}$ 일 때, $IA=AI$임을 보여라.

| 풀이 | $IA=\begin{bmatrix} 1 & 0 & 0 \\ 0 & 1 & 0 \\ 0 & 0 & 1 \end{bmatrix}\begin{bmatrix} 2 & 4 \\ 1 & 3 \\ 0 & 5 \end{bmatrix}=\begin{bmatrix} 2 & 4 \\ 1 & 3 \\ 0 & 5 \end{bmatrix}$ 이고, $AI=\begin{bmatrix} 2 & 4 \\ 1 & 3 \\ 0 & 5 \end{bmatrix}\begin{bmatrix} 1 & 0 \\ 0 & 1 \end{bmatrix}=\begin{bmatrix} 2 & 4 \\ 1 & 3 \\ 0 & 5 \end{bmatrix}$ 로 $IA=AI$이다.

(3) 영행렬

영행렬(zero matrix)은 모든 원소가 0인 행렬로 단위행렬과 달리 반드시 정방행렬일 필요는 없다.

$$0=\begin{bmatrix} 0 & 0 \\ 0 & 0 \end{bmatrix},\quad 0=\begin{bmatrix} 0 & 0 & 0 \\ 0 & 0 & 0 \end{bmatrix}$$

단위행렬 I가 숫자에서 1과 유사한 기능을 하듯이 영행렬 0도 숫자 0과 유사한 기능을 한다.

$$\underset{(m\times n)}{A}+\underset{(m\times n)}{0}=\underset{(m\times n)}{0}+\underset{(m\times n)}{A}=\underset{(m\times n)}{A}$$

그리고

$$\underset{(m\times n)}{A}\underset{(n\times p)}{0}=\underset{(m\times p)}{0}$$

$$\underset{(j\times n)}{0}\underset{(n\times m)}{A}=\underset{(j\times m)}{0}$$

이다.

예제 11 $A = \begin{bmatrix} 1 & 6 \\ 9 & 3 \\ 5 & 7 \end{bmatrix}$ 일 때, $A + 0 = 0 + A = A$임을 보여라.

| 풀이 | $\begin{bmatrix} 1 & 6 \\ 9 & 3 \\ 5 & 7 \end{bmatrix} + \begin{bmatrix} 0 & 0 \\ 0 & 0 \\ 0 & 0 \end{bmatrix} = \begin{bmatrix} 0 & 0 \\ 0 & 0 \\ 0 & 0 \end{bmatrix} + \begin{bmatrix} 1 & 6 \\ 9 & 3 \\ 5 & 7 \end{bmatrix} = \begin{bmatrix} 1 & 6 \\ 9 & 3 \\ 5 & 7 \end{bmatrix}$

예제 12 $A = \begin{bmatrix} 3 & 5 & 1 \\ 2 & 8 & 0 \\ 5 & 4 & 7 \end{bmatrix}$ 일 때 $A0 = 0A = 0$임을 보여라.

| 풀이 | $\begin{bmatrix} 3 & 5 & 1 \\ 2 & 8 & 0 \\ 5 & 4 & 7 \end{bmatrix} \begin{bmatrix} 0 & 0 & 0 \\ 0 & 0 & 0 \\ 0 & 0 & 0 \end{bmatrix} = \begin{bmatrix} 0 & 0 & 0 \\ 0 & 0 & 0 \\ 0 & 0 & 0 \end{bmatrix} \begin{bmatrix} 3 & 5 & 1 \\ 2 & 8 & 0 \\ 5 & 4 & 7 \end{bmatrix} = \begin{bmatrix} 0 & 0 & 0 \\ 0 & 0 & 0 \\ 0 & 0 & 0 \end{bmatrix}$

그러나 앞 절에서 언급하였듯이 일반대수와 달리 $AB = 0$이라고 해서 A나 B가 반드시 0인 것은 아니다. 즉, $A = \begin{bmatrix} 1 & -1 \\ -1 & 1 \end{bmatrix}$ 이고 $B = \begin{bmatrix} 2 & 1 \\ 2 & 1 \end{bmatrix}$ 이면 A행렬과 B행렬은 둘 다 영행렬은 아니지만 두 행렬의 곱은 영행렬이다.

(4) 전치행렬

전치행렬(transpose matrix)이란 원래 행렬의 행과 열을 바꾼 행렬로 A^T 혹은 A'으로 표시한다. 즉, 행렬 A의 첫 번째 행은 전치행렬의 첫 번째 열이 되며, A의 두 번째 행은 전치행렬의 두 번째 열이 된다. 달리 표기하면 $m \times n$행렬 A의 전치행렬 A^T(또는 A')는 모든 i, j에 대해 $a'_{ij} = a_{ji}$인 $n \times m$행렬이다.

$$A = \begin{bmatrix} a_{11} & a_{12} & a_{13} \\ a_{21} & a_{22} & a_{23} \\ a_{31} & a_{32} & a_{33} \end{bmatrix}, \quad A' = \begin{bmatrix} a_{11} & a_{21} & a_{31} \\ a_{12} & a_{22} & a_{32} \\ a_{13} & a_{23} & a_{33} \end{bmatrix}$$

구체적인 예를 들어 $A = \begin{bmatrix} 4 & 7 & 1 \\ 2 & 3 & 4 \\ 0 & 5 & -1 \end{bmatrix}$ 이면 $A' = \begin{bmatrix} 4 & 2 & 0 \\ 7 & 3 & 5 \\ 1 & 4 & -1 \end{bmatrix}$ 이다. 이러한 전치행렬은 다음과 같은 성질을 갖는다.

정리 4.2 전치행렬의 성질

(1) $(A')' = A$
(2) $(A+B)' = A' + B'$
(3) $(AB)' = B'A'$
(4) $(kA)' = kA'$

예제 13 A행렬과 B행렬이 다음과 같을 때 〈정리 4.2〉의 성질을 확인해 보라.

$$A = \begin{bmatrix} 1 & 3 \\ 4 & -1 \end{bmatrix}, \ B = \begin{bmatrix} 2 & 4 \\ -2 & 0 \end{bmatrix}$$

| 풀이 | (1) $A' = \begin{bmatrix} 1 & 4 \\ 3 & -1 \end{bmatrix}$ 이므로 이를 다시 한 번 더 전치시키면 원래의 행렬이 된다.

(2) $A+B = \begin{bmatrix} 3 & 7 \\ 2 & -1 \end{bmatrix}$ 이며 $(A+B)'$은 $\begin{bmatrix} 3 & 2 \\ 7 & -1 \end{bmatrix}$ 이다.

한편 $A' = \begin{bmatrix} 1 & 4 \\ 3 & -1 \end{bmatrix}$ 이고 $B' = \begin{bmatrix} 2 & -2 \\ 4 & 0 \end{bmatrix}$ 으로서 $A' + B' = \begin{bmatrix} 3 & 2 \\ 7 & -1 \end{bmatrix}$ 이 되어 $(A+B)' = A' + B'$ 이다.

(3) $AB = \begin{bmatrix} -4 & 4 \\ 10 & 16 \end{bmatrix}$ 이므로 $(AB)' = \begin{bmatrix} -4 & 10 \\ 4 & 16 \end{bmatrix}$ 이다.

이때 $B'A'$을 구해 보면 $\begin{bmatrix} 2 & -2 \\ 4 & 0 \end{bmatrix} \begin{bmatrix} 1 & 4 \\ 3 & -1 \end{bmatrix} = \begin{bmatrix} -4 & 10 \\ 4 & 16 \end{bmatrix}$ 으로 $(AB)' = B'A'$ 이다.

(4) $k = 2$라고 하면 $kA = \begin{bmatrix} 2 & 6 \\ 8 & -2 \end{bmatrix}$ 이며 $(kA)' = \begin{bmatrix} 2 & 8 \\ 6 & -2 \end{bmatrix}$ 이다.

한편 A'은 $\begin{bmatrix} 1 & 4 \\ 3 & -1 \end{bmatrix}$ 이므로 $kA' = \begin{bmatrix} 2 & 8 \\ 6 & -2 \end{bmatrix}$ 로 $(kA)' = kA'$ 이다.

(5) 대칭행렬과 외대칭행렬

정방행렬에서 대각선으로 배열된 원소 a_{11}, a_{22}, a_{33}, $\cdots$, a_{nn}을 주대각원소(principal diagonal element)라고 하는데, 대칭행렬(symmetric matrix)이란 이 주대각원소를 제외한 나머지 원소가 주대각원소를 중심으로 대칭적으로 배열되어 있는 행렬을 말한다. 이는 정방행렬 $A = [a_{ij}]$와 이의 치환 $A' = [a_{ji}]$가 서로 같은, 즉 모든 i와 j에 대해

$a_{ij} = a_{ji}$인 행렬을 말한다. 예를 들면 다음의 A행렬과 같은 경우이다.

$$A = \begin{bmatrix} 4 & 0 & 6 \\ 0 & 3 & 5 \\ 6 & 5 & 1 \end{bmatrix}$$

이에 반해 외대칭행렬(skew-symmetric matrix)이란 행렬을 전치시켰을 때 원소들이 원래의 행렬에 (-1)을 곱해 준 것과 같은 행렬을 말한다. 다음의 행렬 B가 그 예이다.

$$B = \begin{bmatrix} 0 & -3 & -1 \\ 3 & 0 & 5 \\ 1 & -5 & 0 \end{bmatrix}$$

이 두 행렬은 전치시켜도 원래의 행렬과 차원이 같아야 하므로 정방행렬일 때만 가능하다.

(6) 멱등행렬

멱등행렬(idempotent matrix)이란 행렬 자신을 곱한 것이 자신인 행렬을 의미한다. 즉, $AA = A$의 성격을 갖는 행렬을 멱등행렬이라 한다.

예를 들어 $A = \begin{bmatrix} 3 & 6 \\ -1 & -2 \end{bmatrix}$라면 $AA = \begin{bmatrix} 3 & 6 \\ -1 & -2 \end{bmatrix} \begin{bmatrix} 3 & 6 \\ -1 & -2 \end{bmatrix} = \begin{bmatrix} 3 & 6 \\ -1 & -2 \end{bmatrix}$가 되므로 A는 멱등행렬이다. 앞에서 언급한 단위행렬이나 영행렬도 멱등행렬의 예이다.

(7) 삼각행렬

삼각행렬(triangular matrix)은 주대각원소를 중심으로 하부 또는 상부 원소들만이 0이 아니고, 나머지 원소는 모두 0인 원소로 구성된 행렬을 말한다. 이 중 하부 원소들만이 0이 아닌 경우를 하부 삼각행렬(lower triangular matrix)이라 하고, 상부 원소만이 0이 아닌 경우를 상부 삼각행렬(upper triangular matrix)이라 한다.

$$\text{하부 삼각행렬} = \begin{bmatrix} a_{11} & 0 & 0 \\ a_{21} & a_{22} & 0 \\ a_{31} & a_{32} & a_{33} \end{bmatrix}$$

$$\text{상부 삼각행렬} = \begin{bmatrix} a_{11} & a_{12} & a_{13} \\ 0 & a_{22} & a_{23} \\ 0 & 0 & a_{33} \end{bmatrix}$$

다음 예에서 A 행렬이 하부 삼각행렬, B 행렬이 상부 삼각행렬에 속한다.

$$A = \begin{bmatrix} 5 & 0 & 0 \\ 3 & 7 & 0 \\ 8 & 4 & 2 \end{bmatrix}, \quad B = \begin{bmatrix} 3 & -2 & 4 \\ 0 & 5 & 1 \\ 0 & 0 & 9 \end{bmatrix}$$

(8) 치환행렬

치환행렬(置換行列, permutation matrix)은 원소가 0이거나 1인 정방행렬로서 각 행과 각 열에 1인 원소가 하나씩 있는 행렬을 말한다. 예를 들어 아래와 같은 행렬을 말한다.

$$\varphi = \begin{bmatrix} 0 & 1 & 0 \\ 1 & 0 & 0 \\ 0 & 0 & 1 \end{bmatrix}, \quad \ell = \begin{bmatrix} 1 & 0 & 0 \\ 0 & 0 & 1 \\ 0 & 1 & 0 \end{bmatrix}$$

치환행렬을 임의의 행렬 A의 앞에서 곱하면 A의 행이 뒤바뀌고, A의 뒤쪽에서 곱하면 A의 열이 바뀌기 때문에 그런 이름을 갖게 되었다.

다음과 같은 치환행렬이 있다고 하자.

$$\varphi = \begin{bmatrix} 0 & 1 & 0 \\ 1 & 0 & 0 \\ 0 & 0 & 1 \end{bmatrix}$$

이 치환행렬은 단위행렬 I의 첫째 행과 둘째 행이 뒤바뀐 것을 알 수 있다.

다음과 같은 A 행렬이 있다고 하자.

$$A = \begin{bmatrix} 1 & 4 & 7 \\ 2 & 5 & 8 \\ 3 & 6 & 9 \end{bmatrix}$$

이때 치환행렬 φ를 A행렬 앞에서 곱하면

$$\varphi A = \begin{bmatrix} 0 & 1 & 0 \\ 1 & 0 & 0 \\ 0 & 0 & 1 \end{bmatrix} \begin{bmatrix} 1 & 4 & 7 \\ 2 & 5 & 8 \\ 3 & 6 & 9 \end{bmatrix} = \begin{bmatrix} 2 & 5 & 8 \\ 1 & 4 & 7 \\ 3 & 6 & 9 \end{bmatrix}$$

로 A행렬의 첫째 행과 둘째 행이 바뀌었다.

이번엔 치환행렬 φ를 A행렬 뒤에서 곱하면

$$A\varphi = \begin{bmatrix} 1 & 4 & 7 \\ 2 & 5 & 8 \\ 3 & 6 & 9 \end{bmatrix} \begin{bmatrix} 0 & 1 & 0 \\ 1 & 0 & 0 \\ 0 & 0 & 1 \end{bmatrix} = \begin{bmatrix} 4 & 1 & 7 \\ 5 & 2 & 8 \\ 6 & 3 & 9 \end{bmatrix}$$

로 첫째 열과 둘째 열이 바뀌었다.

(9) 역행렬

일반대수에서는 0을 제외한 모든 숫자가 그 역수를 갖는다. 즉, 어떤 수 a가 있으면 그 역수인 a^{-1}과 다음과 같은 관계를 갖는다.

$$aa^{-1} = 1$$

역행렬(inverse matrix)도 이와 비슷한 성격을 갖는다. 그러나 역행렬은 정방행렬만이 가질 수 있는 행렬인데, 그렇다고 모든 정방행렬이 역행렬을 가지는 것도 아니다. 정방행렬 A의 역행렬을 A^{-1}로 표기하면 다음의 관계가 성립하여야 한다.

$$AA^{-1} = A^{-1}A = I \tag{4-6}$$

예를 들어 $A = \begin{bmatrix} 2 & -5 \\ -1 & 3 \end{bmatrix}$이고 그 역행렬은 $B = \begin{bmatrix} 3 & 5 \\ 1 & 2 \end{bmatrix}$인데, 두 행렬의 곱은 $AB = \begin{bmatrix} 1 & 0 \\ 0 & 1 \end{bmatrix}$로 단위행렬이 된다.

또한 앞에서 언급했던 치환행렬의 역행렬은 그 자신의 전치행렬이다. 즉, $\varphi = \begin{bmatrix} 0 & 1 & 0 \\ 1 & 0 & 0 \\ 0 & 0 & 1 \end{bmatrix}$의 치환행렬은 $\varphi' = \begin{bmatrix} 0 & 1 & 0 \\ 1 & 0 & 0 \\ 0 & 0 & 1 \end{bmatrix}$이 되고, $\varphi\varphi' = \begin{bmatrix} 1 & 0 & 0 \\ 0 & 1 & 0 \\ 0 & 0 & 1 \end{bmatrix}$로 φ와 φ'는 서로 역행렬이 된다.

한편 정방행렬 A가 그 역행렬을 가지는 경우를 비특이행렬(nonsingular)이라 하고, 반대로 A가 역행렬을 가지지 않으면 특이행렬(singular)이라 한다. 이 역행렬은 매우 중요한 행렬로서 다음 장에서 역행렬을 구하는 방법부터 이용하는 방법까지 자세히 배운다.

chapter 4 종합문제

1 행렬 $A = \begin{bmatrix} 3 & 1 \\ 2 & 0 \end{bmatrix}$, $B = \begin{bmatrix} 0 & 2 \\ -1 & 1 \end{bmatrix}$, $C = \begin{bmatrix} 4 & 3 \\ 1 & 7 \end{bmatrix}$ 일 때 다음을 구하라.

(1) $A + B$
(2) $C - A$
(3) $B - C$
(4) $BA - 3C$
(5) $A(B + C)$
(6) $(AB)C$
(7) $2C + 3B$
(8) $(A - B)C$

2 위 문제의 행렬에서 다음이 정의되는지를 확인하라.

(1) $AB = BA$
(2) $A(B + C) = AB + AC$
(3) $(AB)C = A(BC)$

3 다음과 같은 행렬 A, B가 있다.

$$A = \begin{bmatrix} 1 & 0 & 3 \\ 2 & -1 & 4 \\ 5 & 2 & 6 \end{bmatrix}, \quad B = \begin{bmatrix} 2 & 3 \\ 1 & 4 \\ 2 & 7 \end{bmatrix}$$

(1) 행렬 A와 B의 전치행렬 A'과 B'을 구하라.
(2) $(A')' = A$가 성립됨을 확인하라.
(3) $(AB)' = B'A'$이 성립됨을 확인하라.

4 행렬 $A = \begin{bmatrix} 1 & 2 \\ 0 & 1 \end{bmatrix}$, $B = \begin{bmatrix} 4 & 6 \\ 1 & 3 \end{bmatrix}$, $C = \begin{bmatrix} 1 & 0 \\ 1 & 0 \end{bmatrix}$ 일 때 $xA + yB = C$를 만족시키는 x, y의 값을 구하라.

5 다음과 같은 행렬 A, B가 있다.

$$A = \begin{bmatrix} 1 & 0 \\ 1 & 1 \end{bmatrix}, \quad B = \begin{bmatrix} 3 & 3 & 3 \\ 2 & 2 & 2 \end{bmatrix}$$

(1) $(AB)' = B'A'$임을 확인하라.
(2) $(3A)' = 3A'$임을 확인하라.

6 행렬 $A = \begin{bmatrix} 4 & 1 & 3 \\ 2 & 0 & 7 \\ -1 & 5 & 3 \end{bmatrix}$, $B = \begin{bmatrix} 3 & 0 & -2 \\ 5 & 4 & 1 \\ 0 & 8 & 3 \end{bmatrix}$, $C = \begin{bmatrix} 2 & -1 \\ 5 & 3 \\ 4 & 0 \end{bmatrix}$ 일 때 다음을 구하라.

(1) $A + B$ (2) AB
(3) $2B + 3A$ (4) AC
(5) BC

7 $A = \begin{bmatrix} 2 & 0 \\ 3 & -1 \\ 1 & 4 \end{bmatrix}$, $B = \begin{bmatrix} 5 & 0 & -3 \\ 2 & 1 & 4 \end{bmatrix}$, $x = \begin{bmatrix} r \\ s \\ p \end{bmatrix}$ 일 때 다음을 구하라.

(1) AB (2) BA
(3) Bx

8 $A = \begin{bmatrix} \dfrac{4}{5} & -\dfrac{1}{5} \\ -\dfrac{3}{5} & \dfrac{2}{5} \end{bmatrix}$, $B = \begin{bmatrix} 2 & 1 \\ 3 & 4 \end{bmatrix}$, $C = \begin{bmatrix} 2 & 2 \\ 1 & 4 \end{bmatrix}$, $D = \begin{bmatrix} \dfrac{2}{3} & -\dfrac{1}{3} \\ -\dfrac{1}{6} & \dfrac{1}{3} \end{bmatrix}$ 일 때 다음을 보여라.

(1) B는 A의 역행렬이다.
(2) D는 C의 역행렬이다.

제5장
행렬의 응용

앞 장에서는 행렬에 대한 정의와 행렬의 종류, 행렬의 연산 등 행렬에 대한 기본적인 내용을 알아보았다. 이 장에서는 행렬을 공학 분야가 아닌 사회과학 분야에서 초보적으로 이용할 수 있는 내용을 주로 다룬다. 즉, 행렬식에 대한 내용을 배우고, 역행렬과 크래머 법칙, 가우스–조단 소거법을 이용하여 연립방정식을 푸는 방법, 경영·경제학에 행렬을 이용하는 방법 등에 대해 다룬다.

1 행렬식

행렬식(determinant)은 행렬과는 달리 하나의 숫자(스칼라)로서, 정방행렬에서만 정의된다. 그리고 A의 행렬식 표시는 $|A|$로 한다.

A행렬을 $A = \begin{bmatrix} a_{11} & a_{12} \\ a_{21} & a_{22} \end{bmatrix}$로 표기하면 A의 행렬식은 $|A| = \begin{vmatrix} a_{11} & a_{12} \\ a_{21} & a_{22} \end{vmatrix}$로 표기하며, 그 값은 $|A| = a_{11}a_{22} - a_{12}a_{21}$로 우측 대각선으로 있는 수를 곱한 값에서 좌측 대각선에 있는 숫자를 곱한 것을 빼 준다.

예제 1 다음 A, B 행렬의 행렬식 값을 구하라.

$$A = \begin{bmatrix} 3 & 2 \\ 1 & 4 \end{bmatrix}, \quad B = \begin{bmatrix} 2 & -1 \\ 3 & 5 \end{bmatrix}$$

| 풀이 | $|A| = \begin{vmatrix} 3 & 2 \\ 1 & 4 \end{vmatrix} = 3(4) - 2(1) = 10, \quad |B| = \begin{vmatrix} 2 & -1 \\ 3 & 5 \end{vmatrix} = 2(5) - (3)(-1) = 13$

(1) 고차 행렬식의 계산

행렬의 차원이 3×3 이상인 경우의 행렬식을 고차 행렬식이라고 한다. 먼저 3차 행렬식의 경우 눈으로 계산하는 방식으로는 앞의 2차 행렬식과 마찬가지로 우측 대각선의 숫자를 곱하여 차례로 더하고 좌측 대각선의 숫자를 차례로 곱하여 빼는 방식이다. 이러한 계산방식을 사루스(Sarus)법칙이라고 한다.

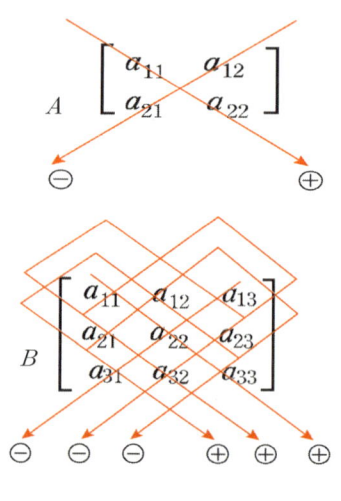

그림 5.1 사루스 법칙

[그림 5.1]의 A행렬 행렬식 값은 앞에서 언급하였듯이 $a_{11}a_{22} - a_{12}a_{21}$이고, B행렬의 행렬식 값은 $a_{11}a_{22}a_{33} + a_{12}a_{23}a_{31} + a_{13}a_{21}a_{32} - (a_{13}a_{22}a_{31} + a_{12}a_{21}a_{33} + a_{11}a_{23}a_{32})$이다.

3×3행렬의 행렬식 값을 사루스 방법으로 계산하는 수치적 예를 보자. 다음과 같은 A행렬이 있다고 하자.

$$A = \begin{bmatrix} 3 & 2 & 1 \\ 1 & 4 & 3 \\ 6 & 5 & 2 \end{bmatrix}$$

이 행렬의 행렬식 값은 위의 공식에 따라 계산하면 $(3 \times 4 \times 2) + (2 \times 3 \times 6) + (1 \times 1 \times 5) - (1 \times 4 \times 6) + (2 \times 1 \times 2) + (3 \times 3 \times 5) = -8$이다.

그러나 이러한 사루스 방법은 행렬의 차원이 커질수록 사용하기가 어려워지고, 계산 과정에서 오차가 발생하기 쉽다. 따라서 우리는 일반적으로 라플라스 전개(Laplace Expansion)라는 방법을 사용하는데 다음과 같이 설명할 수 있다.

정의 5.1

라플라스 전개

A행렬의 행렬식 $|A| = \begin{vmatrix} a_{11} & a_{12} & a_{13} \\ a_{21} & a_{22} & a_{23} \\ a_{31} & a_{32} & a_{33} \end{vmatrix}$을 라플라스 전개하면

$$|A| = a_{11}\begin{vmatrix} a_{22} & a_{23} \\ a_{32} & a_{33} \end{vmatrix} - a_{12}\begin{vmatrix} a_{21} & a_{23} \\ a_{31} & a_{33} \end{vmatrix} + a_{13}\begin{vmatrix} a_{21} & a_{22} \\ a_{31} & a_{32} \end{vmatrix}$$
$$= a_{11}(a_{22}a_{33} - a_{23}a_{32}) - a_{12}(a_{21}a_{33} - a_{23}a_{31}) + a_{13}(a_{21}a_{32} - a_{22}a_{31})$$

이 전개를 간결히 표기하기 위해서 우리는 먼저 M_{ij}로 표기하는 소행렬(minor)과 C_{ij}로 표기하는 여인수(cofactor) 개념을 알아야 한다. 이때 M_{ij}라는 소행렬은 임의의 $n \times n$ 정방행렬 A에서 i행과 j열을 제거하고 남은 나머지 원소들을 그대로 배열한 $(n-1) \times (n-1)$ 행렬의 행렬식을 말한다.

A행렬을 다시 보자.

$$A = \begin{bmatrix} a_{11} & a_{12} & a_{13} \\ a_{21} & a_{22} & a_{23} \\ a_{31} & a_{32} & a_{33} \end{bmatrix}$$

이때 M_{11}은 $|A|$의 첫 번째 행과 첫 번째 열을 제거한 $|A|$의 나머지 부분 행렬식으로

$$M_{11} = \begin{vmatrix} a_{22} & a_{23} \\ a_{32} & a_{33} \end{vmatrix}$$

이며, M_{22}는 2번째 행과 2번째 열을 제거한 부분 행렬식으로

$$M_{22} = \begin{vmatrix} a_{11} & a_{13} \\ a_{31} & a_{33} \end{vmatrix}$$

으로 나타난다. 한편 여인수 C_{ij}는 소행렬 M_{ij}에 $(-1)^{i+j}$를 곱한 것을 말한다. 따라서 $C_{ij} = (-1)^{i+j} M_{ij}$로 표기되며, 만약 i와 j를 합한 수가 짝수이면 여인수 C_{ij}는 소행렬 M_{ij}와 같은 부호를 가질 것이며, 홀수이면 서로 반대 부호를 가질 것이다.

$$C_{12} = (-1)^{1+2} M_{12} = -M_{12}$$
$$C_{31} = (-1)^{3+1} M_{31} = M_{31}$$

(5-1)

이러한 소행렬식이나 여인수를 사용하여 앞의 라플라스 전개를 다시 표기해 보면 다음과 같이 나타낼 수 있다.

$$|A| = a_{11} M_{11} - a_{12} M_{12} + a_{13} M_{13}$$
$$= a_{11} C_{11} + a_{12} C_{12} + a_{13} C_{13}$$
$$= \sum_{j=1}^{3} a_{1j} C_{1j}$$

아래 행렬식 $|A|$를 라플라스 전개방법으로 풀어 보자.

$$|A| = \begin{vmatrix} 3 & 2 & 1 \\ 4 & 5 & 0 \\ 1 & 7 & 6 \end{vmatrix}$$

위의 공식을 그대로 적용하면

제5장 행렬의 응용

$$|A| = a_{11}M_{11} - a_{12}M_{12} + a_{13}M_{13}$$

$$= 3\begin{vmatrix} 5 & 0 \\ 7 & 6 \end{vmatrix} - 2\begin{vmatrix} 4 & 0 \\ 1 & 6 \end{vmatrix} + 1\begin{vmatrix} 4 & 5 \\ 1 & 7 \end{vmatrix}$$

$$= 3(30) - 2(24) + (28 - 5) = 65$$

예제 2 다음 행렬식 B의 행렬식 값을 라플라스 전개를 통해 구하라.

$$|B| = \begin{vmatrix} 4 & 6 & 1 \\ 2 & 5 & 2 \\ 9 & 0 & 4 \end{vmatrix}$$

풀이

$$|B| = a_{11}M_{11} - a_{12}M_{12} + a_{13}M_{13} = 4\begin{vmatrix} 5 & 2 \\ 0 & 4 \end{vmatrix} - 6\begin{vmatrix} 2 & 2 \\ 9 & 4 \end{vmatrix} + 1\begin{vmatrix} 2 & 5 \\ 9 & 0 \end{vmatrix}$$

$$= 4(20) - 6(8 - 18) + (-45) = 95$$

이때 우리가 주의할 점은 앞의 라플라스 전개 때는 첫 번째 행의 원소를 기준으로 전개했지만 항상 이렇게 할 필요는 없고, 다른 행이나 열을 기준으로 전개하더라도 같은 값을 얻을 수 있다. 예를 들어 <예제 2>의 B행렬을 두 번째 행을 기준으로 전개해 보면

$$|B| = -a_{21}M_{21} + a_{22}M_{22} - a_{23}M_{23}$$

$$= -2\begin{vmatrix} 6 & 1 \\ 0 & 4 \end{vmatrix} + 5\begin{vmatrix} 4 & 1 \\ 9 & 4 \end{vmatrix} - 2\begin{vmatrix} 4 & 6 \\ 9 & 0 \end{vmatrix}$$

$$= -2(24) + 5(16 - 9) - 2(-54) = 95$$

로 <예제 2>와 같은 값을 갖는다.

이제 B행렬을 세 번째 행을 기준으로 라플라스 전개해 보면

$$|B| = a_{31}M_{31} - a_{32}M_{32} + a_{33}M_{33}$$

$$= 9\begin{vmatrix} 6 & 1 \\ 5 & 2 \end{vmatrix} - 0\begin{vmatrix} 4 & 1 \\ 2 & 2 \end{vmatrix} + 4\begin{vmatrix} 4 & 6 \\ 2 & 5 \end{vmatrix}$$

$$= 9(12 - 5) + 0 + 4(20 - 12) = 95$$

로 역시 같은 값을 얻는다.

따라서 계산과정을 편리하게 하기 위해서는 0이나 1을 가장 많이 가지고 있는 행이나 열을 택하면 가장 쉽게 구할 수 있다.

이제 라플라스 전개방식을 4차 행렬식에 적용해 보자.

$$|A| = \begin{vmatrix} a_{11} & a_{12} & a_{13} & a_{14} \\ a_{21} & a_{22} & a_{23} & a_{24} \\ a_{31} & a_{32} & a_{33} & a_{34} \\ a_{41} & a_{42} & a_{43} & a_{44} \end{vmatrix}$$

이때도 앞의 3차 행렬식 전개와 같은 방식으로 전개할 수 있다.

$$|A| = \sum_{j=1}^{4} a_{1j}C_{1j} = a_{11}C_{11} + a_{12}C_{12} + a_{13}C_{13} + a_{14}C_{14} \quad (5\text{-}2)$$

$$= a_{11}M_{11} - a_{12}M_{12} + a_{13}M_{13} - a_{14}M_{14}$$

예제 3 다음 4×4행렬의 행렬식 값을 구하라.

$$A = \begin{bmatrix} 8 & 10 & 2 & 3 \\ 0 & 5 & 7 & 10 \\ 2 & 2 & 1 & 4 \\ 3 & 4 & 4 & 0 \end{bmatrix}$$

| 풀이 | 첫 번째 열을 기준으로 전개해 보면

$$|A| = 8\begin{vmatrix} 5 & 7 & 10 \\ 2 & 1 & 4 \\ 4 & 4 & 0 \end{vmatrix} - 0\begin{vmatrix} 10 & 2 & 3 \\ 2 & 1 & 4 \\ 4 & 4 & 0 \end{vmatrix} + 2\begin{vmatrix} 10 & 2 & 3 \\ 5 & 7 & 10 \\ 4 & 4 & 0 \end{vmatrix} - 3\begin{vmatrix} 10 & 2 & 3 \\ 5 & 7 & 10 \\ 2 & 1 & 4 \end{vmatrix}$$

$$= 8(72) + 2(-344) - 3(153) = -571$$

같은 방식으로 n차 행렬식은 $n-1$차 여인수로 결합되고, 다시 한 차수씩 낮아져 결국 2차에 이르러 행렬식의 값을 구할 수 있게 된다. 따라서 n이 아무리 큰 숫자라도 이론적으로는 라플라스 전개를 통해 그 값을 구할 수 있다.

연습문제 5-1

1. 아래 A 행렬을 가지고 다음을 구하라.

$$A = \begin{bmatrix} 5 & 0 & 1 \\ 4 & 3 & 6 \\ 2 & 7 & 1 \end{bmatrix}$$

(1) M_{11} (2) M_{13}
(3) C_{21} (4) C_{23}
(5) $|A|$

2. 아래 B 행렬을 가지고 다음을 구하라.

$$B = \begin{bmatrix} 8 & 6 & 2 & 1 \\ 3 & 4 & 7 & -4 \\ 0 & -2 & 1 & 3 \\ 0 & 2 & 1 & 2 \end{bmatrix}$$

(1) M_{14} (2) M_{23}
(3) M_{34} (4) C_{22}
(5) C_{31} (6) C_{42}
(7) $|B|$

3. 아래 C 행렬의 행렬식 값과 9개의 여인수를 구하라.

$$C = \begin{bmatrix} 1 & 2 & 3 \\ 0 & 4 & 0 \\ 0 & 0 & 5 \end{bmatrix}$$

4. 아래 D 행렬의 세 번째 행을 기준으로 전개하여 행렬식 값을 구하고, 그 결과를 첫 번째 열을 기준으로 전개한 행렬식 값과 비교하라.

$$D = \begin{bmatrix} 4 & 6 & -1 \\ 2 & 3 & 2 \\ 7 & 0 & 3 \end{bmatrix}$$

5. 다음 E 행렬의 행렬식 값을 구하라.

$$E = \begin{bmatrix} 2 & 1 & 4 & -3 \\ 0 & 2 & 1 & 3 \\ 1 & 0 & 0 & 0 \\ 1 & 4 & 0 & 2 \end{bmatrix}$$

2 행렬식의 특성

우리는 이제 행렬식이 가지고 있는 다양한 특성을 알아볼 것인데, 이러한 특성은 실제로 행렬식을 쉽게 계산할 수 있게 해 주고, 행렬의 특이, 비특이성을 판정할 수 있게 해 주며, 역행렬을 구하는 데 유용하게 사용되는 것들이다. 그리고 이러한 특성은 행렬식의 모든 차원에서 다 적용된다. 다만 다음의 예에서는 독자의 편의를 위해 낮은 차원의 행렬식을 사용해 설명한다.

> **정리 5.1 행렬식의 특성**
>
> (1) 임의의 정방행렬 A가 0의 행(또는 열)을 하나 이상 가지고 있으면 행렬식의 값은 0이다.
>
> $$\begin{vmatrix} a & b \\ 0 & 0 \end{vmatrix} = 0, \quad \begin{vmatrix} 2 & 0 \\ -1 & 0 \end{vmatrix} = 0$$
>
> (2) 임의의 정방행렬 A의 두 행(또는 열)이 같다면 행렬식의 값은 0이다.
>
> $$\begin{vmatrix} a & a \\ b & b \end{vmatrix} = ab - ab = 0, \quad \begin{vmatrix} 1 & -3 \\ 1 & -3 \end{vmatrix} = -3 + 3 = 0$$
>
> (3) 임의의 정방행렬 A의 행과 열을 서로 바꾸더라도 행렬식의 값은 변하지 않는다. 따라서 A의 행렬식 값과 전치행렬 A'의 행렬식 값은 같다($|A| = |A'|$).
>
> $$|A| = \begin{vmatrix} a & b \\ c & d \end{vmatrix} = ad - bc, \quad |A'| = \begin{vmatrix} a & c \\ b & d \end{vmatrix} = ad - bc$$
>
> $$|A| = \begin{vmatrix} 4 & -1 \\ 3 & 2 \end{vmatrix} = 8 + 3 = 11, \quad |A'| = \begin{vmatrix} 4 & 3 \\ -1 & 2 \end{vmatrix} = 8 + 3 = 11$$
>
> (4) 임의의 정방행렬 A의 어떤 행(또는 열)이 다른 행(또는 열)의 상수배와 같다면 (즉, 일차종속이면) 행렬식의 값은 0이다.
>
> $$\begin{vmatrix} a & b \\ ka & kb \end{vmatrix} = kab - kab = 0, \quad \begin{vmatrix} 2 & 4 \\ 4 & 8 \end{vmatrix} = 16 - 16 = 0$$

(5) 임의의 정방행렬 A의 두 행(열)을 바꾸었을 때, 그 행렬식의 값은 $-|A|$와 같다.

$$\begin{vmatrix} a & b \\ c & d \end{vmatrix} = ad - bc, \quad \begin{vmatrix} c & d \\ a & b \end{vmatrix} = bc - ad = -(ad - bc)$$

$$|A| = \begin{vmatrix} 1 & 3 \\ 2 & 4 \end{vmatrix} = 1 \cdot 4 - 2 \cdot 3 = -2 \text{인데}$$

만일 행렬 A의 첫 번째 열과 두 번째 열의 위치를 바꾸면

$$\begin{vmatrix} 2 & 4 \\ 1 & 3 \end{vmatrix} = 2 \cdot 3 - 1 \cdot 4 = 6 - 4 = 2$$

로 원래 행렬식 값에 음(−)의 부호를 붙인 것과 같다.

(6) 임의의 정방행렬 A의 하나의 행(열)에 λ를 곱해 주면 그 행렬식의 값은 $\lambda|A|$와 같다.

$$|A| = \begin{vmatrix} a & b \\ c & d \end{vmatrix} = ad - bc$$

$$\begin{vmatrix} \lambda a & \lambda b \\ c & d \end{vmatrix} = \lambda ad - \lambda bc = \lambda(ad - bc)$$

로 $\lambda|A|$와 같다.

만일 A행렬이 $\begin{bmatrix} 2 & 3 \\ 1 & 4 \end{bmatrix}$라면 A의 행렬식 값은 $|A| = \begin{vmatrix} 2 & 3 \\ 1 & 4 \end{vmatrix} = 5$이다.

이때 A행렬의 첫 번째 열에 2를 곱하여 B행렬이라 하면

$$|B| = \begin{vmatrix} 2 \times 2 & 3 \\ 2 \times 1 & 4 \end{vmatrix} = \begin{vmatrix} 4 & 3 \\ 2 & 4 \end{vmatrix} = 16 - 6 = 10$$

으로 A행렬식 값의 2배가 된다.

(7) 임의의 정방행렬 A에 대하여 i번째 행(열)을 λ배 하여 j번째 행(열)에 더해 주어도 행렬식의 값은 변함이 없다(단 $i \neq j$).

$$|A| = \begin{vmatrix} a & b \\ c & d \end{vmatrix} = ad - bc$$

A의 첫 번째 행에 λ를 곱하여 두 번째 행에 더해 주어 행렬식 값을 구해 보면

$$\begin{vmatrix} a & b \\ c + \lambda a & d + \lambda b \end{vmatrix} = ad + \lambda ab - (bc + \lambda ab) = ad - bc$$

로 A행렬의 행렬식 값과 같다.

아래 예를 보자.

$$|A| = \begin{vmatrix} 1 & 2 \\ -1 & 3 \end{vmatrix} = 3 - (-2) = 5$$

그런데 A의 첫 번째 행에 2를 곱해 두 번째 행에 더해 준 것을 B행렬이라 하면

$$|B| = \begin{vmatrix} 1 & 2 \\ -1+(1\times 2) & 3+(2\times 2) \end{vmatrix} = \begin{vmatrix} 1 & 2 \\ 1 & 7 \end{vmatrix} = 7 - 2 = 5$$

로 같은 값을 가진다.

(8) 임의의 정방행렬 A가 삼각행렬이면, 행렬식의 값은 주대각원소를 곱한 값과 같다. 특히 임의의 정방행렬 A가 단위행렬이면 행렬식의 값은 1이다.

$$|A| = \begin{vmatrix} a & b & c \\ 0 & d & e \\ 0 & 0 & f \end{vmatrix} = adf, \quad |A| = \begin{vmatrix} 1 & 0 & 0 \\ 0 & 1 & 0 \\ 0 & 0 & 1 \end{vmatrix} = 1$$

(9) 임의의 두 정방행렬 A, B에 있어, 두 행렬을 곱한 행렬식 값은 각 행렬의 행렬식 값을 곱한 값과 같다. 즉, $|AB| = |A||B|$이다.

만일 $A = \begin{bmatrix} a & b \\ c & d \end{bmatrix}$이고 $B = \begin{bmatrix} e & f \\ g & h \end{bmatrix}$라고 하자. 그러면

$$|A||B| = \begin{vmatrix} a & b \\ c & d \end{vmatrix} \begin{vmatrix} e & f \\ g & h \end{vmatrix} = (ad-bc)(eh-fg) = adeh - adfg - bceh + bcfg$$

이며,

$$|AB| = \begin{vmatrix} ae+bg & af+bh \\ ce+dg & cf+dh \end{vmatrix} = (ae+bg)(cf+dh) - (af+bh)(ce+dg)$$
$$= aecf + aedh + bgcf + bgdh - afce - afdg - bhce - bhdg$$
$$= adeh - adfg - bceh + bcfg$$

로서 $|A||B|$의 값과 $|AB|$의 값이 같다.

예제 4 $A = \begin{bmatrix} 2 & 4 \\ 5 & -1 \end{bmatrix}$, $B = \begin{bmatrix} 3 & 7 \\ 2 & 0 \end{bmatrix}$ 일 때 $|AB| = |A||B|$임을 확인하라.

| 풀이 | $|A| = -22$, $|B| = -14$이므로 $|A||B| = 308$이 되고

$|AB| = \begin{vmatrix} 14 & 14 \\ 13 & 35 \end{vmatrix} = 490 - 182 = 308$이므로 $|AB| = |A||B|$가 성립한다.

(10) 만일 타여인수(alien cofactor)를 사용하여 행렬식을 전개한다면 그 행렬식의 값은 항상 0이다. 즉, 어떤 행(또는 열) 하나를 기준으로 전개할 때 여인수는 다른 행(또는 열)을 사용하면 그 결과는 0이 된다.

아래와 같은 A행렬이 있다고 하자.

$$A = \begin{bmatrix} a_{11} & a_{12} & a_{13} \\ a_{21} & a_{22} & a_{23} \\ a_{31} & a_{32} & a_{33} \end{bmatrix}$$

A행렬의 행렬식 값을 구할 때 라플라스 전개를 함에 있어 첫 번째 원소는 첫 번째 행 원소들을 사용했지만, 여인수 전개는 두 번째 행 원소들의 여인수를 사용하였다고 하자. 그러면

$$\sum_{j=1}^{3} a_{1j} C_{2j}$$
$$= a_{11} C_{21} + a_{12} C_{22} + a_{13} C_{23}$$
$$= -a_{11} M_{21} + a_{12} M_{22} - a_{13} M_{23}$$
$$= -a_{11} \begin{vmatrix} a_{12} & a_{13} \\ a_{32} & a_{33} \end{vmatrix} + a_{12} \begin{vmatrix} a_{11} & a_{13} \\ a_{31} & a_{33} \end{vmatrix} - a_{13} \begin{vmatrix} a_{11} & a_{12} \\ a_{31} & a_{32} \end{vmatrix}$$
$$= -a_{11}(a_{12}a_{33} - a_{13}a_{32}) + a_{12}(a_{11}a_{33} - a_{13}a_{31}) - a_{13}(a_{11}a_{32} - a_{12}a_{31})$$
$$= -a_{11}a_{12}a_{33} + a_{11}a_{13}a_{32} + a_{12}a_{11}a_{33} - a_{12}a_{13}a_{31} - a_{13}a_{11}a_{32} + a_{13}a_{12}a_{31}$$
$$= 0$$

이 된다.

예제 5 위의 A 행렬을 사용하여 행렬식 값을 구할 때 두 번째 열을 중심으로 전개하면서 세 번째 열의 여인수를 사용하여 그 값이 0임을 확인하라.

| 풀이 |
$$\sum_{j=1}^{3} a_{i2} C_{i3}$$
$$= a_{12}C_{13} + a_{22}C_{23} + a_{32}C_{33} = a_{12}M_{13} - a_{22}M_{23} + a_{32}M_{33}$$
$$= a_{12}\begin{vmatrix} a_{21} & a_{22} \\ a_{31} & a_{32} \end{vmatrix} - a_{22}\begin{vmatrix} a_{11} & a_{12} \\ a_{31} & a_{32} \end{vmatrix} + a_{32}\begin{vmatrix} a_{11} & a_{12} \\ a_{21} & a_{22} \end{vmatrix}$$
$$= a_{12}(a_{21}a_{32} - a_{22}a_{31}) - a_{22}(a_{11}a_{32} - a_{12}a_{31}) + a_{32}(a_{11}a_{22} - a_{12}a_{21})$$
$$= a_{12}a_{21}a_{32} - a_{12}a_{22}a_{31} - a_{22}a_{11}a_{32} + a_{22}a_{12}a_{31} + a_{32}a_{11}a_{22} - a_{32}a_{12}a_{21}$$
$$= 0$$

예제 6 다음 A 행렬을 타여인수로 전개하여 행렬식 값이 0임을 확인하라.

$$A = \begin{bmatrix} 3 & 2 & 1 \\ 5 & 0 & -2 \\ 1 & 3 & 0 \end{bmatrix}$$

| 풀이 | 먼저 첫 번째 행을 기준으로 라플라스 전개를 하면서 여인수는 두 번째 행을 기준으로 전개하면 다음과 같다.

$$\sum_{j=1}^{3} a_{1j}C_{2j} = a_{11}C_{21} + a_{12}C_{22} + a_{13}C_{23} = -a_{11}M_{21} + a_{12}M_{22} - a_{13}M_{23}$$
$$= -3\begin{vmatrix} 2 & 1 \\ 3 & 0 \end{vmatrix} + 2\begin{vmatrix} 3 & 1 \\ 1 & 0 \end{vmatrix} - 1\begin{vmatrix} 3 & 2 \\ 1 & 3 \end{vmatrix}$$
$$= -3(-3) + 2(-1) - (9-2) = 0$$

이번에는 두 번째 열을 기준으로 전개하면서 여인수는 세 번째 열을 기준으로 전개하면

$$\sum_{j=1}^{3} a_{i2}C_{i3} = a_{12}C_{13} + a_{22}C_{23} + a_{32}C_{33} = a_{12}M_{13} - a_{22}M_{23} + a_{32}M_{33}$$
$$= 2\begin{vmatrix} 5 & 0 \\ 1 & 3 \end{vmatrix} - 0\begin{vmatrix} 3 & 2 \\ 1 & 3 \end{vmatrix} + 3\begin{vmatrix} 3 & 2 \\ 5 & 0 \end{vmatrix}$$
$$= 2(15) + 3(-10) = 0$$

으로 타여인수로 전개하면 행렬식 값은 언제나 0이다.

이러한 행렬식의 특성은 다양한 방식으로 이용되는데 그중 하나로 이 특성을 이용해 행렬식 값을 쉽게 구하는 방법을 살펴보자.

다음과 같은 A행렬이 있다고 하자.

$$A = \begin{bmatrix} 1 & 2 & 3 \\ 3 & 5 & 6 \\ 3 & 3 & 1 \end{bmatrix}$$

먼저 첫 번째 행에 (-2)를 곱해 둘째 행에 더하면

$A = \begin{vmatrix} 1 & 2 & 3 \\ 1 & 1 & 0 \\ 3 & 3 & 1 \end{vmatrix}$ 이 된다. 다음으로 둘째 행을 (-3)배 하여 셋째 행에 더해 주면

$A = \begin{vmatrix} 1 & 2 & 3 \\ 1 & 1 & 0 \\ 0 & 0 & 1 \end{vmatrix}$ 이 되고, 세 번째 행을 기준으로 전개하면 $0\begin{vmatrix} 2 & 3 \\ 1 & 0 \end{vmatrix} - 0\begin{vmatrix} 1 & 3 \\ 1 & 0 \end{vmatrix} + 1\begin{vmatrix} 1 & 2 \\ 1 & 1 \end{vmatrix} = -1$ 로

쉽게 행렬식 값을 구할 수 있다.

3 행렬식을 이용한 비특이행렬 판별

제4장에서 정방행렬 A가 그 역행렬을 가지는 경우 이를 비특이행렬(nonsingular)이라 하고, 반대로 역행렬을 가지지 않으면 A를 특이행렬(singular)이라 한다고 하였다. 환언하면 A가 비특이행렬이면 방정식이 해를 가진다는 뜻이기도 하다. 이때 A의 비특이성을 판별하는 손쉬운 방법은 $|A|$를 이용하는 것이다.

정리 5.2

(1) $|A| \neq 0$일 때 A는 비특이행렬이다.
(2) $|A| \neq 0$이면 A의 역행렬은 존재한다.
(3) $|A| \neq 0$이면 A의 모든 열벡터(행벡터)는 일차 독립이다.

연립방정식 $Ax = b$의 유일한 해 존재 여부에 대한 판별은 A의 역행렬 A^{-1}을 구할 때 다시 살펴볼 것이지만, 여기서는 $|A| \neq 0$이 왜 연립방정식이 유일한 해를 갖는 데 필요한지를 알아보자.

사실 선형연립방정식이 유일한 해를 갖기 위해서는 방정식 수와 미지수의 수가 같다는 사실만으로는 충분하지가 않다. 왜냐하면 이 연립방정식이 해를 갖기 위해서는 (선형) 방정식들이 서로 모순(inconsistent)되지 않고 독립적이어야 하기 때문이다.

다음 두 식을 보자.

$$x - 2y + 6 = 0$$
$$x - 2y + 2 = 0$$
(5-3)

<식 5-3>의 경우 두 방정식 간에 모순을 가져온다. 즉, $x - 2y$에 6을 더한 것이나 2를 더한 것이 서로 같은 값을 가진다는 뜻으로 내용상으로 서로 모순되고 있다. 그러나 아래 <식 5-4>의 두 식은 서로 모순되지 않는다.

$$x + 2y - 16 = 0$$
$$x - 2y - 8 = 0$$
(5-4)

위의 두 식을 그림으로 나타내면 [그림 5.2]와 같다.

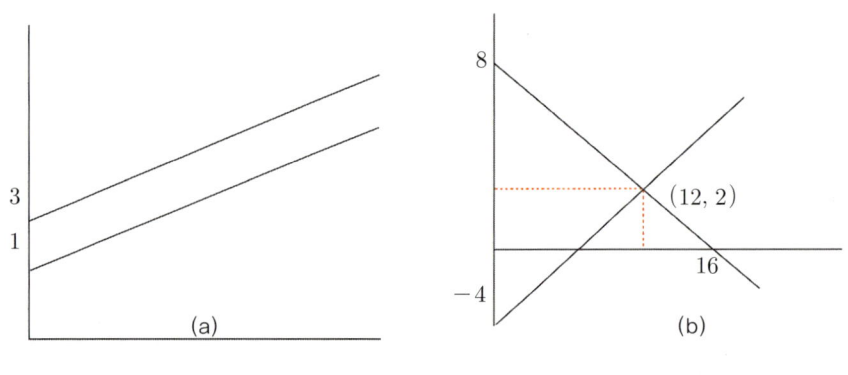

그림 5.2 방정식의 그래프

따라서 [그림 5.2]의 (a)는 해를 갖지 않지만 (b)는 유일한 해를 갖게 되는 것이다.

다시 아래 <식 5-5>를 보자.

$$x + 2y - 16 = 0$$
$$x - 2y - 8 = 0$$
$$2x - 4y - 16 = 0$$

(5-5)

이 <식 5-5>에서 두 번째 식과 세 번째 식은 달리 표기해 놓았지만 실제로는 서로 독립적이지 못하다. 즉, 세 번째 식은 두 번째 식을 단순히 2배 한 것으로 서로 함수적으로 종속되어 있고 원칙적으로 같은 방정식으로 볼 수 있다.

위의 식들을 행렬 형태 $Ax = b$로 표기해 이를 행렬식으로 판정해 보면 <식 5-3>은 $\begin{bmatrix} 1 & -2 \\ 1 & -2 \end{bmatrix}\begin{bmatrix} x \\ y \end{bmatrix} = \begin{bmatrix} -6 \\ -2 \end{bmatrix}$로 표기할 수 있고, $|A| = \begin{vmatrix} 1 & -2 \\ 1 & -2 \end{vmatrix} = -2 + 2 = 0$으로 특이행렬이 되어 유일한 해가 존재하지 않는다.

한편 <식 5-4>는 $\begin{bmatrix} 1 & 2 \\ 1 & -2 \end{bmatrix}\begin{bmatrix} x \\ y \end{bmatrix} = \begin{bmatrix} 16 \\ 8 \end{bmatrix}$로 표기할 수 있고 $|A| = \begin{vmatrix} 1 & 2 \\ 1 & -2 \end{vmatrix} = -2 - 2 = -4$로 $|A| \neq 0$이 되어 유일한 해가 존재한다는 것을 알 수 있다.

즉, 방정식의 수와 미지수의 수가 일치하는 연립방정식이 유일한 해를 갖기 위한 필요충분조건은 방정식들이 서로 모순되지 않고 함수적으로 독립적이어야 한다는 것인데, 이는 계수행렬의 행렬식 값이 0이 아니라는 사실과 논리적으로 같은 것이다.

예제 7 행렬 $A = \begin{bmatrix} x-1 & 6 \\ 3 & x+2 \end{bmatrix}$가 역행렬을 갖기 위한 x 값을 구하라.

풀이 A가 역행렬을 갖기 위해서는 $|A| \neq 0$의 조건을 만족시켜야 한다.
따라서 $(x-1)(x+2) - 6 \cdot 3 \neq 0$이어야 하고, 이를 정리하면 $(x+5)(x-4) \neq 0$으로 $x \neq -5$이고 $x \neq 4$이어야 한다.

예제 8 다음 두 행렬 중 특이행렬과 비특이행렬을 찾아라.

$$A = \begin{bmatrix} 2 & 7 & -1 \\ 4 & 3 & 1 \\ 5 & -2 & 0 \end{bmatrix}, \quad B = \begin{bmatrix} 1 & 2 & -1 \\ 4 & 3 & 1 \\ 2 & 4 & -2 \end{bmatrix}$$

| 풀이 | $|A| = 2\begin{vmatrix} 3 & 1 \\ -2 & 0 \end{vmatrix} - 7\begin{vmatrix} 4 & 1 \\ 5 & 0 \end{vmatrix} - 1\begin{vmatrix} 4 & 3 \\ 5 & -2 \end{vmatrix} = 2(2) - 7(-5) - (-23) = 62$

로 A는 비특이행렬이고 유일한 해를 갖는다.

$|B| = 1\begin{vmatrix} 3 & 1 \\ 4 & -2 \end{vmatrix} - 2\begin{vmatrix} 4 & 1 \\ 2 & -2 \end{vmatrix} - 1\begin{vmatrix} 4 & 3 \\ 2 & 4 \end{vmatrix} = (-10) - 2(-10) - (10) = 0$

으로 B는 특이행렬이고 유일한 해를 갖지 못한다.

4 역행렬의 도출

우리는 앞에서 이미 역행렬을 정의하였는데, 이제 그 역행렬을 도출하는 방법과 그를 이용해 선형연립방정식의 해를 구하는 방법에 대해 알아보자. 역행렬을 구하는 방법 중 먼저 소거법을 이용하는 가우스-조단 방법(Gauss-Jordan Method)을 알아보자.

다음과 같은 3차 정방행렬 A가 있다고 하자.

$$A = \begin{bmatrix} 2 & 1 & 1 \\ 4 & -6 & 0 \\ -2 & 7 & 2 \end{bmatrix}$$

이 정방행렬 A에 3차 단위행렬 I_3을 오른쪽에 추가시켜 다음과 같은 행렬을 만든다.

$$\left[\begin{array}{ccc|ccc} 2 & 1 & 1 & 1 & 0 & 0 \\ 4 & -6 & 0 & 0 & 1 & 0 \\ -2 & 7 & 2 & 0 & 0 & 1 \end{array}\right]$$

먼저 첫 번째 행 전체를 세 번째 행에 더하면

$$\left[\begin{array}{ccc|ccc} 2 & 1 & 1 & 1 & 0 & 0 \\ 4 & -6 & 0 & 0 & 1 & 0 \\ 0 & 8 & 3 & 1 & 0 & 1 \end{array}\right]$$

다시 첫 번째 행을 (-2)배 하여 두 번째 행에 더하면

$$\left[\begin{array}{ccc|ccc} 2 & 1 & 1 & 1 & 0 & 0 \\ 0 & -8 & -2 & -2 & 1 & 0 \\ 0 & 8 & 3 & 1 & 0 & 1 \end{array}\right]$$

이제 단순히 두 번째 행을 세 번째 행에 더하면

$$\begin{bmatrix} 2 & 1 & 1 & | & 1 & 0 & 0 \\ 0 & -8 & -2 & | & -2 & 1 & 0 \\ 0 & 0 & 1 & | & -1 & 1 & 1 \end{bmatrix}$$

계속해서 셋째 행을 2배 하여 둘째 행에 더하면

$$\begin{bmatrix} 2 & 1 & 1 & | & 1 & 0 & 0 \\ 0 & -8 & 0 & | & -4 & 3 & 2 \\ 0 & 0 & 1 & | & -1 & 1 & 1 \end{bmatrix}$$

다시 셋째 행을 (-1)배 해서 첫째 행에 더하면

$$\begin{bmatrix} 2 & 1 & 0 & | & 2 & -1 & -1 \\ 0 & -8 & 0 & | & -4 & 3 & 2 \\ 0 & 0 & 1 & | & -1 & 1 & 1 \end{bmatrix}$$

이제 두 번째 행에 $\left(\dfrac{1}{8}\right)$을 곱하여 첫 번째 행에 더하면

$$\begin{bmatrix} 2 & 0 & 0 & | & \dfrac{12}{8} & -\dfrac{5}{8} & -\dfrac{6}{8} \\ 0 & -8 & 0 & | & -4 & 3 & 2 \\ 0 & 0 & 1 & | & -1 & 1 & 1 \end{bmatrix}$$

첫 번째 행에는 $\left(\dfrac{1}{2}\right)$을, 두 번째 행은 $\left(-\dfrac{1}{8}\right)$을 곱해서 정리하면

$$\begin{bmatrix} 1 & 0 & 0 & | & \dfrac{12}{16} & -\dfrac{5}{16} & -\dfrac{6}{16} \\ 0 & 1 & 0 & | & \dfrac{4}{8} & -\dfrac{3}{8} & -\dfrac{2}{8} \\ 0 & 0 & 1 & | & -1 & 1 & 1 \end{bmatrix}$$

이제 왼쪽이 단위행렬로 되고, 우측에 있는 행렬은 우리가 구하려는 A 행렬의 역행렬이 된다.

그러나 이러한 소거방법은 행렬의 차원이 커지면 일일이 행을 더하고 빼서 구하기가

힘들기 때문에 역행렬을 좀 더 체계적으로 구하는 다른 방법을 살펴보자.

먼저 3×3행렬을 생각해 보자.

$$A = \begin{bmatrix} a_{11} & a_{12} & a_{13} \\ a_{21} & a_{22} & a_{23} \\ a_{31} & a_{32} & a_{33} \end{bmatrix} = [a_{ij}] \tag{5-6}$$

이 행렬을 기초로 아래와 같은 여인수행렬을 만든다.

$$C = \begin{bmatrix} C_{11} & C_{12} & C_{13} \\ C_{21} & C_{22} & C_{23} \\ C_{31} & C_{32} & C_{33} \end{bmatrix} = [C_{ij}] \tag{5-7}$$

다음으로 이러한 여인수행렬을 전치한 전치행렬 C'을 구한다. 이 C'을 때론 A의 수반행렬(隨伴行列, adjoint matrix)이라 하고 $adj A$로 표기한다.

$$adj A = C' = \begin{bmatrix} C_{11} & C_{21} & C_{31} \\ C_{12} & C_{22} & C_{32} \\ C_{13} & C_{23} & C_{33} \end{bmatrix} \tag{5-8}$$

다음으로 A행렬과 A의 수반행렬($adj A$)의 곱 AC'을 구한다.

$$AC' = \begin{bmatrix} a_{11} & a_{12} & a_{13} \\ a_{21} & a_{22} & a_{23} \\ a_{31} & a_{32} & a_{33} \end{bmatrix} \begin{bmatrix} C_{11} & C_{21} & C_{31} \\ C_{12} & C_{22} & C_{32} \\ C_{13} & C_{23} & C_{33} \end{bmatrix} = \begin{bmatrix} d_{11} & d_{12} & d_{13} \\ d_{21} & d_{22} & d_{23} \\ d_{31} & d_{32} & d_{33} \end{bmatrix} \tag{5-9}$$

이때 원소 d의 행렬은 다음과 같이 쓸 수 있다.

$$\begin{bmatrix} a_{11}C_{11} + a_{12}C_{12} + a_{13}C_{13} & a_{11}C_{21} + a_{12}C_{22} + a_{13}C_{23} & a_{11}C_{31} + a_{12}C_{32} + a_{13}C_{33} \\ a_{21}C_{11} + a_{22}C_{12} + a_{23}C_{13} & a_{21}C_{21} + a_{22}C_{22} + a_{23}C_{23} & a_{21}C_{31} + a_{22}C_{32} + a_{23}C_{33} \\ a_{31}C_{11} + a_{32}C_{12} + a_{33}C_{13} & a_{31}C_{21} + a_{32}C_{22} + a_{33}C_{23} & a_{31}C_{31} + a_{32}C_{32} + a_{33}C_{33} \end{bmatrix}$$

따라서 AC'을 정리하면 <식 5-10>과 같이 표기할 수 있다.

$$AC' = \begin{bmatrix} \sum_{j=1}^{3} a_{1j}C_{1j} & \sum_{j=1}^{3} a_{1j}C_{2j} & \sum_{j=1}^{3} a_{1j}C_{3j} \\ \sum_{j=1}^{3} a_{2j}C_{1j} & \sum_{j=1}^{3} a_{2j}C_{2j} & \sum_{j=1}^{3} a_{2j}C_{3j} \\ \sum_{j=1}^{3} a_{3j}C_{1j} & \sum_{j=1}^{3} a_{3j}C_{2j} & \sum_{j=1}^{3} a_{3j}C_{3j} \end{bmatrix}$$ (5-10)

위의 <식 5-10>을 자세히 살펴보면 주대각원소들은 모두 A의 행렬식 $|A|$를 나타낸다. 한편 이 주대각원소를 제외한 나머지 원소들은 타여인수로 전개한 행렬식이므로 앞의 <정리 5.1>의 (10)에 따라 전부 0이 된다.

따라서 AC'을 정리하면 <식 5-11>과 같이 된다.

$$AC' = \begin{bmatrix} |A| & 0 & 0 \\ 0 & |A| & 0 \\ 0 & 0 & |A| \end{bmatrix} = |A| \begin{bmatrix} 1 & 0 & 0 \\ 0 & 1 & 0 \\ 0 & 0 & 1 \end{bmatrix} = |A|I$$ (5-11)

A를 비특이행렬이라고 가정하면 $|A|$는 0이 아닌 값을 가질 것이고, 결국 <식 5-11>은 다음과 같이 쓸 수 있다.

$$AC' = |A|I$$ (5-12)

$$\frac{AC'}{|A|} = I$$

이제 A^{-1}을 양변에 곱하면 다음과 같다.

$$\frac{A^{-1}AC'}{|A|} = A^{-1}I$$ (5-13)

$A^{-1}A = I$이고 $A^{-1}I = A^{-1}$이므로 다음의 결과를 얻는다.

$$A^{-1} = \frac{C'}{|A|} \quad \text{또는} \quad A^{-1} = \frac{1}{|A|} adj\,A$$ (5-14)

앞의 A의 역행렬을 구하는 과정을 다시 간략히 정리해 보면 다음과 같다.

(1) 역행렬의 도출 순서

첫째, A의 행렬식 $|A|$의 값을 구하여 $|A| \neq 0$인지를 확인한다. 만일 $|A| = 0$이면 방정식의 해가 존재하지 않으며, 역행렬 A^{-1}도 존재하지 않는다.

둘째, $|A| \neq 0$이면 여인수행렬 $C = [C_{ij}]$를 구한다.

셋째, C의 전치행렬 $C'(= adj A)$를 구한다.

넷째, 마지막으로 A의 역행렬을 $A^{-1} = \dfrac{1}{|A|} adj A$ 공식에 입각하여 구한다.

예제 9 다음 A행렬의 역행렬을 수반행렬을 이용해 구하라.

$$A = \begin{bmatrix} 20 & 5 \\ 6 & 2 \end{bmatrix}$$

풀이 $|A| = (20 \times 2) - (5 \times 6) = 10$으로 $|A| \neq 0$이기 때문에 역행렬을 가진다.

다음으로 여인수행렬을 구해 보면

$C = \begin{bmatrix} 2 & -6 \\ -5 & 20 \end{bmatrix}$ 이고 전치행렬은 $adj A = C' = \begin{bmatrix} 2 & -5 \\ -6 & 20 \end{bmatrix}$ 이다.

따라서 역행렬은

$A^{-1} = \dfrac{C'}{|A|}$ 또는 $\dfrac{1}{|A|} adj A = \dfrac{1}{10} \begin{bmatrix} 2 & -5 \\ -6 & 20 \end{bmatrix} = \begin{bmatrix} 0.2 & -0.5 \\ -0.6 & 2 \end{bmatrix}$ 이다.

예제 10 A행렬이 다음과 같을 때 수반행렬을 이용해 역행렬을 구하라.

$$A = \begin{bmatrix} 10 & 3 & 6 \\ 4 & 0 & 5 \\ 5 & 2 & 2 \end{bmatrix}$$

풀이 $|A| = \begin{vmatrix} 10 & 3 & 6 \\ 4 & 0 & 5 \\ 5 & 2 & 2 \end{vmatrix} = -1 \neq 0$ 으로서 역행렬을 갖는 것을 알 수 있다.

다음으로 여인수행렬을 구하면 아래와 같다.

$$C = \begin{bmatrix} \begin{vmatrix} 0 & 5 \\ 2 & 2 \end{vmatrix} & -\begin{vmatrix} 4 & 5 \\ 5 & 2 \end{vmatrix} & \begin{vmatrix} 4 & 0 \\ 5 & 2 \end{vmatrix} \\ -\begin{vmatrix} 3 & 6 \\ 2 & 2 \end{vmatrix} & \begin{vmatrix} 10 & 6 \\ 5 & 2 \end{vmatrix} & -\begin{vmatrix} 10 & 3 \\ 5 & 2 \end{vmatrix} \\ \begin{vmatrix} 3 & 6 \\ 0 & 5 \end{vmatrix} & -\begin{vmatrix} 10 & 6 \\ 4 & 5 \end{vmatrix} & \begin{vmatrix} 10 & 3 \\ 4 & 0 \end{vmatrix} \end{bmatrix} = \begin{bmatrix} -10 & 17 & 8 \\ 6 & -10 & -5 \\ 15 & -26 & -12 \end{bmatrix}$$

이 여인수행렬을 치환시켜 수반행렬을 구한다.

$$adj\,A = C' = \begin{bmatrix} -10 & 6 & 15 \\ 17 & -10 & -26 \\ 8 & -5 & -12 \end{bmatrix}$$

그러면 A행렬의 역행렬은

$$A^{-1} = \frac{1}{|A|} adj\,A = -\begin{bmatrix} -10 & 6 & 15 \\ 17 & -10 & -26 \\ 8 & -5 & -12 \end{bmatrix} = \begin{bmatrix} 10 & -6 & -15 \\ -17 & 10 & 26 \\ -8 & 5 & 12 \end{bmatrix}$$

예제 11 B행렬이 아래와 같을 때 수반행렬을 이용해 역행렬을 구하라.

$$B = \begin{bmatrix} 2 & 4 & 1 \\ 4 & 3 & 7 \\ 2 & 1 & 3 \end{bmatrix}$$

│풀이│ $|B| = \begin{vmatrix} 2 & 4 & 1 \\ 4 & 3 & 7 \\ 2 & 1 & 3 \end{vmatrix} = 10 \neq 0$ 으로서 역행렬을 갖는 것을 알 수 있다.

다음으로 여인수행렬을 구하면 아래와 같다.

$$C = \begin{bmatrix} \begin{vmatrix} 3 & 7 \\ 1 & 3 \end{vmatrix} & -\begin{vmatrix} 4 & 7 \\ 2 & 3 \end{vmatrix} & \begin{vmatrix} 4 & 3 \\ 2 & 1 \end{vmatrix} \\ -\begin{vmatrix} 4 & 1 \\ 1 & 3 \end{vmatrix} & \begin{vmatrix} 2 & 1 \\ 2 & 3 \end{vmatrix} & -\begin{vmatrix} 2 & 4 \\ 2 & 1 \end{vmatrix} \\ \begin{vmatrix} 4 & 1 \\ 3 & 7 \end{vmatrix} & -\begin{vmatrix} 2 & 1 \\ 4 & 7 \end{vmatrix} & \begin{vmatrix} 2 & 4 \\ 4 & 3 \end{vmatrix} \end{bmatrix} = \begin{bmatrix} 2 & 2 & -2 \\ -11 & 4 & 6 \\ 25 & -10 & -10 \end{bmatrix}$$

그 다음으로 수반행렬을 구한다.

$$adj\,B = C' = \begin{bmatrix} 2 & -11 & 25 \\ 2 & 4 & -10 \\ -2 & 6 & -10 \end{bmatrix}$$

그러면 B행렬의 역행렬은

$$B^{-1} = \frac{1}{|B|} adj\,B = \frac{1}{10} \begin{bmatrix} 2 & -11 & 25 \\ 2 & 4 & -10 \\ -2 & 6 & -10 \end{bmatrix}$$

역행렬을 구하는 방법은 매우 중요하므로 <연습문제 5-2>를 통해 더 연습해 보자.

연습문제 5-2

1. 다음 행렬 중 특이행렬과 비특이행렬을 찾아라.

$$A = \begin{bmatrix} 1 & 3 \\ 2 & 4 \end{bmatrix}, \quad B = \begin{bmatrix} -1 & -3 \\ 2 & 6 \end{bmatrix}, \quad C = \begin{bmatrix} 1 & 0 & -2 \\ -1 & 2 & 3 \\ 0 & 2 & 1 \end{bmatrix}$$

2. 아래 행렬의 역행렬을 가우스-조단 소거법을 통해 구하라.

$$A = \begin{bmatrix} 2 & -1 & 0 \\ -1 & 2 & -1 \\ 0 & -1 & 2 \end{bmatrix}, \quad B = \begin{bmatrix} 0 & 0 & 1 \\ 0 & 1 & 1 \\ 1 & 1 & 1 \end{bmatrix}$$

3. 수반행렬을 이용해 아래 행렬의 역행렬을 구하라.

$$A = \begin{bmatrix} 25 & 15 \\ 10 & 8 \end{bmatrix}, \quad B = \begin{bmatrix} 8 & 2 \\ 3 & 1 \end{bmatrix}, \quad C = \begin{bmatrix} 5 & 0 & 2 \\ 3 & 4 & 5 \\ 2 & 1 & 2 \end{bmatrix}, \quad D = \begin{bmatrix} 1 & 2 & -1 \\ 4 & 1 & 2 \\ 1 & 1 & -3 \end{bmatrix}$$

5 연립방정식의 해 구하기

앞 절에서는 행렬에 관련된 여러 가지 내용을 살펴보았는데 이 절에서는 앞의 제4장 행렬을 시작하면서 제시하였던 세 가지 의문 중 마지막 의문이었던 연립방정식의 해를 구하는 방법에 대해 알아본다. 실제로 연립방정식의 해를 구하는 방법은 여러 가지가 있지만 여기서는 앞에서 배웠던 행렬과 관련된 방법들을 주로 다룬다.

(1) 역행렬을 이용한 연립방정식의 해 구하기

먼저 역행렬을 이용해 연립방정식의 해를 찾는 방법을 알아보자. 연립방정식 $Ax = b$ 가 $|A| \neq 0$으로서 유일한 해를 가진다면, 그 값은 $x = A^{-1}b$이다. 다음 식을 보자.

$$x + y + z = 2$$
$$x + 3y + 3z = 0$$
$$x + 3y + 5z = 2$$

이 연립방정식을 행렬 형태로 정리하면 다음과 같다.

$$A = \begin{bmatrix} 1 & 1 & 1 \\ 1 & 3 & 3 \\ 1 & 3 & 5 \end{bmatrix}, \quad x = \begin{bmatrix} x \\ y \\ z \end{bmatrix}, \quad b = \begin{bmatrix} 2 \\ 0 \\ 2 \end{bmatrix}$$

이때 A의 역행렬을 구하여 보자. 먼저 A의 행렬식 값은

$$|A| = \begin{vmatrix} 1 & 1 & 1 \\ 1 & 3 & 3 \\ 1 & 3 & 5 \end{vmatrix} = \begin{vmatrix} 3 & 3 \\ 3 & 5 \end{vmatrix} - \begin{vmatrix} 1 & 3 \\ 1 & 5 \end{vmatrix} + \begin{vmatrix} 1 & 3 \\ 1 & 3 \end{vmatrix} = 4 \neq 0$$

으로 비특이행렬이므로 역행렬을 갖는다.

다음으로 A의 여인수행렬을 구하면

$$C = \begin{bmatrix} \begin{vmatrix} 3 & 3 \\ 3 & 5 \end{vmatrix} & -\begin{vmatrix} 1 & 3 \\ 1 & 5 \end{vmatrix} & \begin{vmatrix} 1 & 3 \\ 1 & 3 \end{vmatrix} \\ -\begin{vmatrix} 1 & 1 \\ 3 & 5 \end{vmatrix} & \begin{vmatrix} 1 & 1 \\ 1 & 5 \end{vmatrix} & -\begin{vmatrix} 1 & 1 \\ 1 & 3 \end{vmatrix} \\ \begin{vmatrix} 1 & 1 \\ 3 & 3 \end{vmatrix} & -\begin{vmatrix} 1 & 1 \\ 1 & 3 \end{vmatrix} & \begin{vmatrix} 1 & 1 \\ 1 & 3 \end{vmatrix} \end{bmatrix} = \begin{bmatrix} 6 & -2 & 0 \\ -2 & 4 & -2 \\ 0 & -2 & 2 \end{bmatrix}$$

이며, 이 여인수행렬을 치환시켜 A의 수반행렬($adj\,A$)을 도출한다.

$$adj\,A = C' = \begin{bmatrix} 6 & -2 & 0 \\ -2 & 4 & -2 \\ 0 & -2 & 2 \end{bmatrix}$$

그러면 A행렬의 역행렬은

$$A^{-1} = \frac{1}{|A|} adj\,A = \frac{1}{4} \begin{bmatrix} 6 & -2 & 0 \\ -2 & 4 & -2 \\ 0 & -2 & 2 \end{bmatrix}$$

이다. 따라서 $x = \begin{bmatrix} x \\ y \\ z \end{bmatrix} = A^{-1}b = \frac{1}{4} \begin{bmatrix} 6 & -2 & 0 \\ -2 & 4 & -2 \\ 0 & -2 & 2 \end{bmatrix} \begin{bmatrix} 2 \\ 0 \\ 2 \end{bmatrix} = \frac{1}{4} \begin{bmatrix} 12 \\ -8 \\ 4 \end{bmatrix} = \begin{bmatrix} 3 \\ -2 \\ 1 \end{bmatrix}$ 로 $x = 3$, $y = -2$, $z = 1$이 된다.

예제 12 다음 연립방정식의 해를 역행렬을 이용해서 풀어라.

$$x_1 + 2x_2 + 3x_3 = 3$$
$$2x_1 + 3x_2 + 2x_3 = 4$$
$$3x_1 + 3x_2 + 4x_3 = 5$$

| 풀이 | 이 식을 먼저 행렬 형태로 정리하면 다음과 같이 된다.

$$A = \begin{bmatrix} 1 & 2 & 3 \\ 2 & 3 & 2 \\ 3 & 3 & 4 \end{bmatrix}, \quad x = \begin{bmatrix} x_1 \\ x_2 \\ x_3 \end{bmatrix}, \quad b = \begin{bmatrix} 3 \\ 4 \\ 5 \end{bmatrix}$$

A의 행렬식 값은 $|A| = \begin{vmatrix} 1 & 2 & 3 \\ 2 & 3 & 2 \\ 3 & 3 & 4 \end{vmatrix} = -7 \neq 0$으로 역행렬을 갖는다.

A의 여인수행렬을 구하면
$$\begin{bmatrix} \begin{vmatrix} 3 & 2 \\ 3 & 4 \end{vmatrix} & -\begin{vmatrix} 2 & 2 \\ 3 & 4 \end{vmatrix} & \begin{vmatrix} 2 & 3 \\ 3 & 3 \end{vmatrix} \\ -\begin{vmatrix} 2 & 3 \\ 3 & 4 \end{vmatrix} & \begin{vmatrix} 1 & 3 \\ 3 & 4 \end{vmatrix} & -\begin{vmatrix} 1 & 2 \\ 3 & 3 \end{vmatrix} \\ \begin{vmatrix} 2 & 3 \\ 3 & 2 \end{vmatrix} & -\begin{vmatrix} 1 & 3 \\ 2 & 2 \end{vmatrix} & \begin{vmatrix} 1 & 2 \\ 2 & 3 \end{vmatrix} \end{bmatrix} = \begin{bmatrix} 6 & -2 & -3 \\ 1 & -5 & 3 \\ -5 & 4 & -1 \end{bmatrix}$$
이다.

따라서 $adj A = C' = \begin{bmatrix} 6 & 1 & -5 \\ -2 & -5 & 4 \\ -3 & 3 & -1 \end{bmatrix}$이고, $A^{-1} = -\frac{1}{7}\begin{bmatrix} 6 & 1 & -5 \\ -2 & -5 & 4 \\ -3 & 3 & -1 \end{bmatrix}$이다.

그래서 $\begin{bmatrix} x_1 \\ x_2 \\ x_3 \end{bmatrix} = -\frac{1}{7}\begin{bmatrix} 6 & 1 & -5 \\ -2 & -5 & 4 \\ -3 & 3 & -1 \end{bmatrix}\begin{bmatrix} 3 \\ 4 \\ 5 \end{bmatrix} = -\frac{1}{7}\begin{bmatrix} -3 \\ -6 \\ -2 \end{bmatrix}$이고, 이 연립방정식의 해는

$x_1 = \frac{3}{7}, \ x_2 = \frac{6}{7}, \ x_3 = \frac{2}{7}$이다.

연습문제 5-3

1. 다음 행렬이 역행렬을 갖지 않을 조건을 구하라.

$$A = \begin{bmatrix} (1-x) & 3 \\ 5 & (3-x) \end{bmatrix}$$

2. 역행렬을 이용하여 x, y의 값을 구하라.

$4x + 6y = 68$
$5x + 20y = 185$

3. 역행렬을 이용하여 다음 연립방정식의 해를 구하라.

$4x + 3y + 5z = 38$
$9x + 2y + z = 20$
$6x + 8y + 2z = 40$

(2) 크래머 법칙을 이용한 연립방정식의 해 구하기

앞 절에서는 역행렬을 이용해서 선형연립방정식의 해를 구하는 방법을 살펴보았다. 여기서는 선형연립방정식의 해를 구하는 또다른 방법인 크래머 법칙(Cramer's rule)에 대해서 알아보자. 이 크래머 법칙의 원리는 앞의 역행렬을 이용해 해를 구했던 원리를 이해한다면 쉽게 알 수 있다.

먼저 방정식 $Ax = b$의 해는 $\overline{x} = A^{-1}b = \frac{1}{|A|}adj\,A\,b$인데, 이를 자세히 풀어 보면 아래 <식 5-15>로 나타낼 수 있다.

$$\begin{bmatrix} \overline{x_1} \\ \overline{x_2} \\ \overline{x_3} \end{bmatrix} = \frac{1}{|A|} \begin{bmatrix} C_{11} & C_{21} & C_{31} \\ C_{12} & C_{22} & C_{32} \\ C_{13} & C_{23} & C_{33} \end{bmatrix} \begin{bmatrix} b_1 \\ b_2 \\ b_3 \end{bmatrix} \quad \text{(5-15)}$$

$$= \frac{1}{|A|} \begin{bmatrix} C_{11}b_1 + C_{21}b_2 + C_{31}b_3 \\ C_{12}b_1 + C_{22}b_2 + C_{32}b_3 \\ C_{13}b_1 + C_{23}b_2 + C_{33}b_3 \end{bmatrix} = \frac{1}{|A|} \begin{bmatrix} \sum_{i=1}^{3} C_{i1}b_i \\ \sum_{i=1}^{3} C_{i2}b_i \\ \sum_{i=1}^{3} C_{i3}b_i \end{bmatrix}$$

따라서 각 x의 해는 다음과 같다.

$$\overline{x_1} = \frac{1}{|A|} \sum_{i=1}^{3} C_{i1}b_i \quad \text{(5-16)}$$

$$\overline{x_2} = \frac{1}{|A|} \sum_{i=1}^{3} C_{i2}b_i$$

기초 경영경제수학

$$\overline{x_3} = \frac{1}{|A|} \sum_{i=1}^{3} C_{i3} b_i$$

이제 앞의 A 행렬식 $|A|$의 첫 번째 열을 빼고 대신 b의 열벡터로 대체한 후 이를 $|A_1|$이라고 명칭을 붙이자. 그러면 $|A_1|$은 다음과 같이 될 것이다.

$$|A_1| = \begin{vmatrix} b_1 & a_{12} & a_{13} \\ b_2 & a_{22} & a_{23} \\ b_3 & a_{32} & a_{33} \end{vmatrix}$$

그리고 이 $|A_1|$을 첫 번째 열을 기준으로 라플라스 전개하면

$$|A_1| = b_1 C_{11} + b_2 C_{21} + b_3 C_{31} = \sum_{i=1}^{3} b_i C_{i1} = \sum_{i=1}^{3} C_{i1} b_i \qquad \text{(5-17)}$$

로 나타낼 수 있다. 그러면 이 $|A_1|$값이 앞의 <식 5-16>에서 정의했던

$\overline{x_1} = \frac{1}{|A|} \sum_{i=1}^{3} C_{i1} b_i$의 우측항과 같고 결국 $\overline{x_1} = \frac{1}{|A|} |A_1|$과 같다는 것을 알 수 있다.

마찬가지로 $|A|$의 두 번째 열을 빼고 대신 b의 열벡터로 대체한 후 이를 $|A_2|$라고 하자. 그러면 $|A_2|$는 다음과 같이 될 것이다.

$$|A_2| = \begin{vmatrix} a_{11} & b_1 & a_{13} \\ a_{21} & b_2 & a_{23} \\ a_{31} & b_3 & a_{33} \end{vmatrix}$$

이것을 두 번째 열을 기준으로 라플라스 전개하면 <식 5-18>과 같이 된다.

$$|A_2| = b_1 C_{12} + b_2 C_{22} + b_3 C_{32} = \sum_{i=1}^{3} b_i C_{i2} = \sum_{i=1}^{3} C_{i2} b_i \qquad \text{(5-18)}$$

그리고 이 <식 5-18>을 <식 5-16>과 비교해 $\overline{x_2}$를 표기해 보면 다음과 같다.

$$\overline{x_2} = \frac{1}{|A|} |A_2|$$

마찬가지 방법으로 $|A_3|$를 다음과 같이 만든 후

$$|A_3| = \begin{vmatrix} a_{11} & a_{12} & b_1 \\ a_{21} & a_{22} & b_2 \\ a_{31} & a_{32} & b_3 \end{vmatrix}$$

$\overline{x_3}$를 구하면 다음과 같다.

$$\overline{x_3} = \frac{1}{|A|}|A_3|$$

이러한 크래머 법칙은 $n \times n$ 행렬에도 적용해 풀 수 있다. 그러면 지금까지 설명한 크래머 법칙을 이용해 연립방정식의 해를 구해 보자.

다음과 같은 연립방정식이 있다고 하자.

$$x_1 + 3x_2 = 0$$
$$2x_1 + 4x_2 = 6$$

이 식을 행렬 형태로 정리하면 다음과 같다.

$$A = \begin{bmatrix} 1 & 3 \\ 2 & 4 \end{bmatrix},\ x = \begin{bmatrix} x_1 \\ x_2 \end{bmatrix},\ b = \begin{bmatrix} 0 \\ 6 \end{bmatrix}$$

먼저 A의 행렬식 값은 $|A| = \begin{vmatrix} 1 & 3 \\ 2 & 4 \end{vmatrix} = -2 \neq 0$으로 해를 갖는다.

그리고 $|A_1| = \begin{vmatrix} 0 & 3 \\ 6 & 4 \end{vmatrix} = -18$, $|A_2| = \begin{vmatrix} 1 & 0 \\ 2 & 6 \end{vmatrix} = 6$이므로 $x_1 = \frac{1}{|A|}|A_1| = \frac{-18}{-2} = 9$, $\overline{x_2} = \frac{1}{|A|}|A_2| = \frac{6}{-2} = -3$이다.

예제 13 다음 연립방정식을 크래머 법칙을 이용해 풀어라.

$$3x_1 + 4x_2 + 9x_3 = 45$$
$$5x_2 + 2x_3 = 32$$
$$4x_1 + 2x_2 + 4x_3 = 32$$

| 풀이 | 연립방정식을 행렬 형태로 나타내면 다음과 같다.

$$A = \begin{bmatrix} 3 & 4 & 9 \\ 0 & 5 & 2 \\ 4 & 2 & 4 \end{bmatrix}, \quad x = \begin{bmatrix} x_1 \\ x_2 \\ x_3 \end{bmatrix}, \quad b = \begin{bmatrix} 45 \\ 32 \\ 32 \end{bmatrix}$$

그러면

$$|A| = \begin{vmatrix} 3 & 4 & 9 \\ 0 & 5 & 2 \\ 4 & 2 & 4 \end{vmatrix} = -100$$

$$|A_1| = \begin{vmatrix} 45 & 4 & 9 \\ 32 & 5 & 2 \\ 32 & 2 & 4 \end{vmatrix} = 45 \begin{vmatrix} 5 & 2 \\ 2 & 4 \end{vmatrix} - 4 \begin{vmatrix} 32 & 2 \\ 32 & 4 \end{vmatrix} + 9 \begin{vmatrix} 32 & 5 \\ 32 & 2 \end{vmatrix} = 720 - 256 - 864 = -400$$

$$|A_2| = \begin{vmatrix} 3 & 45 & 9 \\ 0 & 32 & 2 \\ 4 & 32 & 4 \end{vmatrix} = 3 \begin{vmatrix} 32 & 2 \\ 32 & 4 \end{vmatrix} + 4 \begin{vmatrix} 45 & 9 \\ 32 & 2 \end{vmatrix} = 192 - 792 = -600$$

$$|A_3| = \begin{vmatrix} 3 & 4 & 45 \\ 0 & 5 & 32 \\ 4 & 2 & 32 \end{vmatrix} = 3 \begin{vmatrix} 5 & 32 \\ 2 & 32 \end{vmatrix} + 4 \begin{vmatrix} 4 & 45 \\ 5 & 32 \end{vmatrix} = 288 - 388 = -100$$

따라서 $x_1 = \dfrac{|A_1|}{|A|} = 4$, $x_2 = \dfrac{|A_2|}{|A|} = 6$, $x_3 = \dfrac{|A_3|}{|A|} = 1$이다.

예제 14 다음 방정식의 해를 크래머 법칙을 이용해 구하라.

$$\begin{bmatrix} 1 & 2 & 3 \\ -4 & 1 & 6 \\ 2 & 7 & 5 \end{bmatrix} \begin{bmatrix} x_1 \\ x_2 \\ x_3 \end{bmatrix} = \begin{bmatrix} 9 \\ -9 \\ 13 \end{bmatrix}$$

| 풀이 | $$|A| = \begin{vmatrix} 1 & 2 & 3 \\ -4 & 1 & 6 \\ 2 & 7 & 5 \end{vmatrix} = -63$$

$$|A_1| = \begin{vmatrix} 9 & 2 & 3 \\ -9 & 1 & 6 \\ 13 & 7 & 5 \end{vmatrix} = -315$$

$$|A_2| = \begin{vmatrix} 1 & 9 & 3 \\ -4 & -9 & 6 \\ 2 & 13 & 5 \end{vmatrix} = 63$$

$$|A_3| = \begin{vmatrix} 1 & 2 & 9 \\ -4 & 1 & -9 \\ 2 & 7 & 13 \end{vmatrix} = -126$$

따라서 $x_1 = \dfrac{|A_1|}{|A|} = 5$, $x_2 = \dfrac{|A_2|}{|A|} = -1$, $x_3 = \dfrac{|A_3|}{|A|} = 2$이다.

연습문제 5-4

1. 다음 연립방정식을 크래머 법칙으로 풀어라.

   $24x + 2y = 86$
   $15x + y = 52$

2. 다음 연립방정식을 크래머 법칙으로 풀어라.

   $x + 4y - z = 1$
   $x + y + z = 0$
   $2x + 3z = 0$

3. 다음 연립방정식을 크래머 법칙으로 풀어라.

   $4x + y + 3z = 8$
   $-2x + 5y + z = 4$
   $3x + 2y + 4z = 9$

(3) 가우스-조단 소거법을 이용한 연립방정식의 해 구하기

선형연립방정식의 해를 구하는 또다른 방법으로 앞에서 배운 가우스-조단 방법과 같은 원리를 이용하기도 한다. 예를 들어 앞에서 역행렬을 이용해 연립방정식을 구했던 식을 다시 보자.

$$x + y + z = 2$$
$$x + 3y + 3z = 0$$
$$x + 3y + 5z = 2$$

위 식에서 계수행렬과 상수행렬을 점선을 사이에 두고 배열해 보자.

$$\begin{bmatrix} 1 & 1 & 1 : 2 \\ 1 & 3 & 3 : 0 \\ 1 & 3 & 5 : 2 \end{bmatrix}$$

새로 만든 행렬에서 첫 번째 행에 (-1)을 곱해 둘째 행과 셋째 행에 각각 더한다.

$$\begin{bmatrix} 1 & 1 & 1 & \vdots & 2 \\ 0 & 2 & 2 & \vdots & -2 \\ 0 & 2 & 4 & \vdots & 0 \end{bmatrix}$$

이제 두 번째 행에 (-1)을 곱해 셋째 행에 더한다.

$$\begin{bmatrix} 1 & 1 & 1 & \vdots & 2 \\ 0 & 2 & 2 & \vdots & -2 \\ 0 & 0 & 2 & \vdots & 2 \end{bmatrix}$$

다음으로 둘째 행에 $\left(-\dfrac{1}{2}\right)$을 곱해 첫째 행에 더한다.

$$\begin{bmatrix} 1 & 0 & 0 & \vdots & 3 \\ 0 & 2 & 2 & \vdots & -2 \\ 0 & 0 & 2 & \vdots & 2 \end{bmatrix}$$

셋째 행에 (-1)을 곱해 둘째 행에 더한다.

$$\begin{bmatrix} 1 & 0 & 0 & \vdots & 3 \\ 0 & 2 & 0 & \vdots & -4 \\ 0 & 0 & 2 & \vdots & 2 \end{bmatrix}$$

셋째 행에 $\left(\dfrac{1}{2}\right)$을 곱한다.

$$\begin{bmatrix} 1 & 0 & 0 & \vdots & 3 \\ 0 & 2 & 0 & \vdots & -4 \\ 0 & 0 & 1 & \vdots & 1 \end{bmatrix}$$

둘째 행에 $\left(\dfrac{1}{2}\right)$을 곱한다.

$$\begin{bmatrix} 1 & 0 & 0 & \vdots & 3 \\ 0 & 1 & 0 & \vdots & -2 \\ 0 & 0 & 1 & \vdots & 1 \end{bmatrix}$$

이제 왼쪽이 단위행렬이 되면서 우측 점선 안에 있는 것이 연립방정식의 해가 된다. 즉, $x=3,\ y=-2,\ z=1$이다.

예제 15 다음 연립방정식을 앞에서 배운 가우스-조단 소거법을 이용해 구하라.

$$x + 2y - z = 4$$
$$2x + y + z = 8$$
$$-x + y + z = -1$$

| 풀이 | 가우스-조단 소거법을 이용하기 위해 새로운 행렬 형태를 만든다.

$$\begin{bmatrix} 1 & 2 & -1 & \vdots & 4 \\ 2 & 1 & 1 & \vdots & 8 \\ -1 & 1 & 1 & \vdots & -1 \end{bmatrix}$$

먼저 첫째 행을 셋째 행에 더한다.

$$\begin{bmatrix} 1 & 2 & -1 & \vdots & 4 \\ 2 & 1 & 1 & \vdots & 8 \\ 0 & 3 & 0 & \vdots & 3 \end{bmatrix}$$

다음으로 첫째 행에 (-2)를 곱해 둘째 행에 더한다.

$$\begin{bmatrix} 1 & 2 & -1 & \vdots & 4 \\ 0 & -3 & 3 & \vdots & 0 \\ 0 & 3 & 0 & \vdots & 3 \end{bmatrix}$$

둘째 행을 셋째 행에 더한다.

$$\begin{bmatrix} 1 & 2 & -1 & \vdots & 4 \\ 0 & -3 & 3 & \vdots & 0 \\ 0 & 0 & 3 & \vdots & 3 \end{bmatrix}$$

둘째 행에 $\left(-\dfrac{1}{3}\right)$을, 셋째 행에 $\left(\dfrac{1}{3}\right)$을 곱한다.

$$\begin{bmatrix} 1 & 2 & -1 & \vdots & 4 \\ 0 & 1 & -1 & \vdots & 0 \\ 0 & 0 & 1 & \vdots & 1 \end{bmatrix}$$

셋째 행을 첫째 행과 둘째 행에 더한다.

$$\begin{bmatrix} 1 & 2 & 0 & \vdots & 5 \\ 0 & 1 & 0 & \vdots & 1 \\ 0 & 0 & 1 & \vdots & 1 \end{bmatrix}$$

마지막으로 둘째 행에 (-2)를 곱해 첫째 행에 더한다.

$$\begin{bmatrix} 1 & 0 & 0 & \vdots & 3 \\ 0 & 1 & 0 & \vdots & 1 \\ 0 & 0 & 1 & \vdots & 1 \end{bmatrix}$$

결과적으로 가우스-조단 소거법을 이용해 구한 해는 $x = 3$, $y = 1$, $z = 1$이다.

앞에서 제시하였던 방법은 소거하는 여러 방법들 중 하나일 뿐 더 쉽고 빠른 소거방법을 독자들이 알고 있으면 그 방식으로 풀 것을 권장한다.

연습문제 5-5

1. 다음 연립방정식을 가우스-조단 방법으로 풀어라.

$x + 2y + 3z = 9$
$-4x + y + 6z = -9$
$2x + 7y + 5z = 13$

2. 다음 연립방정식을 가우스-조단 방법으로 풀어라.

$3x_1 + 2x_2 - 2x_3 = -5$
$4x_1 + 3x_2 + 3x_3 = 17$
$2x_1 - x_2 + x_3 = -1$

6 정방행렬의 부호

행렬 A가 차원이 $n \times n$인 정방행렬이라고 가정하자. 그리고 행렬 A와 곱이 정의될 수 있는 임의의 행벡터 X(차원은 $1 \times n$임)로 XAX'을 구성하면 이 값은 스칼라가 되고, 최대 차수는 2차가 될 것이다. 이러한 형태를 2차 형식이라 한다. 예를 들어 $n = 2$인 경우 $X = [x_1\ x_2]$, $A = \begin{bmatrix} a_{11} & a_{12} \\ a_{21} & a_{22} \end{bmatrix}$가 될 것이고, XAX'은 <식 5-19>와 같이 된다.

$$XAX' = [x_1\ x_2] \begin{bmatrix} a_{11} & a_{12} \\ a_{21} & a_{22} \end{bmatrix} \begin{bmatrix} x_1 \\ x_2 \end{bmatrix} \tag{5-19}$$

$$= a_{11}x_1^2 + (a_{21} + a_{12})x_1 x_2 + a_{22}x_2^2$$

n이 3 이상인 경우에도 차수는 최대 2가 되는 형태를 가지게 된다. 이때, 만일 A가 단위행렬이라면 위 식은 $x_1^2 + x_2^2$이 되어 x_1, x_2값에 상관없이 항상 0 이상인 값이 되고, x_1, x_2가 둘 다 0이 아니라면 XAX'은 항상 양의 값을 가지게 된다. 단위행렬은 양의 정부호 형식(positive definite matrix)의 대표적인 예이다.

일반적으로 정방행렬 A의 부호는 다음과 같이 정의된다.

① 만약 모든 $X \neq 0$에 대해 $XAX' > 0$이면 양의 정부호 형식(positive definite)이다.
② 만약 모든 $X \neq 0$에 대해 $XAX' < 0$이면 음의 정부호 형식(negative definite)이다.
③ 만약 모든 $X \neq 0$에 대해 $XAX' \geq 0$이면 양의 반부호 형식(positive semi-definite)이다.
④ 만약 모든 $X \neq 0$에 대해 $XAX' \leq 0$이면 음의 반부호 형식(negative semi-definite)이다.

그렇다면 정방행렬 A가 어떠한 경우에 양의 정부호 형식이나 음의 정부호 형식을 가지게 될까? 이를 판단하기 위해서 다음의 정리를 이용한다.

정리 5.3 정방행렬의 부호 판정 기준

정방행렬 A가 다음과 같이 정의되고 A의 소행렬 A_i가 다음과 같이 정의될 때,

$$A = \begin{bmatrix} a_{11} & a_{12} & \cdots & a_{1n} \\ a_{21} & a_{22} & \cdots & a_{2n} \\ \vdots & \vdots & \ddots & \vdots \\ a_{n1} & a_{n2} & \cdots & a_{nn} \end{bmatrix}, \quad A_i = \begin{bmatrix} a_{11} & a_{12} & \cdots & a_{1i} \\ a_{21} & a_{22} & \cdots & a_{2i} \\ \vdots & \vdots & \ddots & \vdots \\ a_{i1} & a_{i2} & \cdots & a_{ii} \end{bmatrix}$$

(1) $|A_1| > 0, |A_2| > 0, \cdots, |A_n| = |A| > 0$이면 정방행렬 A는 양의 정부호 형식이고
(2) $|A_1| < 0, |A_2| > 0, \cdots, (-1)^n |A_n| > 0$이면 정방행렬 A는 음의 정부호 형식이다.

예제 16 다음 행렬이 어떤 형식에 속하는지 판정하라.

(1) $\begin{bmatrix} -1 & 0 \\ 0 & -1 \end{bmatrix}$

(2) $\begin{bmatrix} 2 & 1 & 1 \\ 1 & 2 & 0 \\ -1 & -2 & 1 \end{bmatrix}$

(3) $\begin{bmatrix} 1 & 2 & -1 \\ 0 & -2 & 0 \\ 0 & -4 & 2 \end{bmatrix}$

| 풀이 | (1) $|-1| = -1 < 0$, $\begin{vmatrix} -1 & 0 \\ 0 & -1 \end{vmatrix} = 1 > 0$이므로 음의 정부호 형식이다.

(2) $|2| = 2 > 0$, $\begin{vmatrix} 2 & 1 \\ 1 & 2 \end{vmatrix} = 3 > 0$, $\begin{vmatrix} 2 & 1 & 1 \\ 1 & 2 & 0 \\ -1 & -2 & 1 \end{vmatrix} = 3 > 0$이므로 양의 정부호 형식이다.

(3) $|1| = 1 > 0$, $\begin{vmatrix} 1 & 2 \\ 0 & -2 \end{vmatrix} = -2 < 0$, $\begin{vmatrix} 1 & 2 & -1 \\ 0 & -2 & 0 \\ 0 & -4 & 2 \end{vmatrix} = -4 < 0$이므로 이 행렬은 양의 정부호 형식이나 음의 정부호 형식 어디에도 속하지 않는 행렬이다.

7 경영경제학에서의 응용

지금까지 우리가 배운 행렬은 경영학이나 경제학 여러 부분에 적용해 쓸 수 있다. 이 절에서는 먼저 부분 균형 모델로 상품시장에서 균형해를 찾는 문제를 살펴본다. 실제로 여기서 예를 드는 문제는 반드시 행렬을 사용하지 않더라도 쉽게 풀 수 있는 문제들이지만, 이러한 방법을 공부하는 것은 이 방법을 이용해 보다 더 복잡한 모델도 다룰 수 있기 때문이다.

(1) 수요곡선과 공급곡선

우선 상품시장에서 수요곡선과 공급곡선에 대해 살펴보자.

$$Q_d = Q_s$$
$$Q_d = a - bp$$
$$Q_s = -c + dp$$

(5-20)

첫 번째 방정식은 수요와 공급의 균형을 의미하며, 두 번째 방정식은 우하향하는(기울기 b가 음수인) 수요 곡선을, 그리고 세 번째 방정식은 우상향하는(기울기 d가 양수인) 공급 곡선을 의미한다. 여기서 모든 파라미터 a, b, c, d는 양수이다.

이 방정식을 행렬 형태로 바꾸어 보면 아래 식과 같이 된다.

$$Q_d - Q_s = 0 \tag{5-21}$$
$$Q_d + bp = a$$
$$Q_s - dp = -c$$

$$A = \begin{bmatrix} 1 & -1 & 0 \\ 1 & 0 & b \\ 0 & 1 & -d \end{bmatrix}, \quad x = \begin{bmatrix} Q_d \\ Q_s \\ p \end{bmatrix}, \quad b = \begin{bmatrix} 0 \\ a \\ -c \end{bmatrix}$$

이제 <식 5-21>을 앞에서 배운 역행렬을 이용해서 한번 풀어 보자.

① 먼저 $|A|$의 값을 구한다.

$$|A| = \begin{vmatrix} 1 & -1 & 0 \\ 1 & 0 & b \\ 0 & 1 & -d \end{vmatrix} = -b - d = -(b+d) \neq 0$$

$|A|$가 0이 아니므로 역행렬이 존재함을 알 수 있다.

② 여인수행렬 C를 구한다.

$$C = \begin{bmatrix} \begin{vmatrix} 0 & b \\ 1 & -d \end{vmatrix} & -\begin{vmatrix} 1 & b \\ 0 & -d \end{vmatrix} & \begin{vmatrix} 1 & 0 \\ 0 & 1 \end{vmatrix} \\ -\begin{vmatrix} -1 & 0 \\ 1 & -d \end{vmatrix} & \begin{vmatrix} 1 & 0 \\ 0 & -d \end{vmatrix} & -\begin{vmatrix} 1 & -1 \\ 0 & 1 \end{vmatrix} \\ \begin{vmatrix} -1 & 0 \\ 0 & b \end{vmatrix} & -\begin{vmatrix} 1 & 0 \\ 1 & b \end{vmatrix} & \begin{vmatrix} 1 & -1 \\ 1 & 0 \end{vmatrix} \end{bmatrix} = \begin{bmatrix} -b & d & 1 \\ -d & -d & -1 \\ -b & -b & 1 \end{bmatrix}$$

③ 여인수행렬을 전치시켜서 A의 부수행렬($adj\,A$)을 구한다.

$$C' = adj\,A = \begin{bmatrix} -b & -d & -b \\ d & -d & -b \\ 1 & -1 & 1 \end{bmatrix}$$

④ $A^{-1}A = I$를 만족하는 A^{-1}은 다음과 같이 된다.

$$A^{-1} = \frac{1}{|A|} C' = -\frac{1}{(b+d)} \begin{bmatrix} -b & -d & -b \\ d & -d & -b \\ 1 & -1 & 1 \end{bmatrix}$$

⑤ 마지막으로 x의 해를 구하면 다음과 같다.

$$x = \begin{bmatrix} \overline{Q_d} \\ \overline{Q_s} \\ \overline{p} \end{bmatrix} = A^{-1}b = -\frac{1}{(b+d)} \begin{bmatrix} -b & -d & -b \\ d & -d & -b \\ 1 & -1 & 1 \end{bmatrix} \begin{bmatrix} 0 \\ a \\ -c \end{bmatrix}$$

$$= -\frac{1}{(b+d)} \begin{bmatrix} -(ad-bc) \\ -(ad-bc) \\ -(a+c) \end{bmatrix}$$

이상의 결과를 바탕으로 각각의 균형해를 구하면

$$\overline{Q_d} = \overline{Q_s} = \frac{ad-bc}{b+d} \qquad \overline{p} = \frac{a+c}{b+d}$$

이와 같은 해는 크래머 법칙을 이용해 풀 수도 있는데, 이는 연습문제를 통해 풀어보자.

(2) 단순 거시경제 모델

두 번째 모델은 균형소득 결정에 대한 단순한 거시경제 모델이다. 이 모델에서는 해외 부문의 수출과 수입을 제외한 국내 국민소득으로 한정한다. 이때 국민소득은 모든 생산물의 총가치를 의미하며 이를 Y라고 표시한다. 그리고 이 국민소득 Y는 가계의 총소비 C(Consumption)와 기업의 총투자 I(Investment) 그리고 정부의 정부지출 G (Government expenditure)로 이루어져 있다.

$$Y = C + I + G \tag{5-22}$$

그리고 가계의 소비지출(C)은 자산이나 과거의 소비성향 등 여러 가지 요인에 의해 영향을 받지만, 여기에서는 케인즈의 절대소득 가설에 따라 단순하게 국민소득의 함수로 가정한다. 하지만 정부 부문이 포함되어 있기 때문에 소비는 소득 중 세금을 낸 가처분소득에 대한 함수로 나타난다.

$$C = \alpha + \beta(Y - T) \; (\alpha \geq 0, \; 0 \leq \beta \leq 1) \tag{5-23}$$

이때 $\alpha \geq 0$으로 나타낸 것은 비록 소득이 없더라도 사람은 생존을 위해 최소한의 소비가 필요하기 때문이다. 따라서 이 α를 최저 생존소비액이라고도 한다. 그리고 소비함수 곡선의 기울기를 나타내는 β는 한계소비성향(Marginal Propensity of Consumption, MPC)이라고 하는데, 이는 소득이 한 단위 증가했을 때 소비는 얼마나 증가했는가($= \Delta C / \Delta Y$)를 나타낸다.

그리고 기업의 투자지출 I와 정부지출 G는 외생적으로 결정되는 것으로 가정한다.

마지막으로 정부가 거두어들인 총소득 세금 T는 소득에 비례하고, 그때 소득세율을 t라고 하면

$$T = tY \ (0 \leq t \leq 1) \tag{5-24}$$

로 나타낼 수 있으며, 이때 세율 t는 0에서 1 사이이다.

이 식들을 정리해 나열하면 <식 5-25>와 같이 된다.

$$Y = C + I + G \tag{5-25}$$
$$C = \alpha + \beta(Y - T)$$
$$T = tY$$

이를 행렬 모형으로 정리하기 위해 다시 변환시키면 <식 5-26>과 같이 된다.

$$1Y - 1C + 0T = I + G \tag{5-26}$$
$$-\beta Y + 1C + \beta T = \alpha$$
$$-tY + 0C + 1T = 0$$

여기서 Y, C, T는 내생변수이고 I, G는 외생변수이다.

<식 5-26>을 행렬로 정리된 형태로 바꾸면 <식 5-27>과 같이 된다.

$$\begin{bmatrix} 1 & -1 & 0 \\ -\beta & 1 & \beta \\ -t & 0 & 1 \end{bmatrix} \begin{bmatrix} Y \\ C \\ T \end{bmatrix} = \begin{bmatrix} I+G \\ \alpha \\ 0 \end{bmatrix} \tag{5-27}$$

이제 크래머 법칙으로 풀기 위해서 $|A| \neq 0$임을 먼저 확인한다.

$$|A| = \begin{vmatrix} 1 & -1 & 0 \\ -\beta & 1 & \beta \\ -t & 0 & 1 \end{vmatrix} = 1\begin{vmatrix} 1 & \beta \\ 0 & 1 \end{vmatrix} - (-1)\begin{vmatrix} -\beta & \beta \\ -t & 1 \end{vmatrix}$$

$$= 1 - \beta + \beta t = 1 - \beta(1-t) \neq 0$$

$|A| \neq 0$임을 확인했으므로 이 방정식 $Ax = b$는 유일한 해 $\overline{x} = A^{-1}b$를 갖는다는 것을 알 수 있다.

다음으로 $|A_1|, |A_2|, |A_3|$를 각각 구해 보면

$$|A_1| = \begin{vmatrix} (I+G) & -1 & 0 \\ \alpha & 1 & \beta \\ 0 & 0 & 1 \end{vmatrix} = 1\begin{vmatrix} (I+G) & -1 \\ \alpha & 1 \end{vmatrix} = \alpha + I + G$$

$$|A_2| = \begin{vmatrix} 1 & (I+G) & 0 \\ -\beta & \alpha & \beta \\ -t & 0 & 1 \end{vmatrix} = 1\begin{vmatrix} \alpha & \beta \\ 0 & 1 \end{vmatrix} - (I+G)\begin{vmatrix} -\beta & \beta \\ -t & 1 \end{vmatrix}$$

$$= \alpha - (I+G)(-\beta + \beta t) = \alpha + \beta(1-t)(I+G)$$

$$|A_3| = \begin{vmatrix} 1 & -1 & (I+G) \\ -\beta & 1 & \alpha \\ -t & 0 & 0 \end{vmatrix} = -t\begin{vmatrix} -1 & (I+G) \\ 1 & \alpha \end{vmatrix}$$

$$= -t\{-a - (I+G)\} = t(\alpha + I + G)$$

따라서 각 내생변수들의 값은 다음과 같다.

$$\overline{Y} = \overline{x_1} = \frac{|A_1|}{|A|} = \frac{\alpha + I + G}{1 - \beta(1-t)}$$

$$\overline{C} = \overline{x_2} = \frac{|A_2|}{|A|} = \frac{\alpha + \beta(1-t)(I+G)}{1 - \beta(1-t)}$$

$$\overline{T} = \overline{x_3} = \frac{|A_3|}{|A|} = \frac{t(\alpha + I + G)}{1 - \beta(1-t)} = t\overline{Y}$$

연습문제 5-6

1. 다음 행렬의 부호를 판정하라.

   $A = \begin{bmatrix} 1 & 3 \\ 0 & 4 \end{bmatrix}$, $B = \begin{bmatrix} -2 & 3 \\ 2 & -1 \end{bmatrix}$, $C = \begin{bmatrix} 1 & 2 & 3 \\ 0 & 2 & 4 \\ 1 & 0 & 3 \end{bmatrix}$, $D = \begin{bmatrix} -2 & 3 & 4 \\ 0 & 1 & 0 \\ 2 & -1 & 6 \end{bmatrix}$

2. 다음 시장균형 모델을 크래머 법칙으로 풀어라.

   $Q_d = Q_s$
   $Q_d = a - bp \quad (a, b > 0)$
   $Q_s = -c + dp \quad (c, d > 0)$

3. 다음 국민소득 모델을 역행렬로 풀어라.

   $Y = C + I + G$
   $C = \alpha + \beta(Y - T) \quad (\alpha \geq 0, \ 0 \leq \beta \leq 1)$
   $T = tY \quad (0 \leq t \leq 1)$

4. 다음 시장 모형을 크래머 법칙을 이용해 해를 구하라.

   $Q_d = Q_s$
   $Q_d = 28 - 9p$
   $Q_s = -8 + 3p$

chapter 5 종합문제

1 다음 행렬의 행렬식 값을 구하라.

$$A = \begin{bmatrix} 1 & 2 & 3 \\ 7 & 4 & 0 \\ 2 & 1 & 2 \end{bmatrix}, \quad B = \begin{bmatrix} 0 & a & 1 \\ 1 & 0 & e \\ d & 1 & 0 \end{bmatrix}$$

2 다음 행렬의 9개 여인수를 모두 구하고 행렬식 값도 구하라.

$$A = \begin{bmatrix} 4 & 6 & 1 \\ 2 & 5 & 2 \\ 9 & 0 & 4 \end{bmatrix}$$

3 다음 행렬이 역행렬을 갖게 해 주는 p 값을 구하라.

$$A = \begin{bmatrix} p & 1 & 0 \\ 0 & p & 0 \\ 0 & 0 & p+3 \end{bmatrix}$$

4 다음 행렬의 역행렬을 구하라.

$$A = \begin{bmatrix} 2 & 4 \\ 2 & 3 \end{bmatrix}, \quad B = \begin{bmatrix} 2 & 4 & 3 \\ 3 & 5 & 0 \\ 4 & 2 & 5 \end{bmatrix}, \quad C = \begin{bmatrix} 1 & 2 & 3 \\ 0 & 1 & 2 \\ 2 & 2 & 1 \end{bmatrix}$$

5 다음 행렬을 가우스-조단 방법을 이용해 역행렬을 구하라.

$$A = \begin{bmatrix} 1 & 0 & 0 \\ 1 & 1 & 1 \\ 0 & 0 & 1 \end{bmatrix}, \quad B = \begin{bmatrix} 1 & 2 & -1 \\ 2 & 1 & 1 \\ -1 & 1 & 1 \end{bmatrix}$$

6 다음 연립방정식을 역행렬을 이용해 풀어라.

$x + 4y - z = 1$
$x + y + z = 0$
$2x + 3z = 0$

7 다음 연립방정식을 역행렬을 이용해 풀어라.

$10x_1 + 3x_2 + 6x_3 = 76$

$4x_1 + 5x_3 = 41$

$5x_1 + 2x_2 + 2x_3 = 34$

8 다음 연립방정식을 크래머 법칙을 이용해 풀어라.

$x_1 + 3x_2 = 0$

$2x_1 + 4x_2 = 6$

9 다음 연립방정식을 크래머 법칙을 이용해 풀어라.

$x_1 - x_2 = 7$

$2x_1 + x_2 + 2x_3 = 12$

$4x_1 + 4x_2 + 9x_3 = 33$

다음 연립방정식을 가우스-조단 소거법으로 풀어라.

$x + 4y - z = 1$

$x + y + z = 0$

$2x + 3z = 0$

다음 수요함수와 공급함수를 기초로 균형가격과 균형량을 크래머 법칙을 이용해 구하라.

$Q_d = Q_s$

$Q_d = 8{,}000 - 1{,}500p$

$Q_s = -2{,}000 + 1{,}000p$

다음 국민소득 모형의 균형해를 역행렬을 이용해 구하라.

$Y = C + I + G$

$C = 58 + 0.8(Y - T)$

$T = \dfrac{1}{3}Y$

$I = 25$

$G = 15$

제6장
함수의 미분

우리가 살고 있는 세상은 변화의 연속이다. 이러한 변화는 시간과 공간의 변화에 따라 이루어진다. 즉, 달리는 기차는 시간이 흐름에 따라 끊임없이 위치가 변화하고 때에 따라 속도도 변화한다. 또한 각 국가마다 면적 $1km^2$에 사는 인구 수가 다르다. 즉, 공간이 변화하면 인구의 수도 변하는 것이다.

경영학과 경제학은 주어진 조건(자원)하에서 최적(optimization)의 자원배분 상태를 찾아내어 자원의 효율성을 높이는 데 주목적이 있다. 그래서 특히 경영학과 경제학을 배우는 학생들은 많은 경영·경제 관련 변수들, 즉 효용, 소득, 이윤, 통화량, 물가, GDP, 이자율, 생산량, 환율 등이 경제적 조건이 바뀔 때마다 최적 상태도 이에 따라 어떻게 변화하는가에 대한 이해력을 높여야 한다.

그러면 이러한 변화무쌍한 현상을 어떻게 체계적으로 이해해야 할까? 이런 변화를 이해하기 위해 필요한 수학적 개념이 바로 함수의 극한과 미적분법이다. 특히 자원배분의 최적 상태를 찾고 그 변화를 이해하는 데 미분은 중요한 의미를 갖는다. 결국 변화의 한가운데에서 살아가야 하는 우리가 미분을 공부하는 것이 얼마나 중요한지는 새삼 강조할 필요가 없다.

1 함수의 극한과 연속

인간은 욕구를 무한정 추구할 수 있을 것 같아도 실제로는 유한한 자원 때문에 결국 원하는 만큼 다 얻지 못하고 제약을 받게 된다. 투자를 잘 해서 무한히 돈을 벌고 싶어도 벌 수 있는 이윤에 한계가 있고, 아무리 경영을 효율적으로 잘 해도 절감할 수 있는 생산비용에도 한계가 있다.

인간은 무한과 영원을 지향하여도 결국 유한한 세계에 살고 있는 것이다. 즉, 끊임없이 변화하는 일상적인 삶 속에서 항상 한계를 인식하며 살아갈 수밖에 없다. 이러한 인식을 수학적으로 표현할 수는 없을까? 일정한 조건하에서 우리 관심대상의 가치가 끊임없이 변화하여 어느 한 점에 수렴되는 경우가 많은데, 이 경우 수학적으로 극한의 개념이 사용된다.

이러한 극한의 개념은 첫째, 함수의 연속성을 명확히 정의하고 검증하는 데 사용된다. 둘째, 미적분학을 이해하는 데 필수조건이다. 극한의 개념은 미적분학과 그 이전의 수학 분야를 구분할 만큼 중요하며, 미적분학의 기본 개념인 도함수와 정적분을 정의하는 데 사용된다.

(1) 극한의 개념

함수는 일반적으로 $y = f(x)$로 나타낸다. x는 독립변수, y는 종속변수이고 x값이 주어지면 함수 관계에 의해서 y값이 결정된다는 것을 이미 배웠다. 그러나 x값이 어떤 특정값 x_0에 가까이 접근했을 때 함수값도 어떤 특정값 y_0에 수렴할 것인가?

예를 들어 $y = x + 2$에서 x가 2에 접근하면 함수 $f(x)$는 어떤 값에 수렴하는가를 알아보자. x값이 2로 접근하는 방법에는 두 가지가 있다. [그림 6.1]에서 보듯이 오른쪽에서 접근하는 것($+\infty$에서 접근)이고 왼쪽에서 접근하는 것($-\infty$에서 접근)이다. 이 경우 x값이 오른쪽에서 접근하든 왼쪽에서 접근하든 함수값 y는 4에 수렴함을 알 수 있다.

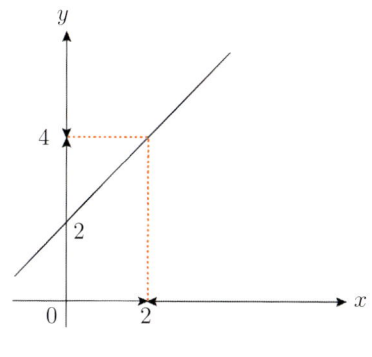

그림 6.1 $y = x + 2$의 그래프

이처럼 x가 오른쪽에서 접근하든 왼쪽에서 접근하든 특정 값에 수렴할 때 $f(x)$는 그 점에서 극한(limit)이 존재한다. 그래서 이 경우 극한은 4가 된다. 그리고 오른쪽에서 접근했을 때 극한을 우극한(right-hand limit), 왼쪽에서 접근했을 때 극한을 좌극한(left-hand limit)이라 한다. 우극한과 좌극한이 일치하지 않거나 극한이 없는 경우 극한은 존재하지 않는다.

예제 1 $f(x) = \dfrac{x^2 - 4}{x - 2}$이고, x가 2에 접근할 때, 함수 $f(x)$의 극한은 얼마인가?

| 풀이 | 이 함수는 $x = 2$에서 정의되지 않는다. 그러므로 함수값 $f(2)$는 존재하지 않는다. $x \neq 2$이면 함수 $f(x) = x + 2$가 된다. 이것을 그래프로 그리면 다음과 같다.

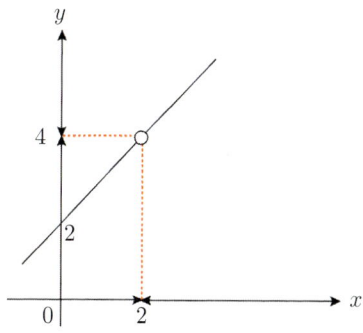

그림 6.2 $f(x) = \dfrac{x^2 - 4}{x - 2}$의 그래프

이 경우 $x=2$에서 정의되지 않으므로 함수값은 구할 수 없지만, x값이 2에 무한히 가깝게 접근하면 [그림 6.2]에서 보듯이 x값이 2의 양쪽에서 접근해 갈 때 함수값은 4에 수렴하는 것을 알 수 있다. 즉, 좌극한, 우극한 모두 4이다. 결론적으로 함수값은 존재하지 않아도 극한은 존재할 수 있다.

예제 2 $\begin{cases} x > 2, \ f(x) = 1 \\ x \leq 2, \ f(x) = -1 \end{cases}$ 인 함수에서 $x = 2$에 접근할 때 $f(x)$의 극한은 얼마인가?

| 풀이 | 문제의 식을 그래프로 그리면 [그림 6.3]과 같다.

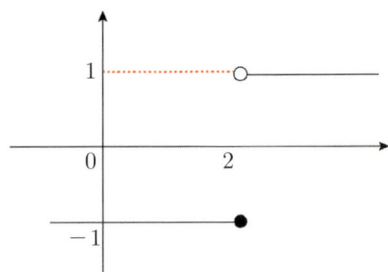

그림 6.3 $\begin{cases} x > 2, \ f(x) = 1 \\ x \leq 2, \ f(x) = -1 \end{cases}$ 의 그래프

이 경우는 [그림 6.3]에서 보듯이 우극한은 1이고 좌극한은 -1이므로 우극한과 좌극한이 일치하지 않는다. 이처럼 우극한과 좌극한이 같지 않을 때 극한은 존재하지 않는다.

예제 3 함수 $y = \sqrt{x-2}$ 에서 $x=2$의 극한을 구하라.

| 풀이 | [그림 6.4]에서 보듯이 함수 $f(x)$는 $x \geq 2$인 영역에서 정의된다. 우극한은 $\lim_{x \to 2^+} f(x) = 0$이지만 $x < 2$ 구간은 정의역 밖의 영역이므로 좌극한 $\lim_{x \to 2^-} f(x)$는 존재하지 않는다. 이처럼 좌·우극한 중 적어도 하나가 정의되지 않는 경우에도 극한은 존재하지 않는다.

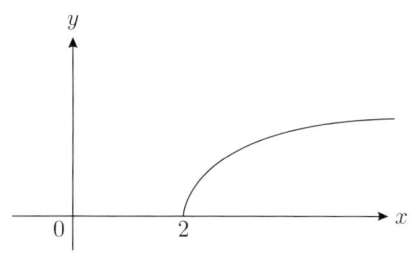

그림 6.4 $y = \sqrt{x-2}$ 의 그래프

지금까지의 설명을 바탕으로 극한에 대해 다음과 같이 정의한다.

정의 6.1

$x \to a$일 때 함수 $f(x) \to A$이면 함수 $f(x)$는 $x = a$에서 극한 A를 갖는다.[4]

이것을 수학적 기호로 나타내면 $\lim_{x \to a} f(x) = A$로 표현한다. 여기서 $x \to a$는 x가 a에 접근할 때(우측에서 접근하는 경우와 좌측에서 접근하는 경우 모두 포함)의 수학적 기호이다. 우극한은 $\lim_{x \to a^+} f(x) = A$로, 좌극한은 $\lim_{x \to a^-} f(x) = A$로 나타낸다. 그래서 <정의 6.1>을 수학적 기호로 나타내면 다음과 같다.

$\lim_{x \to a^+} f(x) = \lim_{x \to a^-} f(x) = A$이면 극한은 A이다.

앞의 예제를 이와 같은 수학적 부호로 나타내 보자.

예제 1 : $\lim_{x \to 2^+} f(x) = \lim_{x \to 2^-} f(x) = 4 \Rightarrow \lim_{x \to 2} f(x) = 4$

예제 2 : $\lim_{x \to 2^+} f(x) = 1, \lim_{x \to 2^-} f(x) = -1 \Rightarrow \lim_{x \to 2^+} f(x) \neq \lim_{x \to 2^-} f(x)$

결론적으로 우극한과 좌극한이 존재하고 그 값이 같을 때만 극한이 존재한다. 즉,

---

[4] 극한에 대한 좀 더 정확한 수학적인 정의는 127쪽의 "보론"을 참조한다.

좌극한이나 우극한이 정의역 내에서 정의되지 않거나, 정의되더라도 좌극한과 우극한이 일치하지 않으면 극한은 존재하지 않는다.

(2) 극한의 성질

앞 절에서 좌극한과 우극한이 일치할 때 극한이 존재한다고 정의하였다. 이 절에서는 이러한 정의를 바탕으로 하여 추론된 극한의 성질에 대해서 설명한다.

좌극한과 우극한이 일치하는 극한은 여러 개 존재할 수 있는가? <정의 6.1>이 충족되면 극한은 오직 하나만 존재한다.

정리 6.1

$x \to x_0$ 할 때 함수 $f(x)$의 극한이 존재하면 유일하다.

이것의 증명은 이 책의 범위를 넘어선다. 그러나 관심 있는 학생은 제6장 뒤에 있는 "보론"에서 <정리 6.1> 극한의 유일성 증명 부분을 참조하기 바란다.

정리 6.2

함수의 극한은 다음과 같은 기본 성질을 갖는다.

(1) $\lim_{x \to a} C = C$

함수가 상수인 경우 임의의 점에서 극한은 상수값이 된다.

예제 4 $\lim_{x \to 1} 3 = 3, \lim_{x \to b} k = k$

(2) $\lim_{x \to a} x = a$

$x \to a$에서 극한이 존재하면 그 극한은 $x = a$에서 단항식 함수값과 일치한다.

예제 5 $f(x) = e^x$일 때 $x = 0$에서 극한을 구하라.

| 풀이 | $f(0) = e^0 = 1$이므로 $x = 0$에서 극한은 $\lim_{x \to 0} e^x = f(0) = 1$이 된다.

(3) $\lim_{x \to a}[f(x) \pm g(x)] = \lim_{x \to a} f(x) \pm \lim_{x \to a} g(x)$

두 함수의 합이나 차의 극한은 각 함수의 극한의 합이나 차와 같다.

예제 6 $f(x) = x^2$ 이고 $g(x) = -x$일 때, $x = 3$에서 $f(x) + g(x)$의 극한을 구하라.

| 풀이 | $\lim_{x \to 3}[x^2 - x] = \lim_{x \to 3} x^2 - \lim_{x \to 3} x = 9 - 3 = 6$

(4) $\lim_{x \to a}[f(x) \cdot g(x)] = \lim_{x \to a} f(x) \cdot \lim_{x \to a} g(x)$

두 함수 곱의 극한은 각 함수의 극한의 곱과 같다.

예제 7 $f(x) = e^{x-1}$이고 $g(x) = \ln x$일 때, $x = 1$에서 $f(x) \cdot g(x)$의 극한을 구하라.

| 풀이 | $\lim_{x \to 1}[e^{x-1} \cdot \ln x] = \lim_{x \to 1} e^{x-1} \cdot \lim_{x \to 1} \ln x = 1 \cdot 0 = 0$

(5) $\lim_{x \to a} g(x) \neq 0$이면 $\lim_{x \to a}\left[\dfrac{f(x)}{g(x)}\right] = \dfrac{\lim_{x \to a} f(x)}{\lim_{x \to a} g(x)}$

분수함수의 극한은 각 함수 극한의 분수와 같다.

예제 8 $\lim_{x \to 2} \dfrac{2x^2}{x+1}$ 을 구하라.

| 풀이 | $\lim_{x \to 2} \dfrac{2x^2}{x+1} = \dfrac{\lim_{x \to 2} 2x^2}{\lim_{x \to 2}(x+1)} = \dfrac{8}{3}$

정리 6.3

〈정리 6.2〉의 식 (1)~(5)를 활용하여 유도한 극한의 성질은 다음과 같다.

(1) $\lim_{x \to a} [cf(x)] = c[\lim_{x \to a} f(x)]$

증명 $\lim_{x \to a} c \cdot \lim_{x \to a} f(x)$ ← 〈정리 6.2〉의 식 (4)

$= c \cdot \lim_{x \to a} f(x)$ ← 〈정리 6.2〉의 식 (1)

예제 9 $\lim_{x \to 1} 4x^2$ 을 구하라.

| 풀이 | $\lim_{x \to 1} 4x^2 = 4 \cdot \lim_{x \to 1} x^2 = 4 \cdot 1 = 4$

(2) $\lim_{x \to a} (mx + b) = ma + b$

증명 $\lim_{x \to a} [mx] + \lim_{x \to a} b$ ← 〈정리 6.2〉의 식 (3)

$= m \cdot \lim_{x \to a} x + b$ ← 〈정리 6.3〉과 〈정리 6.2〉의 식 (1)

$= ma + b$ ← 〈정리 6.2〉의 식 (2)

예제 10 $\lim_{x \to 2} (4x - 3)$ 을 구하라.

| 풀이 | $\lim_{x \to 2} (4x - 3) = 4 \cdot 2 - 3 = 5$

(3) $\lim_{x \to a} x^n = a^n$

증명 $\lim_{x \to a} x^n = \lim_{x \to a} x \cdot x \cdots x$
$= \lim_{x \to a} x \cdot \lim_{x \to a} x \cdots \lim_{x \to a} x$ ← <정리 6.2>의 식 (4)
$= a \cdot a \cdots a$ ← <정리 6.2>의 식 (2)
$= a^n$

예제 11 $\lim_{x \to 0} e^{nx}$을 구하라.

| 풀이 | $\lim_{x \to 0} e^{nx} = \lim_{x \to 0} (e^x)^n = 1^n = 1$

(4) f가 다항함수(polynomial function), 즉 $f(x) = b_n x^n + b_{n-1} x^{n-1} + \cdots + b_0$ 형태이고 a가 실수이면 $\lim_{x \to a} f(x) = f(a)$

예제 12 $\lim_{x \to 2}(x^2 - x + 1)$을 구하라.

| 풀이 | $\lim_{x \to 2}(x^2 - x + 1) = 2^2 - 2 + 1 = 3$

(5) g가 유리함수(rational function)이고 실수 a가 g의 정의역에 속하면
$\lim_{x \to a} g(x) = g(a)$

예제 13 $\lim_{x \to 1} \dfrac{x+4}{x^3 + 2x + 1}$를 구하라.

| 풀이 | $\lim_{x \to 1} \dfrac{x+4}{x^3 + 2x + 1} = \dfrac{1+4}{1+2+1} = \dfrac{5}{4}$

여기서 유리함수는 분자와 분모 모두 다항함수인 분수함수를 말하기 때문에 분모가 0인 경우 정의가 되지 않는다. 다항함수는 단항식의 합으로 되어 있으므로 <정리 6.3>의 식 (4)와 (5)는 <정리 6.2>의 식 (2)를 확대한 것이다.

(6) $f(a) = g(a) = 0$이면 $\lim_{x \to a} \dfrac{f(x)}{g(x)} = \lim_{x \to a} \dfrac{f_1(x)}{g_1(x)}$가 성립한다. 여기서 $f_1(x)$와 $g_1(x)$는 각각 $f(x)$, $g(x)$를 $x - a$로 나눈 몫이다.

증명 $f(a) = g(a) = 0$이므로 함수 $f(x), g(x)$는 $x-a$를 인수로 갖는다. 그러므로 $f(x) = (x-a)f_1(x)$, $g(x) = (x-a)g_1(x)$가 성립한다.

$$\lim_{x \to a} \frac{f(x)}{g(x)} = \lim_{x \to a} \frac{(x-a)f_1(x)}{(x-a)g_1(x)} = \lim_{x \to a} \frac{f_1(x)}{g_1(x)}$$

예제 14 $\lim_{x \to 3} \dfrac{2x^2 - 6x}{2x - 6}$를 구하라.

풀이 $\lim_{x \to 3} \dfrac{2x^2 - 6x}{2x - 6} = \lim_{x \to 3} \dfrac{2x(x-3)}{2(x-3)} = \lim_{x \to 3} x = 3$

정리 6.4

a를 포함하는 열린구간에 속한 모든 x에 대해서 $g(x) \leq f(x) \leq h(x)$가 성립하고 $\lim_{x \to a} g(x) = A = \lim_{x \to a} h(x)$이면 $\lim_{x \to a} f(x)$는 극한 A를 갖는다.[5]

예제 15 $\lim_{x \to 0} x^2 \cos \dfrac{1}{x^2}$을 구하라.

풀이 $\theta = \dfrac{1}{x^2}$이라 하면 $x \neq 0$이 아닌 모든 x에 대해서 삼각함수 $\cos\theta$의 정의역은 $-1 \leq \cos\theta \leq 1$이다. 그러므로 $\cos \dfrac{1}{x^2}$의 정의역도 $-1 \leq \cos \dfrac{1}{x^2} \leq 1$이 된다. $x^2 > 0$이므로 양변에 곱해도 부등호 방향은 바뀌지 않으므로 $-x^2 \leq x^2 \cdot$

---

[5] 이 정리는 $g(x) \leq f(x) \leq h(x)$인 상태에서 $f(x)$가 양쪽에서 동일한 극한을 갖게 됨을 보여 주고 있다. 이것은 $f(x)$가 마치 샌드위치에서 양쪽 빵 사이에 존재하는 것처럼 보여 '샌드위치(sandwitch) 정리'라고도 한다.

$\cos\dfrac{1}{x^2} \le x^2$이 성립한다. 그런데 $\lim\limits_{x \to 0}(-x^2)=0$, $\lim\limits_{x \to 0} x^2 = 0$이므로 $\lim\limits_{x \to 0} x^2 \cos\dfrac{1}{x^2} = 0$
이 성립된다.

(3) 무한대와 극한

지금까지 독립변수가 어떤 특정 값에 접근할 때 극한이 어떤 유한한 값에 수렴하는 경우에 대해서 살펴보았다. 그러나 독립변수가 양의 방향으로 또는 음의 방향으로 무한히 커지는 경우처럼 특정 값에 접근하지 않을 때도 극한의 개념을 사용할 수 있는가?

이 경우를 살펴보기 위해 함수 $y=\dfrac{c}{x}$를 생각해 보자. 여기서 c는 상수이다. 이 함수를 그래프로 그리면 [그림 6.5]에서 보는 바와 같이 직각 쌍곡선이다. 이때 $\lim\limits_{x \to \infty}\dfrac{c}{x}$, $\lim\limits_{x \to -\infty}\dfrac{c}{x}$, $\lim\limits_{x \to 0^+}\dfrac{c}{x}$, $\lim\limits_{x \to 0^-}\dfrac{c}{x}$를 구해 보자.

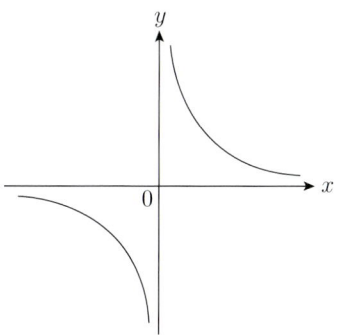

그림 6.5 **직각 쌍곡선의 그래프**

[그림 6.5]에서 보듯이 x가 양의 무한대이면($x \to \infty$) 함수값 y는 0에 수렴한다. 즉, $\lim\limits_{x \to \infty}\dfrac{c}{x}=0$이 성립한다. 또한 x가 음의 무한대가 되어도($x \to -\infty$) 함수값 y는 0에 수렴한다. 즉, $\lim\limits_{x \to -\infty}\dfrac{c}{x}=0$이 성립한다. 따라서 $\lim\limits_{x \to \infty}\dfrac{c}{x}$와 $\lim\limits_{x \to -\infty}\dfrac{c}{x}$는 각각 극한 0을 갖는다. 결론적으로 독립변수가 양 또는 음의 무한대이더라도 함수값이 유한한 값 A

에 수렴하면 이때 A값을 양(음)의 무한대 극한이라 한다.

이제 $x=0$에서 우극한을 구하면 $\lim_{x \to 0^+} \dfrac{c}{x} = \infty$, 좌극한을 구하면 $\lim_{x \to 0^-} \dfrac{c}{x} = -\infty$이 성립된다. $x=0$점에서 극한이 무한대 형태로 나타나는데, 무한대는 확정적 수치가 아닐 뿐만 아니라 우극한과 좌극한이 일치하지 않기 때문에 극한은 존재하지 않는다.

이상의 내용을 <정리 6.3>의 식 (5)를 이용하여 정리하면 무한대의 극한은 c가 상수일 때 $\dfrac{c}{\infty} = \dfrac{c}{-\infty} = 0$인 수렴치를 갖는다. 이에 비해 $x=0$점에서 우극한과 좌극한은 각각 $\dfrac{c}{0^+} = \infty$, $\dfrac{c}{0^-} = -\infty$ 형태를 갖는다. 이러한 성질을 이용하면 여러 가지 극한을 구하는 데 유용하게 사용할 수 있다.

예제 16 다음 식들의 극한을 구하라.

(1) $\lim_{x \to \infty} \left(1 + \dfrac{1}{x}\right)$ (2) $\lim_{x \to -\infty} \dfrac{1-x}{x}$

(3) $\lim_{x \to 2^+} \dfrac{3}{x-2}$ (4) $\lim_{x \to 1^-} \dfrac{1}{x-1}$

| 풀이 | (1) $\lim_{x \to \infty} \left(1 + \dfrac{1}{x}\right) = 1 + \lim_{x \to \infty} \dfrac{1}{x} = 1 + \dfrac{1}{\infty} = 1$

(2) $\lim_{x \to -\infty} \dfrac{1-x}{x} = \lim_{x \to -\infty} \left(\dfrac{1}{x} - 1\right) = \dfrac{1}{-\infty} - 1 = -1$

(3) $\lim_{x \to 2^+} \dfrac{3}{x-2} = \dfrac{3}{0^+} = \infty$

(4) $\lim_{x \to 1^-} \dfrac{1}{x-1} = \dfrac{1}{0^-} = -\infty$

(4) 함수의 연속성

함수의 그래프를 그릴 때 정의구간 내에서 단절되지 않고 그려지면 함수가 연속적이라고 한다. 함수가 불연속적이면 다음 절에서 배울 미분이 가능하지 않게 되므로 함수의 연속성(continuity)을 이해하는 것이 중요하다. 이러한 함수 연속성은 앞서 배운 함수의 극한을 사용하면 간단하게 정의할 수 있다.

> **정의 6.2**
>
> 다음 세 가지 조건을 만족하면 함수 f는 a에서 연속이라고 한다.
>
> (1) $f(a)$가 정의되고
> (2) $\lim_{x \to a} f(x)$가 존재하며
> (3) $\lim_{x \to a} f(x) = f(a)$, 즉 a점에서 극한과 함수값이 일치해야 한다.

조건 (3)이 충족되면 사전적으로 조건 (1)과 조건 (2)가 이미 만족된 것을 의미하므로 함수의 연속성을 나타내기 위해서는 조건 (3)이 가장 중요하다. 조건 (3)을 가지고 함수의 연속성 여부를 어떻게 판별할 수 있는가를 다양한 함수를 통해서 살펴보자.

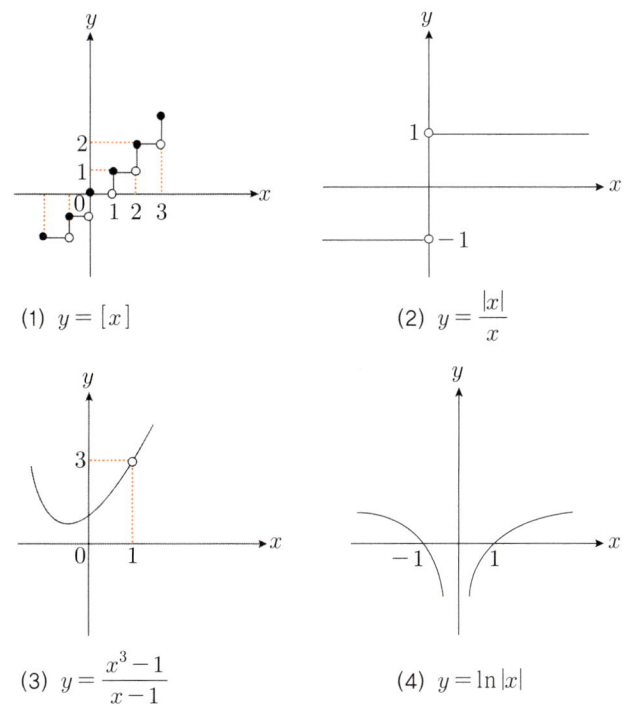

그림 6.6 **다양한 불연속함수**

[그림 6.6]은 연속함수가 아닌 경우의 다양한 예를 나타내고 있다. 식 (1)을 생각해 보자. 함수 $y=[x]$에서 $[x]$는 x를 넘지 않는 최대 정수를 나타낸다.[6] 먼저 $x=1$에서 $f(1)=1$로 함수값이 존재한다. 그러나 좌극한은 0이고 우극한은 1로 일치하지 않는다. 즉, 함수값은 존재하지만 극한이 존재하지 않기 때문에 연속성 조건을 충족하지 못한다. 그래서 이 함수는 $x=1$점에 연속적이지 못하다(불연속점을 갖는다). 또한 이 함수는 $x=1$점뿐만 아니라 모든 정수점에서 불연속점을 갖는다는 것을 알 수 있다.

식 (2)에서 $x=0$이 정의역이 아니므로 함수값이 정해지지 않는다.[7] 또한 좌극한은 -1이고 우극한은 1로 서로 달라 극한이 존재하지 않는다. 즉, 함수값과 극한이 모두 존재하지 않으므로 연속성 조건이 충족되지 않아 이 함수는 $x=0$점에서 불연속점을 갖는다.

식 (3)은 $x=1$에서 함수가 정의되지 않으므로 함수값 $f(1)$을 구할 수 없다. 그러나 <정리 6.3>의 (6)에 의해서 $x=1$점에서 극한은 3임을 알 수 있다. 이 경우 극한은 존재하나 함수값이 정해지지 않으므로 연속성 조건을 충족시키지 못하고 있다. 그러므로 이 함수는 $x=1$점에서 불연속점을 갖는다.

식 (4)에서 $x=0$의 좌극한과 우극한은 모두 $-\infty$이고 함수값도 $-\infty$로 구해진다. 얼핏 보면 연속성 조건이 성립된 것처럼 보이지만 $-\infty$는 확정치를 나타내는 숫자가 아니다. 그러므로 함수 $y=\ln|x|$는 $x=0$점에서 연속적이지 못하다.[8]

예제 17 $f(x)=\dfrac{4x^2}{x^2+1}$이 모든 실수 x에 대해 연속함수임을 보여라.

풀이 임의의 한 점을 $x=a$라 하면 $f(a)=\dfrac{4a^2}{a^2+1}$이고, $\displaystyle\lim_{x\to a}\dfrac{4x^2}{x^2+1}=\dfrac{4a^2}{a^2+1}$이다. 즉, $\displaystyle\lim_{x\to a}\dfrac{4x^2}{x^2+1}=f(a)$가 성립하므로 모든 실수 x에 대해 $f(x)$는 연속함수이다.

---

[6] $[x]$는 일명 가우스 기호라고 불린다. $y=[x]$의 그래프는 다음과 같이 그릴 수 있다. $-1\le x<0$에서 $y=-1$, $0\le x<1$이면 $y=0$, $1\le x<2$이면 $y=1\cdots$ 이런 방법으로 하면 각 구간별 정수값을 얻을 수 있다. x범위 안에서 y의 정수값을 좌표로 나타내면 [그림 6.6]의 (1)처럼 그려진다.

[7] 식 (2)의 그래프는 다음과 같이 그릴 수 있다. $x>0$이면 $|x|=x$가 되므로 $y=1$, $x<0$이면 $|x|=-x$가 되므로 $y=-1$이 성립한다.

[8] 식 (4)의 그래프는 함수 $y=\ln|x|$에서 $x>0$이면 $y=\ln x$이고, $x<0$이면 $y=\ln(-x)$이다. $y=\ln(-x)$는 함수 $y=\ln x$를 y축에 대칭으로 그린다.

예제 18 $g(x) = \dfrac{(x+2)(x^2-1)}{x^2-4}$ 에서 불연속점을 찾아라.

| 풀이 | 유리함수에서 분모함수가 0이 되면 함수가 정의되지 않으므로 함수값을 구할 수 없게 된다. 그러므로 $x^2 - 4 = 0$인 점에서 불연속점을 갖는다. 즉, $x = \pm 2$이다.

다음 정리는 자주 쓰이는 다항함수가 모든 실수에서 항상 연속함수임을 보여 주고 있다.

정리 6.5

(1) 다항함수 f는 임의의 점 a에서 연속이다.

(2) 유리함수 $h = \dfrac{f}{g}$는 $g(a) \neq 0$인 임의의 점 a에서 연속이다.

증명 극한에 관한 <정리 6.3>의 (4)에 의해 f가 다항함수이므로 $\lim\limits_{x \to a} f(x) = f(a)$가 성립한다. 이것은 연속함수 조건을 충족하므로 함수 $f(x)$는 점 a에서 연속이다. (5)에 의해 $\lim\limits_{x \to a} g(x) = g(a) \neq 0$일 때 $\lim\limits_{x \to a} h(x) = \lim\limits_{x \to a} \dfrac{f(x)}{g(x)} = \dfrac{f(a)}{g(a)} = h(a)$이므로 연속함수의 조건을 만족한다.

지금까지 연속성에 대한 설명은 특정한 한 점에서 함수가 연속인가에 관한 것이었다. 그러나 함수가 일정한 구간 안에서 연속이기 위해서는 또 다른 정의를 필요로 한다.

정의 6.3

f는 닫힌구간 $[a, b]$에서 정의되고, 열린구간 (a, b)에서 연속함수이다. $\lim\limits_{x \to a^+} f(x) = f(a)$와 $\lim\limits_{x \to b^-} f(x) = f(b)$가 만족되면 f는 닫힌구간 $[a, b]$에서 연속함수라 한다.[9]

---

[9] $\lim\limits_{x \to a^+} f(x) = f(a)$가 성립되면 함수 f는 a에서 우측으로부터 연속이고, $\lim\limits_{x \to b^-} f(x) = f(b)$가 성립되면 함수 f는 b에서 좌측으로부터 연속이라 한다.

함수 $f(x) = \sqrt{4-x^2}$ 의 정의역은 닫힌구간 $[-2, 2]$이다. 이것을 그래프로 그리면 [그림 6.7]처럼 반지름이 2인 반원이 그려진다.

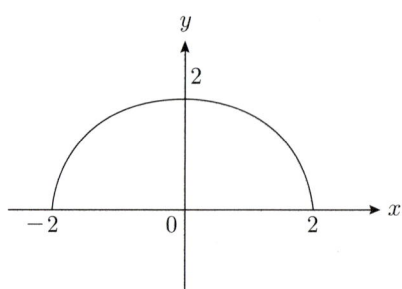

그림 6.7 $f(x) = \sqrt{4-x^2}$ 의 그래프

여기서 $-2 < a < 2$인 임의의 점 a에 대해 $\lim_{x \to a} \sqrt{4-x^2} = \sqrt{4-a^2} = f(a)$가 성립하므로 열린구간 $(-2, 2)$에서는 연속적이다. 이제 경계점인 $x = 2$와 $x = -2$인 점에서는 연속성 조건이 충족되는지를 살펴보자. 즉, $x = 2$의 우극한 $\lim_{x \to 2^+} f(x)$와 $x = -2$의 좌극한 $\lim_{x \to -2^-} f(x)$는 정의역 밖의 영역이므로 극한이 존재하지 않고, $x = 2$의 좌극한은 $\lim_{x \to 2^-} \sqrt{4-x^2} = f(2) = 0$, $x = -2$의 우극한은 $\lim_{x \to -2^+} \sqrt{4-x^2} = f(2) = 0$이 구해진다. 이것은 <정의 6.2>에 의하면 $x = 2$와 $x = -2$에서 $f(x)$가 연속함수가 될 수 없다. 그러나 <정의 6.3>에 의해서 경계점을 포함해서 닫힌구간 $[-2, 2]$에서 $f(x)$가 연속함수가 될 수 있다는 것이다.

예제 19 다음 식들 중에서 실수구간에서 연속함수인 것은 어느 것인가?

(1) $f(x) = \dfrac{x^2 - 4}{x - 2}$ (2) $f(x) = |x|$

(3) $f(x) = \sqrt{x + 12}$ (4) $f(x) = \dfrac{1}{x}$

| 풀이 | (1) $x = 2$에서 정의되지 않으므로 이 점에서 불연속적이다.

(2) $x \geq 0$이면 $f(x) = x$이고 $x < 0$이면 $f(x) = -x$이다. 이때 임의의 한 점이 $a \geq 0$이면 극한과 함수값이 일치한다. 즉, $\lim_{x \to a} x = a = f(a)$이다. 또한 $a < 0$일 때도 극한과 함수값이 일치한다. 즉, $\lim_{x \to a}(-x) = -a = f(-a)$가 성립한다. 그래서 모든 실수에 대해 연속이다.

(3) $x + 12 < 0$에서 정의되지 않으므로 이 함수는 $x \geq -12$ 영역에서만 연속함수이다.

(4) $x = 0$인 점에서 정의되지 않기 때문에 이 점에서 불연속적이다.

앞에서 정의된 연속함수를 바탕으로 실제 유용하게 사용되는 중간값 정리(intermediate value theorem)를 유도할 수 있다.

정리 6.6

함수 f가 닫힌구간 $[a, b]$에서 연속이고 k가 $f(a)$와 $f(b)$ 사이의 임의의 값이라면 $f(c) = k$가 되는 c가 닫힌구간 $[a, b]$ 내에 최소한 1개 존재한다.

중간값 정리를 증명하는 것은 이 책의 범위를 넘기 때문에 그 의미를 다음과 같이 설명한다.

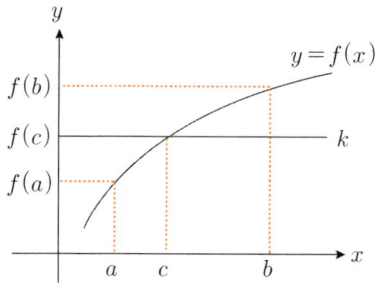

그림 6.8 중간값 정리

먼저 $g(x) = f(x) - f(c)$로 정의하면 c점에서 $g(c) = f(c) - f(c) = 0$이 성립한다. 이것은 두 곡선 $y = f(c)$와 $y = f(x)$의 교차점이 $x = c$라는 것을 의미한다. [그림 6.8]에서 보듯이 $g(a) = f(a) - f(c) < 0$과 $g(b) = f(b) - f(c) > 0$의 관계가 성립함을 알 수 있다. 중간값 정리의 의미는 한 점에서 함수값이 음이고($g(a) < 0$), 다른 점에서 함수값이 양이면($g(b) > 0$), $g(c) = 0$을 만족하는 c값은 $[a, b]$ 사이에 1개 이상 존재한다는 것이다.

이것을 방정식으로 설명하면, 방정식 $g(x) = f(x) - f(c) = 0$이 있을 때 $g(c) = f(c) - f(c) = 0$이 되면 c는 방정식 $g(x)$의 해가 된다. 중간값 정리는 $g(a) < 0$, $g(b) > 0$이면 구간 $[a, b]$ 사이에 적어도 1개 이상의 해가 존재한다는 것을 의미한다.

예제 20 $x^5 + 2x^4 - 6x^3 + 2x - 3 = 0$에서 이 방정식의 근이 1과 2 사이에 있음을 보여라.

| 풀이 | $f(x) = x^5 + 2x^4 - 6x^3 + 2x - 3$은 다항함수로서 <정리 6.5>에 의해서 연속함수이다. 그런데 $f(1) = -4 < 0$과 $f(2) = 17 > 0$이 성립하므로 중간값 정리에 의해서 $f(c) = 0$이 되는 c가 1과 2 사이에 적어도 1개 이상 존재한다. 즉, 방정식 $f(x) = 0$의 해가 1과 2 사이에 적어도 1개 이상 존재한다.

연속함수에 관한 또 하나 중요한 정리로 최대값 정리와 최소값 정리가 있다.

정리 6.7 최대값 정리

함수 f가 닫힌구간 $[a, b]$에서 연속이면 $[a, b]$에 속한 모든 x에 대해 $f(c) \geq f(x)$가 되는 c가 반드시 존재한다.

정리 6.8 최소값 정리

함수 f가 닫힌구간 $[a, b]$에서 연속이면 $[a, b]$에 속한 모든 x에 대해 $f(d) \leq f(x)$가 되는 d가 반드시 $[a, b]$ 안에 존재한다.

먼저 <정리 6.7>에서 함수값 $f(c)$는 닫힌구간 $[a, b]$에 존재하는 임의의 점 x에서 가지는 어느 함수값 $f(x)$보다 작지 않다. 이것은 닫힌구간 $[a, b]$ 사이의 점 $x = c$에서 최대값 $f(c)$를 갖는다는 것을 의미한다. 마찬가지로 <정리 6.8>에서 $f(d)$는 닫힌구간 $[a, b]$에 존재하는 임의의 점 x에서 가지는 어느 함수값 $f(x)$보다 크지 않다. 이것은 닫힌구간 $[a, b]$ 사이의 점 $x = d$에서 최소값 $f(d)$를 갖는다는 것을 뜻한다. 이 정리들에 의해 제8장부터 배우게 될 최대값, 최소값을 구할 수 있게 된다.

보론

(1) 극한의 수학적 정의

정의 6.4

함수 f가 a를 포함한 열린구간에서 정의되고 함수값 A가 실수일 때 임의의 $\epsilon > 0$에 대해서 $0 < |x - a| < \delta$일 때 $|f(x) - A| < \epsilon$를 성립하게 하는 $\delta > 0$이 존재하면 함수 f의 극한은 존재하고 $\lim_{x \to a} f(x) = A$로 나타낸다.

이와 같이 어려워 보이는 극한의 정의를 그림을 통해서 설명하면 다음과 같다.

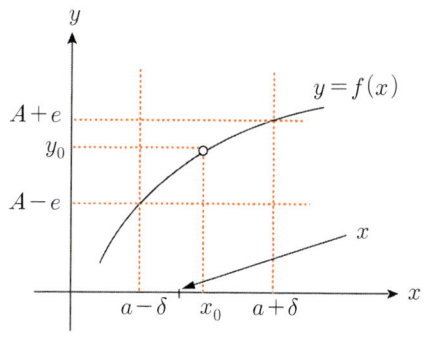

그림 6.9 극한의 정의

[그림 6.9]에서 보듯이 $\epsilon > 0$이 주어지면 함수값은 극한으로부터 $(A-\epsilon, A+\epsilon)$ 범위에 존재하게 된다. 이 범위에 대응한 x의 범위는 $(a-\delta, a+\delta)$가 될 것이고, 이때 $\delta > 0$이 존재하느냐가 극한의 존재 여부를 결정한다. $\delta > 0$이 존재한다면 그림처럼 되어야 할 것이다.

아주 작은(거의 0에 가까운) $\epsilon > 0$인 값을 갖고 비록 x가 $x = x_0$에서 정의되지 않더라도 열린구간 $(a-\delta, a+\delta)$에 속하면 함수값 $f(x)$도 열린구간 $(A-\epsilon, A+\epsilon)$에 반드시 속하게 되는 아주 작은 $\delta > 0$을 항시 찾을 수 있는 경우가 있다. 이때 a에서 극한이 존재한다고 하고 $\lim_{x \to a} f(x) = A$로 나타낸다.

(2) 극한의 유일성 : 〈정의 6.4〉 증명

x가 a에 접근할 때 극한이 2개 존재한다면 $\lim_{x \to a} f(x) = A$, $\lim_{x \to a} f(x) = B$, $A \neq B$라 하자.

극한 정의식에 의해 $\epsilon = \dfrac{|A-B|}{2} > 0$에 대하여 다음 조건을 만족하는 δ_1, δ_2가 존재한다.

$0 < |x-a| < \delta_1$이면 $|f(x) - A| < \dfrac{|A-B|}{2}$, $0 < |x-a| < \delta_2$이면 $|f(x) - B| < \dfrac{|A-B|}{2}$

이다.

$\delta = \min(\delta_1, \delta_2)$, 즉 δ_1과 δ_2 중에서 작은 값을 δ_2라 하면 $0 < |x-a| < \delta$일 때 먼저

$$|A - f(x) + f(x) - B| = |A - B| \leq |A - f(x)| + |f(x) - B| \quad \to \quad |x+y| \leq |x| + |y|$$

공식에 의해

$$|f(x) - A| + |f(x) - B| < \frac{|A-B|}{2} + \frac{|A-B|}{2} = |A-B|$$

이것은 모순이다. 이와 같이 결론을 부정하여 모순을 찾아내는 증명법을 귀류법이라고 한다.

(3) 샌드위치 정리 : 〈정리 6.4〉 증명

$g(x)$와 $h(x)$의 극한이 존재하므로 $\epsilon > 0$에 대해 다음을 만족하는 δ_1, δ_2가 있다. $0 < |x-c| < \delta_1$이면 $|g(x) - A| < \epsilon$, $0 < |x-c| < \delta_2$이면 $|h(x) - A| < \epsilon$이 된다. 이때 $\delta = \min(\delta_1, \delta_2)$라 놓고 $0 < |x-c| < \delta$이면 $g(x) \leq f(x) \leq h(x)$이므로 $|f(x) - A| < \max(|g(x) - A|, |h(x) - A|) < \epsilon$이 된다. 이때 $|f(x) - A| < \epsilon$이므로 $\lim_{x \to a} f(x) = A$가 된다.

연습문제 6-1

1. 다음 함수들의 극한 존재 여부를 보여라.

(1) $y = \sqrt{x-2} \ (x \to 2)$

(2) $y = \dfrac{|x|}{x} \ (x \to 0)$

(3) $y = \dfrac{1 - x^2}{1 - x} \ (x \to 1)$

2. 다음 극한을 구하라.

(1) $\lim\limits_{v \to 0} (4 - 3v + v^3)$

(2) $\lim\limits_{h \to 0} (h^2 + 2)(h - 4)$

(3) $\lim\limits_{v \to 3} \dfrac{2v + 4}{v + 3}$

(4) $\lim\limits_{x \to 2} \dfrac{(x+2)\sqrt{x+2}}{x^2 + 2x + 2}$

(5) $\lim\limits_{x \to 3} \dfrac{x - 3}{x^2 + 3}$

(6) $\lim\limits_{h \to 0} \dfrac{4h}{h}$

(7) $\lim\limits_{v \to 0} \dfrac{(1+v)^2 - 1}{v}$

(8) $\lim\limits_{h \to 7} \dfrac{h^2 + h - 56}{h - 7}$

3. 다음 극한을 구하라.

(1) $\lim\limits_{x \to \infty} \dfrac{3x^2 + 2x + 3}{x^2 - 4}$

(2) $\lim\limits_{x \to -\infty} \dfrac{5x^2 + 3}{3x - 2}$

(3) $\lim\limits_{x \to \infty} \dfrac{4x + 3}{2x^3 - 2}$

(4) $\lim\limits_{x \to -\infty} \dfrac{5x + 3}{x - 9}$

4. $\lim_{x \to 1} p(x) = 2$, $\lim_{x \to 1} r(x) = 0$, $\lim_{x \to 1} s(x) = -1$일 때 다음 극한값을 구하라.

   (1) $\lim_{x \to 1} [p(x) + 2r(x) + 3s(x)]$
   (2) $\lim_{x \to 1} p(x) r(x) s(x)$
   (3) $\lim_{x \to 1} \dfrac{-2p(x) + 3r(x)}{s(x)}$
   (4) $\lim_{x \to 1} \dfrac{p(x)}{2r(x) + s(x)}$

5. 다음 함수 중 불연속점이 있는지를 밝혀라.

   (1) $f(x) = \dfrac{1}{|x|+1} - \dfrac{x^2}{2}$
   (2) $h(x) = \dfrac{x-2}{x^2 - x - 2}$

2 함수의 미분법

(1) 도함수의 정의

변화를 표현하는 가장 기본적인 방법은 어떤 요인(원인)이 1단위당 변화할 때 그것에 의해 영향을 받는 현상(결과)의 변화량을 계산하는 것이다. 예를 들면 A는 자전거를 타고 2시간 동안 20km를 달리고 B는 걸어서 3시간 동안 15km를 갔다고 하자. 이때 A는 1단위시간 동안 10km를, B는 1단위시간 동안 5km를 갔다고 계산하고 A가 더 빠르다고 판단한다. 즉, 속도라는 변화를 측정하는 '단위'를 통해서 '얼마나 빠른가' 하는 변화율을 계산하는 것이다.

어떤 현상의 인과관계는 함수로 나타낼 수 있기 때문에 함수를 통해서 이러한 변화율을 설명한다. 앞에서 배웠듯이 함수는 일반적으로 $y = f(x)$ 형태로 나타내는데, 여기서 독립변수 x는 어떤 현상의 원인을, 종속변수 y는 그 현상의 결과를 나타낸다. 공급곡선을 예로 들어 설명을 시작한다. 공급법칙에 의하면 가격이 상승할 때 생산량이 증가하고 가격이 하락할 때 생산량이 감소한다. 따라서 공급곡선은 우상향한다. 이때 공급곡선을 $x > 0$ 영역에서 $y = x^2$으로 나타내면 [그림 6.10]과 같이 그릴 수 있다.

[그림 6.10]에서 가격(x)이 1에서 3으로 변화하면 공급량(y)은 1에서 9로 증가하게

된다. 즉, 가격의 변화량(Δx)은 2이고 공급량의 변화량(Δy)은 8이다. 따라서 이 변화 구간 안에서 가격이 1단위 변화할 때 공급량이 4만큼씩 변화함을 알 수 있다. 이것을 수식으로 나타내면 $\frac{\Delta y}{\Delta x} = \frac{8}{2} = 4$로 계산된다.[10] 이것은 가격($x$)이 1에서 3까지 1단위씩 변화할 때 공급량(y)은 평균적으로 4만큼씩 증가한다는 것을 의미한다. 이것을 x에 대한 y의 평균변화율이라 한다.

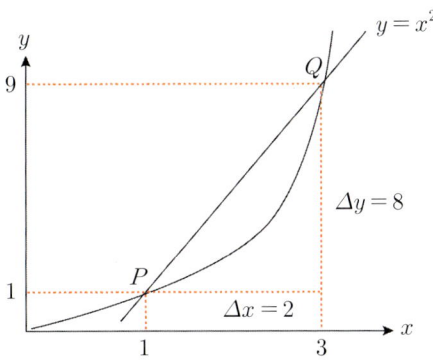

그림 6.10 가격의 변화와 공급량의 변화

이제 일반적인 함수를 가지고 평균변화율을 설명해 보자. [그림 6.11]에서 보듯이 함수 $y = f(x)$의 그래프를 따라 동점이 Q에서 P로 이동한다고 하자.

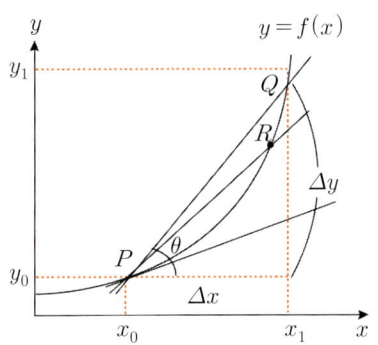

그림 6.11 평균변화율과 순간변화율

---

10) 수학에서 변화량은 일반적으로 그리스 문자로 Δ를 사용하고 델타(delta)라고 읽는다.

이것은 독립변수가 x_0에서 x_1로 이동할 때 종속변수는 y_0에서 y_1으로 움직인 것을 의미한다. 이때 평균변화율은 다음과 같이 나타낼 수 있다.

$$\frac{\Delta y}{\Delta x} = \frac{y_1 - y_0}{x_1 - x_0} = \frac{f(x_0 + \Delta x) - f(x_0)}{(x_0 + \Delta x) - x_0} = \frac{f(x_0 + \Delta x) - f(x_0)}{\Delta x}$$

이와 같은 평균변화율 $\left(\frac{\Delta y}{\Delta x}\right)$는 점 P와 Q를 지나는 직선의 기울기 $\left(\frac{y_1 - y_0}{x_1 - x_0}\right)$와 일치한다. 이것을 기하학적인 의미에서 설명하면 다음과 같다. [그림 6.11]에서 보듯이 P점과 Q점을 이은 사선의 각을 θ라 놓으면 평균변화율 $\left(\frac{\Delta y}{\Delta x}\right)$는 $\tan\theta$와 일치한다. 그런데 $0 \leq \theta \leq 90°$이면 θ가 커질수록 $\tan\theta$값도 커지므로 θ의 크기를 가지고 각 변화구간에서 평균변화율의 크기를 구분할 수 있게 된다.

이제 [그림 6.11]에서 Q점이 R점으로 이동했다고 하자. 이때 평균변화율은 P점과 R점을 이은 사선의 기울기가 이 구간에서 평균변화율이 된다. 여기서 PR사선의 기울기가 PQ사선의 기울기보다 작다. 즉, PR구간의 평균변화율이 PQ구간의 평균변화율보다 작다는 것이다. Q점이 P점으로 접근할수록 사선의 기울기가 감소한다. 이것은 평균변화율이 감소한다는 것을 의미한다.

그런데 Q점이 0에 가까울 정도로 미세하게 P점에 접근했을 때($\Delta x \to 0$) 평균변화율은 어떻게 될까? 이것을 앞에서 배운 극한의 개념을 이용하면 다음 식과 같다.

$$\lim_{\Delta x \to 0} \frac{f(x_0 + \Delta x) - f(x_0)}{\Delta x} = \lim_{x_1 \to x_0} \frac{f(x_1) - f(x_0)}{x_1 - x_0}$$

이 식을 다른 말로 표현하면 $x = x_0(P$점$)$에서 0에 가까울 정도로 미세한 변화가 발생할 때, 즉 무한소 변화에 대한 $f(x)$의 평균변화율을 나타낸다. 이와 같은 평균변화율을 특히 순간변화율이라고 한다. 기하학적으로 [그림 6.11]에서 보듯이 순간변화율은 $x = x_0(P$점$)$에서 접선의 기울기와 일치한다.

$x = x_0$에서 순간변화율을 구하는 것을 '$x = x_0$점에서 미분계수를 구한다'라고 하며, 일반적으로 $y'_{x=x_0}$, $f'(x_0)$, $\frac{dy}{dx}|_{x=x_0}$로 표시한다.

예제 21 포물선 $y = x^2$에서 $x = 1$의 미분계수와 그 점에서 접선의 식을 구하라.

풀이 순간변화율의 정의에 따라

$$f'(1) = \lim_{\Delta x \to 0} \frac{(1+\Delta x)^2 - 1}{\Delta x} = \lim_{\Delta x \to 0} \frac{(2+\Delta x)\Delta x}{\Delta x} = \lim_{\Delta x \to 0} (2+\Delta x) = 2$$

이때 미분계수 2의 의미는 $x = 1$에서 x의 무한소 변화에 대한 y의 평균변화율이 2가 된다는 것이다. 기하학적으로는 [그림 6.12]에서 보듯이 함수 $y = x^2$ 상의 한 점 $x = 1$에서 그은 접선의 기울기가 2라는 것을 의미한다. 이제 점 $(1, 1)$과 기울기를 알았기 때문에 접선의 식은 $y - 1 = f'(1)(x - 1)$, 즉 $y = 2x - 1$이 된다.

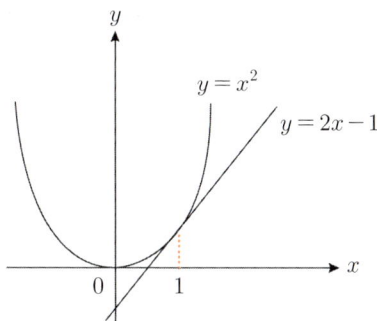

그림 6.12 미분계수와 접선

예제 22 포물선 $y = x^2$의 임의의 한 점에서 미분계수를 구하라.

풀이 $y = x^2$선상의 임의의 한 점을 (x_0, y_0)라 하자. 이 점에서 미분계수는

$$f'(x_0) = \lim_{\Delta x \to 0} \frac{(x_0+\Delta x)^2 - x_0^2}{\Delta x} = \lim_{\Delta x \to 0} \frac{(2x_0+\Delta x)\Delta x}{\Delta x} = \lim_{\Delta x \to 0} (2x_0+\Delta x) = 2x_0$$이다.

여기서 x_0는 임의의 한 점이기 때문에 우리가 원하는 점만 위 식에 대입하면 그 점에서 미분계수를 구할 수 있다. 예를 들어 $x_0 = 2$일 때 미분계수 $f'(2) = 4$, $x_0 = 2.5$일 때 미분계수 $f'(2.5) = 5$ 등 x_0점만 주어지면 거기에 대응해서 미분계수 $f'(x_0)$를 구할 수 있게 된다. 이것은 x_0를 독립변수로 하고 $f'(x_0)$를 종속변수로 하는 새로운 함수관계가 성립한다는 것을 의미한다. 이것을 표준함수 형태인 $y = f'(x)$로 나타내고 원함수로부터 새롭게 도출된 함수라는 뜻으로

도함수(derivative)라 한다. 도함수는 수학적 기호로 y', $f'(x)$, $\dfrac{dy}{dx}$, $\dfrac{df}{dx}$, $D_x f$ 등으로 나타낸다. 그리고 이와 같이 도함수를 구하는 것을 '미분한다'라고 한다.

이와 같은 설명을 바탕으로 하여 미분에 관한 정의를 다음과 같이 정리한다.

> **정의 6.5**
>
> 도함수의 정의
>
> $f(x)$가 연속함수일 때
> $$\frac{dy}{dx} = f'(x) = \lim_{\triangle x \to 0} \frac{f(x + \triangle x) - f(x)}{\triangle x} = \lim_{x \to a} \frac{f(x) - f(a)}{x - a}$$

예제 23 공급함수 $Q = P^2 + P + 1$의 도함수를 구하라.

풀이 도함수 정의에 의해

$$\frac{dQ}{dP} = \lim_{\triangle P \to 0} \frac{f(P + \triangle P) - f(P)}{\triangle P} = \lim_{\triangle P \to 0} \frac{(P + \triangle P)^2 + (P + \triangle P) + 1 - (P^2 + P + 1)}{\triangle P}$$

$$= \lim_{\triangle P \to 0} \frac{(2P + \triangle P) \triangle P + \triangle P}{\triangle P}$$

$$= \lim_{\triangle P \to 0} (2P + \triangle P) + 1 = 2P + 1$$

> **정의 6.6**
>
> $f(x)$가 연속함수이고 $\lim\limits_{\triangle x \to 0^+} \dfrac{f(a + \triangle x) - f(a)}{\triangle x} = \lim\limits_{\triangle x \to 0^-} \dfrac{f(a + \triangle x) - f(a)}{\triangle x}$ 이면 $x = a$에서 '미분 가능하다'라고 한다. 여기서 $\lim\limits_{\triangle x \to 0^+} \dfrac{f(a + \triangle x) - f(a)}{\triangle x}$는 우도함수 (right-hand derivative), $\lim\limits_{\triangle x \to 0^-} \dfrac{f(a + \triangle x) - f(a)}{\triangle x}$는 좌도함수(left-hand derivative)라 한다.
>
> 함수 $f(x)$의 모든 점에서 $f'(x)$가 존재하면 함수 f는 x에서 미분 가능하다라고 하고, 열린구간 (a, b)에 속한 모든 x에서 $f'(x)$가 존재하면 f는 (a, b)에서 미분 가능하다.

예제 24 함수 $y=|x|$ 상의 점 $x=0$에서 미분 가능한지를 판별하라.

풀이 $y=|x|$는 ① $x \geq 0, y=x$이고 ② $x<0, y=-x$이므로 이것을 그래프로 그리면 [그림 6.13]과 같다.

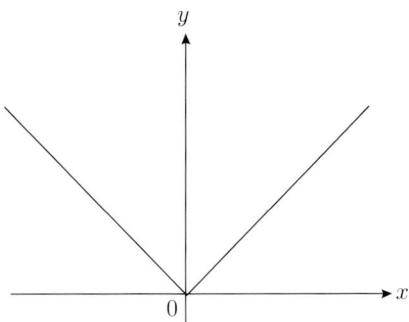

그림 6.13 $y=|x|$의 그래프

[그림 6.13]에서 보듯이 함수 $y=|x|$는 연속함수이다. 이제 $x=0$에서 우도함수와 좌도함수를 구하면 다음과 같다.

우도함수는

$$\lim_{\Delta x \to 0^+} \frac{|x+\Delta x|-|x|}{\Delta x} = \lim_{\Delta x \to 0^+} \frac{|0+\Delta x|-|0|}{\Delta x} = \lim_{\Delta x \to 0^+} \frac{|\Delta x|}{\Delta x} = \lim_{\Delta x \to 0^+} \frac{\Delta x}{\Delta x} = 1$$

좌도함수는

$$\lim_{\Delta x \to 0^-} \frac{|x+\Delta x|-|x|}{\Delta x} = \lim_{\Delta x \to 0^-} \frac{|0+\Delta x|-|0|}{\Delta x} = \lim_{\Delta x \to 0^-} \frac{|\Delta x|}{\Delta x} = \lim_{\Delta x \to 0^-} \frac{-\Delta x}{\Delta x} = -1$$

우도함수와 좌도함수가 같지 않기 때문에 $x=0$에서 미분 불가능하다. 이 함수는 $x=0$인 점을 제외한 모든 실수에서 도함수를 구할 수 있다. 그러므로 이 함수에서 도함수의 정의역은 $x \neq 0$인 모든 실수이다.

<예제 24>에서 보듯이 일반적으로 끝이 뾰족한 첨끝 형태를 가지고 있는 함수는 대부분 그 점에서 미분 불가능하다. 다음 [그림 6.14]는 전형적인 미분 불가능점들을

보여 준다.

[그림 6.14]에서 (1)과 (2)는 연속함수이지만 $x = x_0$인 점에서 오른쪽에서 그은 접선의 기울기와 왼쪽에서 그은 접선의 기울기가 다르다. 즉 우도함수와 좌도함수가 일치하지 않기 때문에 미분이 불가능한 경우이다. 반면 (3)과 (4)는 $x = x_0$인 점에서 정의역이 존재하지 않기 때문에(연속함수가 아니기 때문에) 미분이 불가능한 경우를 나타낸다.

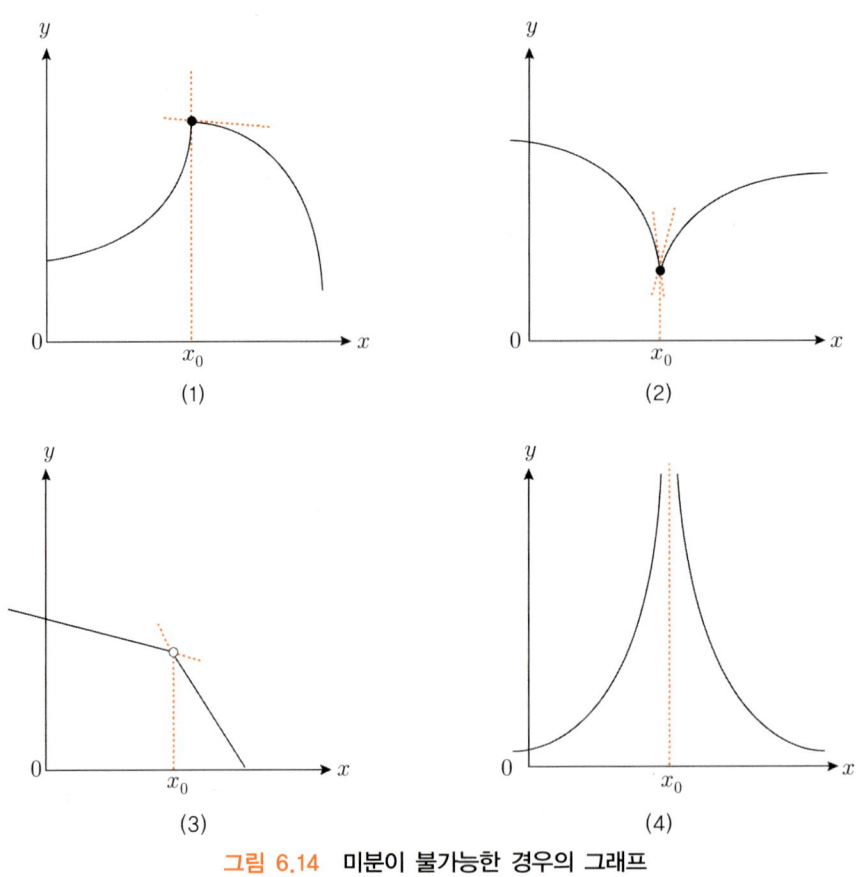

그림 6.14 미분이 불가능한 경우의 그래프

어떤 함수 $y = f(x)$의 도함수를 구하면 x를 독립변수로 하는 $y = f'(x)$ 함수가 된다. 이 함수에 도함수의 정의를 적용하여 다시 도함수를 구하면 다음과 같이 나타낼 수 있다.

$$f''(x) = \lim_{\Delta x \to 0} \frac{f'(x + \Delta x) - f'(x)}{\Delta x}$$
$$= \frac{d}{dx}\left[\frac{dy}{dx}\right] = \frac{d^2y}{dx^2} = D_x[f'(x)]$$
$$= D_x[D_x f(x)] = D_x^2[f(x)]$$

이것을 2차도함수라 한다. 마찬가지 방법으로 계속해서 도함수 정의를 적용하면 3차, 4차, ⋯, n차도함수도 구할 수 있다. 이렇게 구한 n차도함수는 다양한 방법으로 나타낼 수 있다.

$$f'(x),\ f''(x),\ f'''(x),\ f^4(x),\ \cdots,\ f^n(x)$$
$$y',\ y'',\ y''',\ y^4,\ \cdots,\ y^n$$
$$D_x y,\ D_x^2 y,\ D_x^3 y,\ D_x^4 y,\ \cdots,\ D_x^n y$$
$$\frac{dy}{dx},\ \frac{d^2y}{dx^2},\ \frac{d^3y}{dx^3},\ \frac{d^4y}{dx^4},\ \cdots,\ \frac{d^n y}{dx^n}$$

이와 같은 고차도함수를 구하는 방법과 그것이 갖는 의미를 다음과 같은 예를 통해서 설명해 보자.

지상 900m에서 자유낙하하는 물체의 t초 후의 지상으로부터 높이를 다음과 같은 함수로 나타낼 수 있다고 하자.

$$f(t) = 900 - 4.9t^2$$

먼저 1차도함수를 구해 보면

$$f'(t) = \lim_{\Delta t \to 0} \frac{f(t+\Delta t) - f(t)}{\Delta t}$$
$$= \lim_{\Delta t \to 0} \frac{[900 - 4.9(t+\Delta t)^2] - [900 - 4.9t^2]}{\Delta t}$$
$$= \lim_{\Delta t \to 0} \frac{-4.9(2t + \Delta t)\Delta t}{\Delta t}$$
$$= \lim_{\Delta t \to 0} [-4.9(2t + \Delta t)]$$
$$= -9.8t$$

1차도함수 $\dfrac{df(t)}{dt}$는 단위시간당 위치의 변화를 나타내는 속도함수가 된다. $t=1$일 때 미분계수는 $f'(1) = -9.8$이다. 즉, 자유낙하 1초 후 이 물체의 속도는 9.8m/sec임을 알 수 있다.[11]

2차도함수는

$$f''(t) = \lim_{\Delta t \to 0} \frac{f'(t+\Delta t) - f'(t)}{\Delta t}$$

$$= \lim_{\Delta t \to 0} \frac{-9.8(t+\Delta t) + 9.8t}{\Delta t} = \lim_{\Delta \to 0} \frac{-9.8\Delta t}{\Delta t}$$

$$= -9.8$$

2차도함수 $\dfrac{d}{dt}f'(t)$는 단위시간당 속도의 변화를 나타내는 가속도함수가 된다. 이 경우 시간과 관계없이 가속도가 9.8m/sec^2으로 항시 일정하다는 것을 알 수 있다.

예제 25 사과 소비량(x)과 만족도(U) 간의 관계는 $U = \sqrt{x}$로 나타난다. 이와 같이 재화 소비량과 만족도 간의 관계를 나타낸 식을 '효용함수'라 한다.[12] 이 함수의 (1) 1차도함수와 (2) 2차도함수를 구하라.

| 풀이 | (1) x의 정의역은 $x > 0$이므로 도함수 정의에 의해서

$$U'(x) = \lim_{\Delta x \to 0^+} \frac{U(x+\Delta x) - U(x)}{\Delta x} = \lim_{\Delta x \to 0^+} \frac{\sqrt{x+\Delta x} - \sqrt{x}}{\Delta x}$$

$$= \lim_{\Delta x \to 0^+} \frac{\Delta x}{\Delta x(\sqrt{x+\Delta x} + \sqrt{x})} = \lim_{\Delta x \to 0^+} \frac{1}{\sqrt{x+\Delta x} + \sqrt{x}} = \frac{1}{2\sqrt{x}}$$

이것은 사과 1단위소비당 만족도의 변화량을 나타낸다. 이것을 사과의 한계효용(marginal utility)[13]이라고 한다. 그러므로 1차도함수는 사과의 한계

---

[11] 부호가 (−)가 붙는 것은 위치는 지상에서 위로 계산하는데 떨어지는 물체는 아래로 떨어지므로 방향이 반대임을 나타낸 것이다. 속력에 방향까지 포함한 것이 속도의 개념이다.
[12] 재화의 소비를 통해서 얻을 수 있는 만족도를 숫자화한 개념을 효용이라 한다. 그러므로 효용함수를 더 정확히 표현하면 재화 소비량과 총효용 간의 관계를 나타낸 것이다.
[13] 한계효용은 어떤 재화의 1단위소비당 만족도의 변화를 나타낸다. 정의상 1차도함수는 경제학의 '한계 개념'과 정확히 일치한다.

효용함수가 된다.

(2) 2차도함수는 1차도함수(한계효용함수)에 도함수 정의를 적용하면 다음과 같다.

$$U''(x) = \lim_{\triangle x \to 0^+} \frac{U'(x+\triangle x) - U'(x)}{\triangle x}$$

$$= \lim_{\triangle x \to 0^+} \frac{\frac{1}{2}\left(\frac{1}{\sqrt{x+\triangle x}} - \frac{1}{\sqrt{x}}\right)}{\triangle x}$$

$$= \lim_{\triangle x \to 0^+} \frac{\sqrt{x} - \sqrt{x+\triangle x}}{2\triangle x \sqrt{x+\triangle x} \sqrt{x}}$$

$$= \lim_{\triangle x \to 0^+} \frac{-\triangle x}{2\triangle x \sqrt{x+\triangle x} \sqrt{x}(\sqrt{x} + \sqrt{x+\triangle x})}$$

$$= -\frac{1}{4x\sqrt{x}}$$

2차도함수는 사과 1단위 증가에 따른 한계효용의 변화량을 나타낸다. 즉, 이 경우에는 사과 1단위 증가에 따라 사과의 한계효용이 감소하고 있다는 것을 알 수 있다. 결론적으로 사과를 1단위씩 증가(감소)시키면 만족도(총효용)는 증가(감소)하고($U'(x) > 0$: 한계효용은 +), 한계효용은 감소한다($U''(x) < 0$). 이러한 성질을 경제학에서는 '한계효용 체감의 법칙'이라 한다. 도함수를 사용하면 한계효용 체감의 법칙을 $U'(x) > 0$, $U''(x) < 0$으로 간단히 나타낼 수 있다.

(2) 미분의 성질

함수를 미분하는 것은 그 함수의 도함수를 구하는 것이다. 그러나 매번 구할 때마다 도함수 정의에 의해서 구하면 여간 불편한 것이 아니다. 그러므로 도함수 정의에 의해 증명된 미분 공식을 이용하면 미분을 쉽게 할 수 있다. 여기서는 꼭 알아야 할 기본적인 미분 공식을 증명과 함께 소개한다.

> **정리 6.9** 미분의 기본 공식

함수 f와 g는 미분 가능하고 b, c, m, n은 모두 상수일 때 아래의 기본 공식이 성립한다.

(1) $\dfrac{d}{dx}c = 0$ (2) $\dfrac{d}{dx}(mx+b) = m$

(3) $\dfrac{d}{dx}x^n = nx^{n-1}$ (4) $\dfrac{d}{dx}[cf(x)] = c\dfrac{d}{dx}f(x) = cf'(x)$

증명

(1) $\dfrac{d}{dx}c = \lim\limits_{\Delta x \to 0}\dfrac{f(x+\Delta x) - f(x)}{\Delta x} = \lim\limits_{\Delta x \to 0}\dfrac{c-c}{\Delta x} = 0$

(2) $\dfrac{d}{dx}(mx+b) = \lim\limits_{\Delta x \to 0}\dfrac{[m(x+\Delta x)+b] - (mx+b)}{\Delta x}$

$\quad = \lim\limits_{\Delta x \to 0}\dfrac{m\Delta x}{\Delta x} = \lim\limits_{\Delta x \to 0} m = m$

(3) $\dfrac{d}{dx}x^n = \lim\limits_{\Delta x \to 0}\dfrac{(x+\Delta x)^n - x^n}{\Delta x}$

$\quad = \lim\limits_{\Delta x \to 0}\dfrac{[(x+\Delta x) - x][(x+\Delta x)^{n-1} + x(x+\Delta x)^{n-2} + \cdots + x^{n-1}]}{\Delta x}$

$\quad = \lim\limits_{\Delta x \to 0}[(x+\Delta x)^{n-1} + x(x+\Delta x)^{n-2} + \cdots + x^{n-1}] = nx^{n-1}$

(4) $\dfrac{d}{dx}cf(x) = \lim\limits_{\Delta x \to 0}\dfrac{cf(x+\Delta x) - cf(x)}{\Delta x} = c\lim\limits_{\Delta x \to 0}\dfrac{f(x+\Delta x) - x}{\Delta x} = cf'(x)$

예제 26 다음 함수들의 도함수를 구하라.

(1) $y = 10$

(2) $y = 6x + 5$

(3) $y = 4x^3$

(4) $y = a(x^2 + 4)$

| 풀이 |

(1) $\dfrac{d}{dx}10 = 0$

(2) $\dfrac{d}{dx}(6x+5) = \dfrac{d}{dx}6x + \dfrac{d}{dx}5 = 6$

(3) $\dfrac{d}{dx}(4x^3) = 4\dfrac{d}{dx}x^3 = 4 \cdot 3x^2 = 12x^2$

(4) $\dfrac{d}{dx}a(x^2+4) = a\dfrac{d}{dx}(x^2+4) = a(2x) = 2ax$

정리 6.10 합과 차의 미분 공식

$$\frac{d}{dx}[f(x) \pm g(x)] = f'(x) \pm g'(x)$$

증명
$$\frac{d}{dx}[f(x) \pm g(x)] = \lim_{\Delta x \to 0} \frac{[f(x+\Delta x) \pm g(x+\Delta x)] - [f(x) \pm g(x)]}{\Delta x}$$

$$= \lim_{\Delta x \to 0} \frac{f(x+\Delta x) - f(x)}{\Delta x} \pm \lim_{\Delta x \to 0} \frac{g(x+\Delta x) - g(x)}{\Delta x}$$

$$= f'(x) \pm g'(x)$$

예제 27 $f(x) = x^2 + 2x$, $g(x) = \dfrac{1}{x}$ 일 때 $f(x) + g(x)$의 도함수를 구하라.

| 풀이 | $f'(x) = 2x + 2$, $g(x) = x^{-1}$으로 나타낼 수 있으므로 <정리 6.9>의 (3)을 적용하면 $g'(x) = -x^{-2}$이 된다. 그러므로 $\dfrac{d}{dx}[f(x) + g(x)] = f'(x) + g'(x) = 2x + 2 - \dfrac{1}{x^2}$이 된다.

정리 6.11 곱의 미분 공식

$$\frac{d}{dx}[f(x)g(x)] = g(x)\frac{d}{dx}f(x) + f(x)\frac{d}{dx}g(x) = f'(x)g(x) + f(x)g'(x)$$

증명 $\dfrac{d}{dx}[f(x)g(x)]$

$$= \lim_{\Delta x \to 0} \frac{f(x+\Delta x)g(x+\Delta x) - f(x)g(x)}{\Delta x}$$

$$= \lim_{\Delta x \to 0} \frac{f(x+\Delta x)g(x+\Delta x) - g(x+\Delta x)f(x) + g(x+\Delta x)f(x) - f(x)g(x)}{\Delta x}$$

$$= \lim_{\Delta x \to 0} \frac{g(x+\Delta x)[f(x+\Delta x) - f(x)]}{\Delta x} + \lim_{\Delta x \to 0} \frac{f(x)[g(x+\Delta x) - g(x)]}{\Delta x}$$

$$= f'(x)g(x) + f(x)g'(x)$$

예제 28 $y=(4x+3)(3x^2-2)$를 미분하라.

| 풀이 | $f(x)=4x+3$, $g(x)=3x^2-2$라 놓으면 곱의 미분 공식에 의해서 $y'=f'(x)g(x)+f(x)g'(x)$가 된다. 각각의 함수에 대해 미분하면 $f'(x)=4$, $g'(x)=6x$가 된다. 그러므로 $y'=4(3x^2-2)+6x(4x+3)=36x^2+18x-8$이 된다.

예제 29 $y=(ax+b)(cx+d)$의 도함수를 구하라.

| 풀이 | $f(x)=ax+b$, $g(x)=cx+d$라 놓으면 $f'(x)=a$, $g'(x)=c$가 된다. 곱의 미분 공식에 의해서 $y'=a(cx+d)+c(ax+b)=2acx+ad+bc$

정리 6.12 몫의 미분 공식

$$\frac{d}{dx}\left[\frac{f(x)}{g(x)}\right]=\frac{f'(x)g(x)-f(x)g'(x)}{\{g(x)\}^2}$$

증명
$$\frac{d}{dx}\left[\frac{f(x)}{g(x)}\right]=\lim_{\Delta x\to 0}\frac{\frac{f(x+\Delta x)}{g(x+\Delta x)}-\frac{f(x)}{g(x)}}{\Delta x}$$

$$=\lim_{\Delta x\to 0}\frac{f(x+\Delta x)g(x)-f(x)g(x+\Delta x)}{\Delta x g(x+\Delta x)g(x)}$$

$$=\lim_{\Delta x\to 0}\frac{g(x)f(x+\Delta x)-g(x)f(x)+g(x)f(x)-f(x)g(x+\Delta x)}{\Delta x g(x+\Delta x)g(x)}$$

$$=\lim_{\Delta x\to 0}\frac{g(x)[f(x+\Delta x)-f(x)]-f(x)[g(x+\Delta x)-g(x)]}{\Delta x g(x+\Delta x)g(x)}$$

$$=\frac{\lim_{\Delta x\to 0}\frac{g(x)[f(x+\Delta x)-f(x)]}{\Delta x}-\lim_{\Delta x\to 0}\frac{f(x)[g(x+\Delta x)-g(x)]}{\Delta x}}{\lim_{\Delta x\to 0}g(x+\Delta x)g(x)}$$

$$=\frac{f'(x)g(x)-f(x)g'(x)}{g(x)^2}$$

예제 30 $f(x) = \dfrac{2x+1}{3x-2}$ 의 도함수를 구하라.

| 풀이 |
$$f'(x) = \dfrac{(3x-2)\dfrac{d}{dx}(2x+1) - (2x+1)\dfrac{d}{dx}(3x-2)}{(3x-2)^2}$$

$$= \dfrac{2(3x-2) - 3(2x+1)}{(3x-2)^2} = \dfrac{-7}{(3x-2)^2}$$

정리 6.13 미분의 연쇄법칙(chain rule)

$y = f(g(x))$에서 $u = g(x)$라 놓으면 다음 식이 성립된다.

$$\dfrac{dy}{dx} = \dfrac{dy}{du}\dfrac{du}{dx} = f'(u)g'(x)$$

증명
$$\lim_{\Delta x \to 0} \dfrac{f(g(x+\Delta x)) - f(g(x))}{\Delta x}$$

$$= \lim_{\Delta x \to 0} \dfrac{f(g(x+\Delta x)) - f(g(x))}{g(x+\Delta x) - g(x)} \cdot \dfrac{g(x+\Delta x) - g(x)}{\Delta x}$$

$$= \lim_{\Delta u \to 0} \dfrac{f(u+\Delta u) - f(u)}{\Delta u} \cdot \lim_{\Delta x \to 0} \dfrac{g(x+\Delta x) - g(x)}{\Delta x}$$

$$= \dfrac{df}{du} \cdot \dfrac{du}{dx}$$

$g(x) = u$이면 $g(x+\Delta x) = u + \Delta u$로 나타낼 수 있기 때문이다.

예제 31 $y = (2x^2 + 1)^{10}$을 미분하라.

| 풀이 | $u = 2x^2 + 1$이라 놓으면 $y = u^{10}$이 된다.

$$\dfrac{dy}{du} = 10u^9 = 10(2x^2+1)^9, \quad \dfrac{du}{dx} = 4x$$ 가 된다.

그러므로 연쇄법칙에 의해서 $\dfrac{dy}{dx} = \dfrac{dy}{du}\dfrac{du}{dx} = 10(2x^2+1)^9 \cdot 4x = 40x(2x^2+1)^9$이 된다.

정리 6.14 역함수의 도함수

함수 $y=f(x)$가 쌍사함수이고 역함수를 $x=g(y)$라 한다. 정의역의 모든 점에서 미분 가능하고 $f'(x) \neq 0$일 때 역함수의 도함수는 다음과 같다.

$$\frac{dx}{dy} = \frac{1}{\frac{dy}{dx}} \quad \text{또는} \quad g'(y) = \frac{1}{f'(x)}$$

증명 $y=f(x)$를 역함수 $x=g(y)$에 대입하면 $g\{f(x)\}=x$가 된다. 연쇄법칙을 이용하여 양변을 x에 대해 미분하면 $\frac{dg}{df} \cdot \frac{df}{dx} = 1$이 성립된다. 그런데 $y=f(x)$, $x=g(y)$이므로 이것을 해당항에 대입하면 $\frac{dx}{dy} \cdot \frac{dy}{dx} = 1$, 즉 $\frac{dx}{dy} = \frac{1}{\frac{dy}{dx}}$이 성립한다.

이 <정리 6.14>를 사용하면 역함수의 도함수는 굳이 역함수로 변경하지 않고 원래 함수를 가지고 구할 수 있다. 또한 특정점 (a,b)에서 $b=f(a)$, $a=g(b)$가 성립되므로 미분계수 $g'(b) = \frac{1}{f'(a)} = \frac{1}{f'(g(b))}$이 된다.

예제 32 $y=2x+1$의 역함수를 구하고 그 역함수를 미분하라.

| 풀이 | 함수 $y=f(x)=2x+1$은 모든 실수에서 쌍사함수이므로 역함수가 존재한다. x를 종속변수로 하는 함수 형태로 바꾸면 역함수 $g(y)$는 $x=\frac{1}{2}y-\frac{1}{2}$이 된다.

이때 도함수를 구하면 $\frac{dx}{dy} = g'(y) = \frac{1}{2}$이 된다.

그러나 원래 함수의 도함수 $f'(x)=2$와 <정리 6.14>를 사용하면 역함수의 도함수는 $\frac{dx}{dy} = \frac{1}{f'(x)}$이므로 $\frac{dx}{dy} = \frac{1}{2}$을 구할 수 있다.

함수 형태에 따라 역함수를 구하기가 쉽지 않다. 왜냐하면 역함수가 존재하지 않는 경우도 많지만,[14] 존재하더라도 x를 종속변수로 나타내는 표준함수 형태

---

14) 정의역 x에서 함수 $y=f(x)$가 단조증가함수나 단조감소함수인 경우에만 역함수가 존재하게 된다.

이고 $x=g(y)$를 구하는 것이 쉽지 않기 때문이다. 이때 원래 함수의 도함수를 구해서 <정리 6.14>를 이용하면 역함수의 도함수를 쉽게 구할 수 있다.

예제 33 함수 $f(x)=x^3+x$는 모든 실수구간에서 역함수 g가 존재함을 보이고 이때 미분계수 $g'(2)$를 구하라.

풀이 임의의 실수 x에 대해 미분하면 $f'(x)=3x^2+1>0$이 된다. 이 함수는 단조증가함수이므로 역함수 g가 존재한다. 이제 $f(a)=a^3+a=2$가 성립한다. 이것을 풀면 $a=1$을 구할 수 있다. $f'(1)=4$이므로 $g'(2)=\dfrac{1}{f'(g(2))}=\dfrac{1}{f'(1)}=\dfrac{1}{4}$
이 된다.

예제 34 함수 $y=(x^3+4)^3$이 모든 실수구간에서 역함수 g가 존재함을 보이고 함수 g의 도함수를 구하라.

풀이 $f'(x)=9x^2(x^3+4)^2 \geq 0$, 함수 f는 모든 실수구간에서 단조증가함수이므로 역함수가 존재한다. 역함수는 $x=(y^{\frac{1}{3}}-4)^{\frac{1}{3}}$이 된다. 이것의 도함수는 $\dfrac{dx}{dy}=\dfrac{1}{9}y^{-\frac{2}{3}}(y^{\frac{1}{3}}-4)^{-\frac{2}{3}}$이다. 여기서 $y=(x^3+4)^3$이므로 이것을 대입하면 $\dfrac{dx}{dy}=\dfrac{1}{9x^2(x^2+4)^2}$이 구해진다. 그러나 $f'(x)=9x^2(x^3+4)^2$과 <정리 6.14>를 사용하면 g의 도함수 $\dfrac{dx}{dy}=\dfrac{1}{9x^2(x^2+4)^2}$을 쉽게 구할 수 있다.

다음은 경영학과 경제학에서 자주 사용되는 특수함수 형태인 자연로그함수와 자연지수함수의 미분에 대해서 살펴보자.[15]

---

[15] 일반적으로 자연로그함수를 미분하면 퍼센트 변화를 나타내는 데 유용하여 탄력성을 측정하는 데, 자연지수함수는 성장률과 증가율을 나타내는 데 자주 사용된다.

정리 6.15 자연로그함수의 미분

정의역 $x > 0$에서

(1) $\dfrac{d}{dx}\ln x = \dfrac{1}{x}$

(2) $\dfrac{d}{dx}\ln f(x) = \dfrac{f'(x)}{f(x)}$

증명

(1) $\displaystyle\lim_{\triangle x \to 0}\dfrac{\ln(x+\triangle x)-\ln x}{\triangle x} = \lim_{\triangle x \to 0}\dfrac{\ln\dfrac{x+\triangle x}{x}}{\triangle x} = \lim_{\triangle x \to 0}\ln\left(1+\dfrac{\triangle x}{x}\right)^{\frac{x}{\triangle x}\cdot\frac{1}{x}} = \ln e^{\frac{1}{x}} = \dfrac{1}{x}$ [16]

(2) $u = f(x)$라 놓으면 연쇄법칙에 의해서

$$\dfrac{d}{dx}\ln f(x) = \dfrac{dy}{du}\cdot\dfrac{du}{dx} = \dfrac{1}{u}f'(x) = \dfrac{f'(x)}{f(x)}$$

식 (1)을 조금 변용하면 $d\ln x = \dfrac{dx}{x}$가 된다.[17] 즉, 자연로그함수를 미분하여 그 변화량($d\ln x$)을 구하면 그것이 퍼센트 변화율임을 알 수 있다. 이 성질 때문에 자연로그함수는 다양하게 활용되고 있다.

예제 35 $f(x) = \ln(x^2 + x^4)$의 도함수를 구하라.

| 풀이 | $f'(x) = \dfrac{\dfrac{d}{dx}(x^2+x^4)}{(x^2+x^4)} = \dfrac{2x+4x^3}{x^2+x^4} = \dfrac{4x^2+2}{x^3+x}$

---

[16] 자연로그 밑 $e = \displaystyle\lim_{h\to 0}(1+h)^{\frac{1}{h}}$으로 정의된다. 여기서 $h = \dfrac{\triangle x}{x}$라 놓을 때 $\triangle x \to 0$이면 $h \to 0$이 된다. 그러면 이 식은 $\displaystyle\lim_{h\to 0}\ln(1+h)^{\frac{1}{h}\cdot\frac{1}{x}} = \dfrac{1}{x}\lim_{h\to 0}\ln(1+h)^{\frac{1}{h}} = \dfrac{1}{x}\ln e = \dfrac{1}{x}$

[17] 이런 미분을 전미분이라 하고 다음 절에 자세히 설명되어 있다.

정리 6.16 자연지수함수의 미분

(1) $\dfrac{d}{dx}e^x = e^x$

(2) $\dfrac{d}{dx}e^{f(x)} = e^{f(x)}f'(x)$

증명 (1) $y = e^x$은 자연로그 정의에 의해서 함수 형태를 바꾸면 $x = \ln y$가 된다. $x = \ln y$는 함수 $y = e^x$에서 x를 종속변수로 바꾸어 놓은 함수이므로 $y = e^x$의 역함수가 된다. <정리 6.14>에 의해서 $\dfrac{dy}{dx} = \dfrac{1}{\frac{dx}{dy}}$이 성립된다. 함수 $x = \ln y$에서 <정리 6.15>에 의해서 $\dfrac{dx}{dy} = \dfrac{1}{y}$이 구해진다. 그러므로 $\dfrac{dy}{dx} = y = e^x$이 성립된다.

(2) $u = f(x)$라 놓으면 연쇄법칙에 의해서

$\dfrac{d}{dx}e^u = \dfrac{d}{du}e^u \dfrac{du}{dx} = e^{f(x)}f'(x)$가 성립된다.

예제 36 $y = e^{rt}$을 미분하라.

| 풀이 | $f(t) = rt = u$라 놓으면 <정리 6.16> (2)에 의해 $\dfrac{d}{dt}e^{rt} = \dfrac{d}{du}e^u \dfrac{d}{dt}rt = re^{rt}$이 된다.[18]

예제 37 $y = x \cdot e^x$의 도함수를 구하라.

| 풀이 | $f(x) = x$, $g(x) = e^x$이라 놓으면 $f'(x) = 1$, $g'(x) = e^x$이므로 도함수

$\dfrac{dy}{dx} = f'(x)g(x) + f(x)g'(x) = e^x + x \cdot e^x$이 된다.

지금까지 여러 가지 미분 공식에 대해서 설명하였다. 이러한 미분 공식을 이용하면 앞 절에서 배운 극한도 쉽게 구할 수 있다. 이와 관련된 중요한 정리를 설명한다.

---

[18] 이 함수는 경영학과 경제학에서 성장률이나 증가율에 관해 상당히 중요한 의미를 갖기 때문에 다음 절에서 자세히 설명하므로 참고하기 바란다.

> **정리 6.17** 로피탈 정리(L'Hospital' theorem)

$f(a) = g(a) = 0$이고 $f(x), g(x)$는 $x = a$에서 미분 가능할 때 다음 식이 성립된다.

$$\lim_{x \to a} \frac{f(x)}{g(x)} = \lim_{x \to a} \frac{f'(x)}{g'(x)}$$

증명 $\lim_{x \to a} \frac{f(x)}{g(x)} = \lim_{x \to a} \frac{f(x) - f(a)}{g(x) - g(a)} = \lim_{x \to a} \frac{\frac{f(x) - f(a)}{x - a}}{\frac{g(x) - g(a)}{x - a}} = \lim_{x \to a} \frac{f'(x)}{g'(x)} = \frac{f'(a)}{g'(a)}$

로피탈 정리는 분수함수 $\frac{f(x)}{g(x)}$에서 $x \to a$일 때 부정형이 되는 $\frac{0}{0}$ 형태의 극한을 구할 경우 매우 유용하게 사용된다. 또한 $\lim_{x \to a} \frac{\frac{1}{g(x)}}{\frac{1}{f(x)}} = \frac{\frac{1}{g(a)}}{\frac{1}{f(a)}} = \frac{\frac{1}{0}}{\frac{1}{0}} = \frac{\infty}{\infty}, \frac{-\infty}{\infty}, \frac{\infty}{-\infty}$ 로 변형될 수 있으므로 분수함수 $\frac{f(x)}{g(x)}$에서 $x \to a$일 때 부정형 $\left(\frac{0}{0}, \frac{\infty}{\infty}, \frac{-\infty}{\infty}, \frac{\infty}{-\infty}\right)$이 되는 함수에 로피탈 정리가 적용된다.

예제 38 $\lim_{x \to 0} \frac{\sqrt{1 + x} - 1}{x}$ 의 극한을 구하라.

풀이 $\lim_{x \to 0} \frac{\sqrt{1 + x} - 1}{x} = \frac{0}{0}$ 형태이므로 로피탈 정리에 의해서 분자와 분모를 x로 미분하면 $\lim_{x \to 0} \frac{\frac{1}{2} \frac{1}{\sqrt{x + 1}}}{1} = \frac{1}{2}$이 구해진다.

예제 39 로피탈 정리를 이용하여 $\lim_{x \to 0} (1 + x)^{\frac{1}{x}} = e$ 임을 증명하라.

풀이 $f(x) = (1 + x)^{\frac{1}{x}}$ 으로 놓고 $x = 0$을 대입하면 부정형 1^∞가 되므로 로피탈 정리를 바로 적용할 수 없다. 함수 양변에 자연로그를 취하면 $\ln f(x) = \frac{1}{x} \ln(1 + x)$가 되어 부정형 $\frac{0}{0}$이 된다. 로피탈 정리를 사용하면 $\lim_{x \to 0} \frac{\ln(1 + x)}{x} = \lim_{x \to 0} \frac{\frac{1}{x + 1}}{1} = 1$

이 성립된다. 즉, $\lim_{x \to 0} \ln f(x) = 1$이므로 $\lim_{x \to 0} f(x) = e$가 된다.

(3) 도함수의 의미

앞 절에서는 1차도함수와 2차도함수를 구체적인 예를 통해서 간략하게 설명하였는데 이 절에서는 그래프를 통해서 좀 더 자세히 살펴보자.

먼저 1차도함수와 2차도함수의 의미를 살펴보기 위해 다음과 같은 기본적인 네 가지 함수의 예를 들어 보자.

(1) $y = x + 1$
(2) $y = -x + 1$
(3) $y = x^2$
(4) $y = -x^2 + 1$

다음 <표 6.1>는 이 함수들의 1차도함수와 2차도함수를 나타내고 있다.

표 6.1 1차도함수와 2차도함수

식	$f'(x)$	$f''(x)$
(1) $y = x + 1$	1	0
(2) $y = -x + 1$	-1	0
(3) $y = x^2$	$2x$	2
(4) $y = -x^2 + 1$	$-2x$	-2

원래 함수 $f(x)$는 알려져 있지 않고 $f'(x)$와 $f''(x)$만 알려져 있다면 함수 $f(x)$의 형태를 유추할 수 있을까?

식 (1)에서 $f'(x) = 1$이다. 이것은 두 가지 의미를 갖는다. 첫째, 임의의 한 점에서 미분계수가 1이므로 기하학적으로 임의의 한 점에서 접선의 기울기는 1이다. 즉, 정의역이 모든 실수이므로 모든 점에서 접선의 기울기는 1이 된다는 것을 의미한다. 둘째, $f'(x) = 1 > 0$은 양의 값을 가지므로 이것은 x변수가 1단위 증가(감소)할 때 y도 1만큼씩 증가(감소)한다는 것을 의미한다. 식 (1)은 x값과 관계없이 1차도함수가 양의 값을 갖는다는 것은 임의의 한 점에서 x가 증가(감소)할 때 y가 지속적으로 증가(감소)한다는 것을 의미한다.[19]

또한 식 (1)에서 2차도함수 $f''(x)=0$이다. 2차도함수는 정의에 의해서 x의 1단위 변화에 대한 1차도함수 $f'(x)$의 변화율을 의미한다. 즉, $f'(x)$는 x에서 접선의 기울기를 나타내는데 2차도함수는 x의 변화에 따른 접선의 기울기의 변화를 의미한다. 따라서 $f''(x)>0$이면 x가 증가(감소)함에 따라 접선의 기울기가 증가(감소)하고, $f''(x)<0$이면 x가 증가(감소)함에 따라 접선의 기울기가 감소(증가)한다. $f''(x)=0$이면 x가 증가함에 따라 접선의 기울기는 변화가 없다는 것을 의미한다. 그러므로 식 (1)은 x가 증가함에 따라 접선 기울기의 변화가 없어야 한다. 식 (1)은 $f'(x)=1>0$, $f''(x)=0$이므로 강증가함수이면서 모든 점에서 접선의 기울기는 1이며, x의 증가에 따라 접선 기울기의 변화가 없는 함수이어야 한다. 이것을 개략적으로 그리면 [그림 6.15]의 그래프 (1)과 같이 우상향 직선이 된다.

식 (2)는 $f'(x)=-1<0, f''(x)=0$이다. 이 함수는 강감소함수이고 모든 점에서 접선의 기울기 -1을 가지며, x의 증가에 따라 접선의 기울기의 변화가 없어야 한다. 이 함수를 개략적으로 그리면 [그림 6.15]의 그래프 (2)와 같이 우하향 직선이 된다.

식 (3)은 $f'(x)=2x, f''(x)=2>0$이다. 즉, $x>0$인 구간에서 $f'(x)>0$이므로 증가함수이고, $x<0$인 구간에서 $f'(x)<0$이므로 감소함수이다. $x=0$에서 $f'(x)=0$이 된다. 이 점은 1차도함수가 음수에서 양수로 전환되는 경계점이 되므로 감소함수에서 증가함수로 바뀐다. 그리고 2차도함수 $f''(x)=2>0$이므로 x가 증가함에 따라 접선의 기울기가 더 커진다는 것을 의미한다. 함수가 이런 특성을 가질 때 그래프는 [그림 6.15]의 (3)과 같이 원점에 대해 볼록함수(convex function)로 그려진다. 여기서 $f'(x)=0$과 $f''(x)>0$ 조건을 만족하는 $x=a$인 점에서 함수 $f(x)$가 최소값을 갖는다는 것을 알 수 있다.

식 (4)는 $f'(x)=-2x, f''(x)=-2$이다. $x>0$에서 $f'(x)<0$이므로 감소함수이고, $x<0$에서는 $f'(x)>0$이므로 증가함수이다. $x=0$에서 $f'(x)=0$이 된다. 이 점은 1차도함수가 양수에서 음수로 전환되는 경계점으로 증가함수에서 감소함수로 바뀐다.

---

[19] 제3장에서 배운 강증가함수는 미분으로 나타내면 모든 실수에 대해서 도함수가 항상 양일 경우이며($f'(x)>0$), 강감소함수는 모든 실수에 대해서 도함수가 항상 음일 경우($f'(x)<0$)이다.

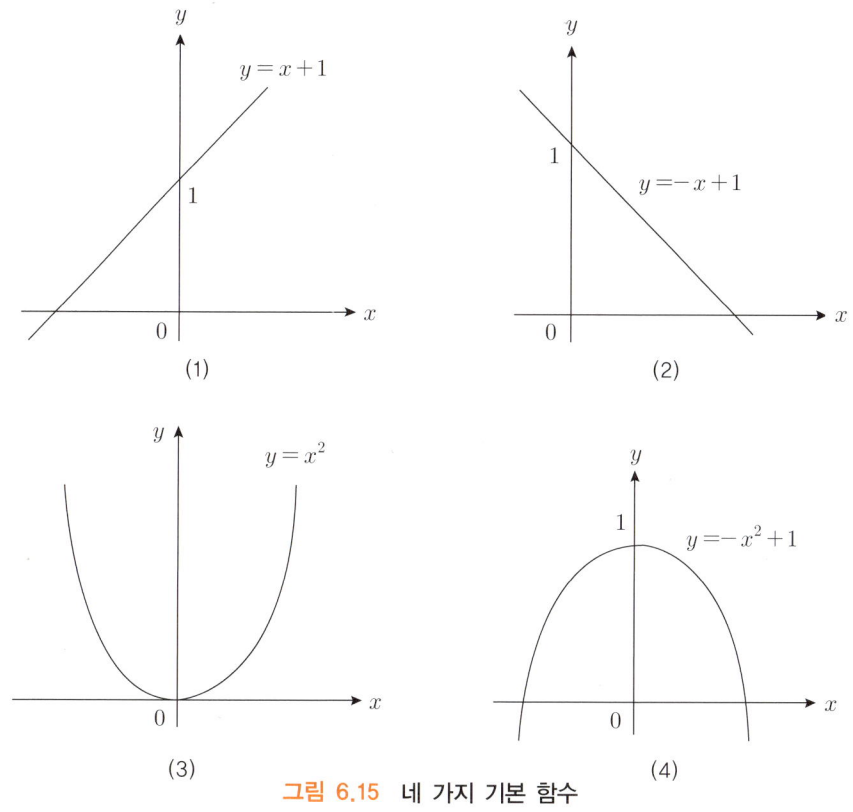

그림 6.15 네 가지 기본 함수

그리고 2차도함수 $f''(x) = -2 < 0$이므로 x가 증가함에 따라 접선의 기울기가 더 작아진다는 것을 의미한다. 함수가 이런 특성을 가질 때 그래프는 [그림 6.15]의 (4)와 같이 원점에 대해 오목함수(concave function)로 그려진다. 여기서 $f'(x) = 0$과 $f''(x) < 0$ 조건을 만족하는 $x = a$인 점에서 함수 $f(x)$가 최댓값을 갖는 것을 알 수 있다.

결론적으로 함수 $f(x)$가 미분 가능할 때 $f'(x)$의 부호는 함수 $f(x)$가 증가하느냐 또는 감소하느냐를 결정한다. 그러므로 $f'(x) = 0$인 점은 함수가 증가에서 감소(극대점)로 또는 감소에서 증가(극소점)로 전환하는 점을 나타낸다. 이 점을 극점이라 한다. $f''(x)$의 부호는 함수 $f(x)$가 오목하냐 또는 볼록하냐를 결정한다. 그러므로 $f''(x) = 0$인 점은 함수 $f(x)$가 오목함수에서 볼록함수로 또는 볼록함수에서 오목함수로 전환하는 점을 나타낸다. 이 점을 변곡점이라 한다.

학생들은 고등학교 시절 1차식은 직선으로, 2차식은 포물선으로 그리는 방법을 배웠다. 그러면 3차 이상의 고차다항식, 유리함수, 지수함수 및 로그함수 등 다양한 형태의 함수를 개략적으로 그릴 수 있을까? 앞에서 예를 든 네 가지 미분 가능한 연속함수의 기본형을 바탕으로 다양한 함수의 형태를 개략적으로 그려서 파악할 수 있다.

이제 함수 $y = x^3 - 3x$를 개략적으로 그려 보자. 먼저 1차도함수를 구해 보면 $y' = 3x^2 - 3 = 3(x-1)(x+1)$이 성립한다. $x < -1, x > 1$에서 $f'(x) > 0$이므로 함수 $f(x)$는 증가함수가 되고 $-1 < x < 1$에서 $f'(x) < 0$이므로 함수 $f(x)$는 감소함수가 된다. $x = -1, x = 1$에서 $f'(x) = 0$이 되어, 즉 기울기가 0이 되는 극점을 갖는다. 이때 $x = -1$은 함수가 증가에서 감소로 바뀌는 극대점이며, $x = 1$은 함수가 감소에서 증가로 바뀌는 극소점이 된다.

2차도함수는 $f''(x) = 6x$이다. $x > 0$일 때 $f''(x) > 0$이므로 볼록함수이며, $x < 0$일 때 $f''(x) < 0$이므로 오목함수이고 $x = 0$에서 변곡점을 갖는다. 이것을 정리하면 <표 6.2>를 작성할 수 있다. 그리고 우리는 이것을 통해서 함수 $f(x)$를 개략적으로 그릴 수 있다.

표 6.2 1차도함수와 2차도함수

x		-1		0		1	
$f'(x)$	$+$	0	$-$		$-$	0	$+$
$f''(x)$	$-$		$-$	0	$+$		$+$
$f(x)$	↗	2	↘		↘	-2	↗

<표 6.2>를 근거로 하여 함수 $f(x)$를 개략적으로 그리면 [그림 6.16]과 같다. 이와 같이 1차도함수와 2차도함수에 대한 계산과 그 의미를 제대로 이해한다면 어떤 함수도 개략적으로 그릴 수 있다.

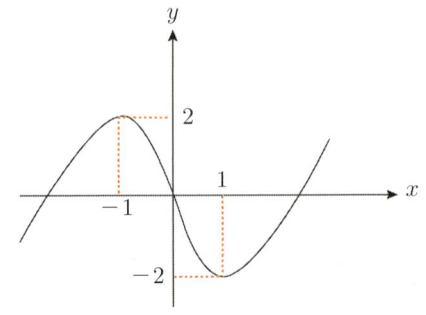

그림 6.16 $y = x^3 - 3x$의 그래프

3 경영경제학에서의 응용

경영학자와 경제학자들은 경제현상에 늘 관심을 갖는다. 그래서 경제현상들을 정확히 묘사하고, 왜 그러한 현상들이 일어나는가를 설명하며, 어떤 상황하에서 그런 현상들이 앞으로 일어날 것이라는 것을 예측하고, 그에 따라 적절한 대책을 마련하려고 한다. 이때 가장 기본적인 것은 어떤 경제적 현상에 대한 인과관계를 밝혀내는 것이다.

이런 인과관계를 표현하고자 할 때 함수를 사용하면 아주 유용하다. 이와 같은 함수에서 원인 부분은 독립변수로, 결과 부분은 종속변수로 나타낸다. 그러므로 원인이 변화하면 결과도 변화하게 된다. 특정 원인변수가 변화할 때 그에 따라 결과변수가 얼마만큼 변화하는가 하는 문제는 경영학과 경제학의 많은 부분에서 다루어진다. 그래서 이러한 변화를 설명하는 데 있어 앞에서 배운 미분 개념이 유용하므로 경영학과 경제학의 여러 이론에서 다양하게 쓰이고 있다.

(1) 수요함수와 공급함수

시장에서 가격이 어떻게 결정되는지를 설명하는 것은 매우 중요하다. 그래서 경제학자들은 수요(demand)와 공급(supply)이라는 개념을 가지고 이것을 설명한다. 즉, 시장에서 소비자의 행동을 나타내는 수요, 시장에서 기업의 행동을 나타내는 공급, 수요와 공급을 연결하고 소비자와 기업이 시장에서 상호작용하여 가격과 균형량을 결정하는 것을 보여 준다.

일반적으로 수요곡선은 함수 $Q_d = f(P)$로 나타낸다. 여기서 Q_d는 특정 재화에 대한 수요, P는 가격을 의미한다. 그런데 가격이 상승하면 소비자들이 수요를 줄이는 경제적 현상을 쉽게 발견할 수 있다. 이것을 수요법칙(law of demand)이라 하고, 이것을 도함수로 표시하면 $\dfrac{dQ_d}{dP} = f'(P) < 0$이 된다. 여기서 도함수 $f'(P)$는 가격이 1단위 변화할 때 수요량의 변화율을 나타낸다.

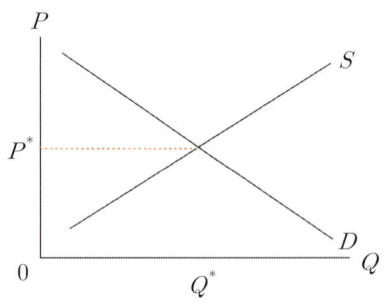

그림 6.17 수요곡선과 공급곡선

공급곡선은 함수 $Q_s = f(P)$로 나타낸다. 그런데 가격이 상승하면 기업들이 공급을 증가시킨다. 이것을 공급법칙(law of supply)이라 하고, 도함수로 표시하면 $\frac{dQ_s}{dP} = f'(P)$ > 0이 된다. 즉, 수요법칙과 공급법칙이라는 경제적 현상을 도함수를 통해서 쉽게 나타낼 수 있음을 알 수 있다. 이와 같이 수요법칙과 공급법칙이 성립되면 [그림 6.17]에서 보듯이 수요곡선은 우하향으로, 공급곡선은 우상향으로 그려진다. 그래서 공급곡선과 수요곡선이 교차하는 점에서 가격과 균형량이 결정된다.

이처럼 경제 이론이나 경영 이론에서 어떤 함수의 증감 여부를 확인하고 이에 따라 그래프로 나타내는 데 도함수가 자주 사용된다.

예제 40 수요함수가 $Q_d = aP + b$, 공급함수가 $Q_s = cP + d$일 때 수요법칙과 공급법칙이 성립하기 위해서 해당 상수의 부호를 정하라.

| 풀이 | 수요법칙이 성립하면 $f'(P) < 0$이 되므로 $f'(P) = a < 0$이 된다. 공급법칙이 성립하면 $f'(P) > 0$이 되므로 $f'(P) = c > 0$이 되어야 한다.

(2) 탄력성

수요함수를 $Q_d = f(P)$로 놓으면 수요라는 경제현상(결과)을 설명하는 데 가격변수(원인)가 중요한 요인이라는 것을 알 수 있다. 그러면 가격이 변화하면 수요는 얼마만큼 변하는가를 측정하여 그 변화량의 크기를 알아보는 것은 경제현상을 설명하는 데 중요하다. 먼저 생각해 볼 수 있는 것은 P의 도함수를 이용하는 것이다. 즉, $\dfrac{dQ_d}{dP}=f'(P)$를 구해서 그 크기를 비교하는 것이다. 그러나 한 가지 문제점은 가격을 표시하는 데 (국가 간) 화폐 단위가 다르기 때문에 화폐 단위에 따라 변화율이 달라질 수 있다는 것이다.

그래서 이런 문제점을 해결하기 위해서는 어떠한 단위에도 독립적인 특정 기준이 필요하기 때문에 퍼센트 변화율의 개념을 사용한다. 즉, 가격이 1% 변화할 때 수요량의 % 변화율로 측정한다. 이것은 수요량의 변화율 $\left(\dfrac{dQ_d}{Q_d}\right)$를 가격변화율 $\left(\dfrac{dP}{P}\right)$로 나눈 값으로 정의하며, 이것을 <정리 6.15>를 이용하여 수식으로 나타내면 다음과 같다.

$$E_P^d = -\dfrac{\dfrac{dQ_d}{Q_d}}{\dfrac{dP}{p}} = -\dfrac{P}{Q_d}\dfrac{dQ_d}{dP} = -\dfrac{d\ln Q_d}{d\ln P}$$

이것을 수요의 가격탄력성(elasticity)이라 한다.[20] 이처럼 탄력성은 독립변수(가격)가 변화할 때 종속변수(수요량)가 얼마나 민감하게 반응하는가를 측정할 때 유용한 개념이다. 이제 수요의 가격탄력성을 가지고 재화를 분류할 수 있다. $E_P > \infty$이면 그 재화는 완전 탄력적, $E_P > 1$이면 탄력적, $E_P = 1$이면 단위 탄력적, $E_P < 1$이면 비탄력적, $E_P = 0$이면 완전 비탄력적이라 한다. 즉, 탄력성이 높으면 높을수록 가격 변화에 대해 수요량이 민감하게 변화한다.

마찬가지 방법으로 공급의 가격탄력성은 다음과 같이 정의된다.

$$E_P^s = \dfrac{\dfrac{dQ_s}{Q_s}}{\dfrac{dP}{p}} = \dfrac{P}{Q_s}\dfrac{dQ_s}{dP} = \dfrac{d\ln Q_s}{d\ln P}$$

---

[20] 일반적으로 탄력성을 정의하는 데는 음의 부호가 붙지 않는다. 그러나 수요의 가격탄력성의 경우 수요법칙이 작용하면 도함수 부호가 음이 되므로 이것을 양의 부호로 바꾸어 주기 위해 특별하게 음의 부호가 붙는다.

예제 41 수요함수가 $Q_d = 20 - 2P$로 주어질 때 $P = 2$에서 가격탄력성을 구하라.

| 풀이 | 수요함수를 $f(P) = 20 - 2P$라 놓으면 $f(2) = 16$, $f'(P) = -2$이다. 수요의 가격 탄력성 정의는 $E_P^d = -\dfrac{P}{Q_d}\dfrac{dQ_d}{dP}$ 이므로 $E_P^d = -\dfrac{2}{16}(-2) = \dfrac{1}{4}$ 이 나온다.

(3) 한계 개념

경제학과 경영학에서 사용하는 '한계'의 개념은 대단히 중요하다. 한계의 개념은 함수 $y = f(x)$에서 x가 1단위 변화할 때 변화하는 y재의 총변화를 의미한다. 그러므로 이것을 수식으로 나타내면 $\dfrac{dy}{dx} = f'(x)$가 된다.

예컨대 효용함수 $U = U(x)$에서 도함수 $\dfrac{dU}{dx} = U'(x)$는 x재의 한계효용(Marginal Utility, MU_x), 생산함수 $Q = f(L)$에서 도함수 $\dfrac{dQ}{dL} = f'(L)$은 노동의 한계생산물(Marginal Productivity of Labor, MP_L), 총비용함수 $C = C(Q)$에서 $\dfrac{dC}{dQ} = C'(Q)$는 한계비용(Marginal Cost, MC), 총수익함수 $R = R(Q)$에서 $\dfrac{dR}{dQ} = R'(Q)$는 한계수익(Marginal Revenue, MR)을 나타낸다. 그런데 $R(Q) = P(Q)Q$이므로 $MR = \dfrac{dR}{dQ} = \left(P + Q\dfrac{dP}{dQ}\right) = P\left(1 + \dfrac{Q}{P}\dfrac{dP}{dQ}\right) = P\left(1 - \dfrac{1}{E_P}\right)$이 된다. 즉, 수요의 가격탄력성이 커지면 한계수익도 커짐을 알 수 있다.

또한 단순국민소득 모형에서 국민소득(Y)은 소비($C(Y)$)와 저축($S(Y)$)으로 이루어진다. 이것을 수식으로 표시하면 $Y = C(Y) + S(Y)$이다. 이때 $\dfrac{dC(Y)}{dY}$를 한계소비성향(Marginal Propensity To Consumption, MPC)이라 한다. 한계소비성향은 국민소득이 1단위 증가할 때의 소비비율을 나타낸다. 마찬가지로 한계저축성향은 $\dfrac{dS(Y)}{dY}$로 나타낸다. 여기서 함수 $Y = C(Y) + S(Y)$를 Y에 대해서 양변을 미분하면 $1 = MPC + MPS$가 된다.

이처럼 경영학과 경제학에서 다루는 중요한 한계 개념이 도함수와 일치하므로 한계 개념을 나타내는 데 미분이 매우 유용하다.

예제 42 수요곡선이 $Q = -\frac{1}{2}P + 50$일 때 한계수익곡선을 유도하고 10개를 생산할 때 한계수익은 얼마인가?

풀이 총수익 $R(Q) = P \cdot Q$이다. 그런데 $P = 100 - 2Q$이므로 $R(Q) = (100-2Q)Q = 100Q - 2Q^2$이 된다. 이에 따라 한계수익은 $MR(Q) = \frac{dR}{dQ} = 100 - 4Q$이며, $MR(10) = 100 - 4 \cdot 10 = 60$이 된다.

예제 43 평균비용함수가 $AC(Q) = 2Q + 6 + \frac{13}{Q}$일 때 한계비용곡선을 구하고 15개 생산할 때 한계비용을 구하라.

풀이 $AC = \frac{C}{Q}$이므로 총비용 $C = AC \cdot Q$가 된다. 그러므로 $C = \left(2Q + 6 + \frac{13}{Q}\right)Q = 2Q^2 + 6Q + 13$이며, $MC(Q) = \frac{dC}{dQ} = 4Q + 6$이다. 이에 따라 $MC(15) = 4 \cdot 15 + 6 = 66$이 된다.

(4) 경제변수 증가율과 성장률

<예제 36>에 다룬 $y = e^{rt}$ 함수는 제3장 자연지수를 설명할 때 언급된 것처럼 성장률과 증가율을 계산하는 데 중요한 의미를 갖는다. 여기서는 미분을 활용하여 이 함수가 갖는 성장률의 의미를 살펴보자.

현재 은행의 이자율이 연리 r로 고정되어 있다고 하자. A원을 H은행에 예금하였을 때 1년 후 저축액 증가율을 계산하면 다음과 같다. 현재(0기) 저축액을 $y_0 = A$원이라 하면 1년 후(1기) 원리금은 $y_1 = A(1+r)$이 된다. 이때 첫해 저축액 증가율은 $\frac{\Delta y_0}{y_0} = \frac{y_1 - y_0}{y_0} = \frac{A(1+r) - A}{A} = r$로 계산된다. 1년 동안 저축액 증가율은 이자율 r과 일치한다.

이것을 좀 더 일반화시키기 위해 H은행이 매년 복리로 이자율 r을 지불한다고 하자.

그러면 t년 후 원리금은 $y_t = A(1+r)^t$이 된다. 이때 t년의 저축 증가율을 계산해 보면 $\dfrac{\Delta y_t}{y_t} = \dfrac{y_{t+1} - y_t}{y_t} = \dfrac{A(1+r)^{t+1} - A(1+r)^t}{A(1+r)^t} = \dfrac{rA(1+r)^t}{A(1+r)^t} = r$로 매년 저축은 이자율 r 비율만큼 증가한다는 것을 알 수 있다.

지금까지 시간을 1년 단위로 분리하여 생각했다. 이제 시간을 연속의 개념으로 생각해 보자. 제2장 자연로그 단락에서 이미 설명하였듯이 이자를 1년에 두 번 나누어 복리로 지불한다면 1년 후 저축 원리금은 $y_1 = A\left(1 + \dfrac{r}{2}\right)^2$이 된다. 마찬가지 방법으로 이자를 1년에 n번 나누어 복리로 지불한다면 t년 후 원리금은 $y_t = A\left(1 + \dfrac{r}{n}\right)^{nt}$으로 계산된다.

이제 t년 동안 0에 가까울 정도로 짧은 시간으로 나누어 이자를 지불한다면 t년 후 원리금은 $y_t = \lim\limits_{n \to \infty} A\left(1 + \dfrac{r}{n}\right)^{nt} = \lim\limits_{n \to \infty} A\left\{\left(1 + \dfrac{r}{n}\right)^{\frac{n}{r}}\right\}^{rt} = Ae^{rt}$[21])과 같은 시간의 연속 함수로 구해진다. 이 경우 t년도의 저축 증가율을 구하려면 미분을 사용해야 한다. 이 때의 저축 증가율은 $\dfrac{\lim\limits_{\Delta t \to 0} \dfrac{\Delta y_t}{\Delta t}}{y_t} = \dfrac{\dfrac{dy_t}{dt}}{y_t}$로, 이것을 계산하면 $\dfrac{Are^{rt}}{Ae^{rt}} = r$이 된다. 즉, 함수 $y = Ae^{rt}$은 독립변수 t가 연속적으로 변화할 때 종속변수 y가 매 순간마다 r비율만큼 증가하는 것을 나타낸다. 만약 여기서 y변수가 어떤 국가의 GDP라고 한다면 이 국가는 매 단위시간 동안 경제성장률이 r임을 알 수 있다.

이것을 일반화시키면, $y = f(x)$ 함수에서 x가 연속적으로 변화할 때 y의 증가율(성장률) 함수를 $r(x)$라 하면 다음 식에서 보듯이 자연로그함수 미분과 정확히 일치하게 된다.

$$r(x) = \dfrac{\dfrac{dy}{dx}}{y} = \dfrac{f'(x)}{f(x)} = \dfrac{d}{dx} \ln f(x)$$

---

[21]) 여기서 $h = \dfrac{r}{n}$이라 놓으면 $\lim\limits_{n \to \infty}\left(1 + \dfrac{r}{n}\right)^{\frac{n}{r}} = \lim\limits_{h \to 0}(1+h)^{\frac{1}{h}} = e$가 된다.

그러므로 자연로그 미분은 여러 경제변수들의 증가율 또는 성장률을 계산하는 데 유용하게 쓰인다.

이 함수와 관련하여 다음과 같은 흥미로운 질문을 던져 볼 수 있다. 한국의 GDP가 매년 7%씩 증가한다면 몇 년 후에 현재 GDP의 2배가 될까? GDP가 t년 동안 연속적으로 증가하면 앞에서 보듯이 GDP 함수는 $y = Ae^{rt}$ 형태를 갖는다. t_0년도 GDP는 $y_0 = Ae^{rt_0}$이고 t_1년도에 GDP가 2배가 된다고 하면 t_1년도 GDP는 $y_1 = Ae^{rt_1} = 2y_0$가 된다. 이제 t_1년도 GDP와 t_0년도 GDP의 비율을 구하면 2가 되어야 한다. 즉, $\frac{Ae^{rt_1}}{Ae^{rt_0}} = e^{r(t_1-t_0)} = 2$가 되어야 한다. 이 식의 양변에 자연로그를 취하면 $r(t_1-t_0)$ = $\ln 2$가 성립한다. 이 식을 시간에 대해서 풀면 $t_1 - t_0 = \frac{\ln 2}{r} \fallingdotseq \frac{0.70}{r}$이 된다. $\ln 2$의 값은 0.693이므로 근사치를 보면 0.70(70%)으로 볼 수 있다. 시간은 현재에서부터 계산하면 $t_0 = 0$이 된다. 그러므로 증가율(성장률)만 알면 간단하게 2배가 되는 기간을 계산할 수 있다. 즉, 한국의 GDP가 매년 7%씩 상승한다면 10년 후에 현재 GDP의 2배가 된다. 현재 중국이 1978년 이래 평균 경제성장률이 10% 정도 되므로 중국은 7년마다 GDP가 2배씩 기하급수적으로 증가한다는 것을 의미한다.

연습문제 6-2

1. 함수 $y = f(x)$에서 임의의 한 점에서 접선의 식을 구하라.

2. 역함수의 도함수 $g'(y) = \dfrac{1}{f'(x)}$이 성립함을 도함수의 정의를 이용하여 증명하라.

3. 도함수의 정의를 이용하여 다음 함수의 도함수를 구하라.

    (1) $f(x) = x^2 + x$ (2) $h(x) = \dfrac{1}{x}$

    (3) $g(x) = \dfrac{x^3}{3}$ (4) $q(x) = \sqrt{x+1}$

4. 다음 함수들의 1차도함수와 2차도함수를 구하라.

(1) $f(x) = \dfrac{1}{(x^2+3)^3}$ (2) $y = \dfrac{1}{\sqrt{1+t^2}}$

(3) $h(z) = (z-1)^2 (z+1)^3$ (4) $q = \ln(2p+1)$

(5) $y = xe^{x^2}$ (6) $y = \ln(x^2+3x-1)$

5. 다음 함수들의 도함수를 구하라.

(1) $y = e^{1-x^3}$

(2) $q = \sqrt{1+e^{2p}}$

(3) $y = \dfrac{1}{e^t+1}$

6. 다음 물음에 답하라.

(1) $x=1$일 때, $y = x + \dfrac{1}{x-2}$의 접선을 구하라.

(2) 함수 $y=f(x)$ 위의 점 (a,b)에서의 접선의 방정식은 $y=2x-1$이다. 역함수 g 위의 점 (b,a)에서 접선의 방정식을 구하라.

(3) $y = \dfrac{2}{x^2+1}$의 그래프를 개략적으로 그려라.

7. 소비함수가 $C = 0.01Y^2 + 0.2Y + 50$이고 $Y=30$일 때 한계소비성향(MPC)와 한계저축성향(MPS)을 구하라.

8. 어느 기업의 생산함수는 $Q = 10L - L^2$이고, 비용함수는 $C = Q^3 + Q + 10$이다. 여기서 L은 노동량, Q는 생산량, C는 비용이다.

(1) $L=1$일 때 노동의 한계생산물(MP_L)과 한계비용(MC)을 구하라.

(2) 비용이 12원일 때 지출탄력성(비용이 1단위 증가할 때 총생산량변화)은 얼마인가?

9. 1990년 현재 중국의 1인당 GDP는 1,000달러이다. 중국은 매년 1인당 GDP가 7%씩 증가하고 있다. 언제 중국의 1인당 GDP가 8,000달러에 도달하겠는가?

Chapter 6 종합문제

1 다음의 극한을 구하라.

(1) $\lim_{x \to 0} \dfrac{\sqrt{2x+3} - \sqrt{3}}{x}$

(2) $\lim_{x \to \infty} \dfrac{2 + \sqrt{x}}{2 - \sqrt{x}}$

(3) $\lim_{y \to \infty} \dfrac{y^3 - 8}{y^4 - 16}$

(4) $\lim_{x \to 2^-} \dfrac{x}{2 - x}$

2 함수 $f(x) = (1 + 2x)^{\frac{1}{x}}$ 에서 $x = 0$에서 좌극한, 우극한 값을 구하고, 연속함수인지를 판별하라.

3 다음 함수들을 미분하라.

(1) $y = 5x^2$

(2) $y = \dfrac{3}{x}$

(3) $y = \ln(e^{3x} + x^2)$

(4) $y = e^{ax+b}$

(5) $y = \sqrt{x} - \dfrac{3}{x} + \dfrac{1}{x^2}$

(6) $y = \dfrac{4 - x}{\ln x}$

(7) $y = (x+1)^4 (2x-1)^3$

(8) $y = (2x^2 + 1)^4$

(9) $y = ax^2 + bx + c$

4 다음 함수들을 역함수가 존재하는 정의역 내에서 역함수의 도함수를 구하라.

(1) $y = e^{-x+2}$

(2) $y = \ln(x^2 + 2)$

(3) $y = \dfrac{1}{x^2}$

(4) $y = e^x$의 역함수를 g라 할 때 $g'(e)$를 구하라.

5 이윤함수 $\pi(Q) = -2Q^3 + 15Q^2 - 24Q - 3$의 개략도를 그려라. 이윤이 최대가 되려면 얼마만큼 생산을 해야 하는가?

6 수요함수가 $P = 60 - Q$일 때 한계수익함수를 구하라. $Q = 30$일 때 한계수익과, 그 점에서 수요의 가격탄력성을 구하라.

7 저축함수가 $S = 0.02Y^2 - Y + 100$일 때 한계쇼비성향(MPC)와 한계저축성향(MPS)을 구하라.

8 수요함수 $Q = \dfrac{A}{P^n}$의 임의의 한 점에서 수요의 가격탄력성을 구하라.

9 공급곡선이 $Q = 0.004P^2 + 0.1P + 10$이고 현재 가격이 100이다.

(1) 이 점에서 공급곡선은 탄력적인가, 비탄력적인가?
(2) 가격이 5% 증가하면 공급량은 몇 % 변화하겠는가?

10 함수 $y = \ln x^3$의 역함수를 g라 할 때 $g'(3)$을 구하라.

11 1990년 현재 중국의 1인당 GDP는 A_0이고 한국의 1인당 GDP는 중국보다 8배 더 많다. 중국의 1인당 GDP는 매년 10%씩, 한국은 7%씩 증가한다. 몇 년 후에 두 나라의 1인당 GDP가 같아지겠는가?

12 수요곡선이 $Q = b + aP$, $b > 0$, $a < 0$으로 직선일 때 한계수익(MR)곡선을 구하고 $MR = 0$인 점에서 수요의 가격탄력성이 1이 됨을 보여라.

제7장
다변수함수의 미분

지금까지 독립변수가 하나인 함수를 대상으로 도함수를 구하는 방법을 살펴보았다. 그러나 경제학과 경영학에서 사용되는 많은 이론은 여러 변수들에 의해 함수값이 결정되는 다변수함수 형태를 띠고 있다.

예를 들면 수요함수는 자신의 가격(P_1)뿐만 아니라 타 재화의 가격($P_2, \cdots, P_n$), 소득(M), 기호(T)에 의해서 결정된다. 따라서 수요함수는 $D = f(P_1, P_2, \cdots, P_n, M, T)$로 나타낼 수 있다. 이때 이들 독립변수가 변하면 수요의 변화는 어떻게 될까?

이 장에서는 먼저 가장 간단한 복수인 독립변수가 2개인 함수를 상정하여 도함수 구하는 방법을 살펴보고 그것의 의미에 대해서 정리한다. 그리고 이것의 원리를 자연스럽게 확장하여 다변수함수를 미분하는 방법을 도출한다.

1 편도함수

(1) 1차편도함수

2변수함수 $z = f(x, y)$에서 y변수가 특정한 값에 고정되어 변하지 않는다고 가정하면

(y변수를 상수로 가정하면) 2변수함수는 실질적으로 독립변수가 하나인 1변수함수가 된다. 이 함수를 x로 미분하면 도함수가 구해지는데 이것을 x의 편도함수(partial derivative)라 한다. 마찬가지로 x변수가 특정한 값에 고정되어 변하지 않는다고 가정하면 y의 편도함수를 구할 수 있다. 이와 같은 편도함수는 다음과 같이 정의된다.

> **정의 7.1**
>
> 함수 $f(x, y)$가 모든 점에서 미분 가능할 때 x와 y에 대한 각각의 편도함수는 다음과 같이 정의된다.
>
> $$\frac{\partial f}{\partial x} = \lim_{\Delta x \to 0} \frac{f(x+\Delta x, y) - f(x, y)}{\Delta x}$$
>
> $$\frac{\partial f}{\partial y} = \lim_{\Delta y \to 0} \frac{f(x, y+\Delta y) - f(x, y)}{\Delta y}$$

<정의 7.1>은 제6장에서 언급된 도함수의 <정의 6.5>처럼 한 변수의 평균변화율을 나타내는 차원에서 실질적으로 동일한 의미를 갖는다. 다만 이와 같은 편도함수를 나타내기 위해 f_x, $\frac{\partial f}{\partial x}$, $D_x f$ 등의 기호로 다르게 표시할 뿐이다.

어떤 특정한 점 (a, b)에서 x의 편미분계수는 $\frac{\partial f}{\partial x}\mid_{(a,b)}$ 또는 $f_x(a, b)$로, y의 편미분계수는 $\frac{\partial f}{\partial y}\mid_{(a,b)}$ 또는 $f_y(a, b)$로 표시한다. 점 (a, b)에서 편미분계수 $f_x(a, b)$는 $y = b$로 고정되어 있는 상태에서 $x = a$에서 x단위 변화에 대한 z의 변화율을 나타낸다. 다변수함수의 경우에도 관심대상의 변수 외의 모든 변수는 상수 취급하므로 실질적으로 1변수함수가 된다. 그러므로 앞 장에서 배운 미분법을 그대로 적용할 수 있다. 이와 같이 편도함수를 구하는 것을 '편미분한다'라고 한다.[22]

이제 함수 $f(x, y) = xy^2 + x^2 y$의 x와 y의 편도함수를 구해 보자. x의 편도함수는 y를 상수로 하고 x에 대해서만 미분을 하므로 $f_x(x, y) = y^2 + 2xy$가 구해진다. 마찬

---

[22] 여기서 부호 ∂는 편미분을 나타내고 '라운드'라고 읽는다.

가지로 y편도함수는 x를 상수로 하고 y에 대해서만 미분하므로 $f_y(x,y) = 2xy + x^2$ 이 구해진다. 점 $(1, 2)$에서 x의 편미분계수를 구하면 $f_x(1, 2) = 2^2 + 2 \cdot 1 \cdot 2 = 8$이고 y의 편미분계수는 $f_y(1, 2) = 2 \cdot 1 \cdot 2 + 1^2 = 5$가 된다.

예제 1 $f(x, y) = \ln(x^2 + 2xy - y^2)$에서 f_x, f_y를 구하고 점 $(1, 1)$에서 각 변수의 편미분계수를 구하라.

풀이 $x^2 + 2xy - y^2 = u$라고 놓으면 $f(x, y) = \ln u$가 된다. 연쇄법칙에 의해서

$$f_x(x, y) = \frac{\partial z}{\partial x} = \frac{\partial z}{\partial u} \cdot \frac{\partial u}{\partial x} = \frac{1}{u} \cdot \frac{\partial}{\partial x}(x^2 + 2xy - y^2) = \frac{2x + 2y}{x^2 + 2xy - y^2}$$

$$f_y(x, y) = \frac{\partial z}{\partial y} = \frac{\partial z}{\partial u} \cdot \frac{\partial u}{\partial y} = \frac{1}{u} \cdot \frac{\partial}{\partial y}(x^2 + 2xy - y^2) = \frac{2x - 2y}{x^2 + 2xy - y^2}$$

가 성립한다.

x의 편미분계수 $f_x(1, 1) = \frac{4}{2} = 2$이고 y의 편미분계수 $f_y(1, 1) = \frac{0}{2} = 0$이 된다.

이제 편도함수 $f_x(a, b)$의 기하학적인 의미를 살펴보자. 2변수함수 $z = f(x, y)$의 그래프는 3차원 공간에 그려진다. [그림 7.1]에서처럼 함수 $z = f(x, y)$가 '둥근 산'처럼 생겼다고 하자.

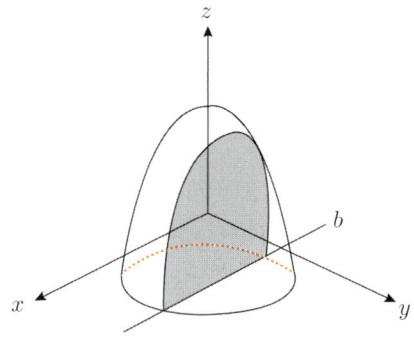

그림 7.1 $z = f(x, y)$의 그래프

$y = b$는 기하학적으로 xz평면에 평행하고 $y = b$선을 지나는 평면이다. 이 평면으로 $z = f(x, y)$의 곡면을 절단하면 [그림 7.1]과 같은 단면이 나타난다. 이것을 xz평면에

다시 그리면 [그림 7.2]와 같은 단면이 나타난다. 이때 단면에 나타나는 함수는 $z=f(x,b)$임을 알 수 있다.

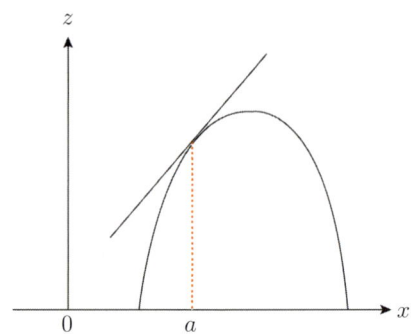

그림 7.2 x의 편미분계수 : $f_x(x,y)$

$f_x(a,b)$는 [그림 7.2]에서 보듯이 함수 $z=f(x,b)$의 $x=a$에서 그은 접선의 기울기와 일치한다. 즉, y방향으로 전혀 움직이지 않고 $x=a$점에서 x축 방향으로 단위 변화할 때 z의 변화율을 나타낸다. 마찬가지로 y의 편도함수 $f_y(a,b)$에도 적용된다. 즉, $x=a$ 평면으로 $z=f(x,y)$ 공간을 자르고 나타난 함수 $z=f(a,y)$의 $y=b$에서 그은 접선의 기울기가 된다.

$z=f(x,y)$에서 각 변수의 편도함수를 구하는 방법을 3변수 이상의 다변수함수로 확대 적용할 수 있다. 다변수함수 $z=f(x_1,x_2,\cdots,x_n)$에서 x_i를 제외한 모든 변수가 고정되었다고 하면(x_i를 제외한 모든 변수가 상수라 하면) x_i의 편도함수는 다음과 같이 나타낸다.

$$\frac{\partial f}{\partial x_i}=f_i(x_1,x_2,\cdots,x_n) \ (i=1,2,\cdots,n)$$

예제 2 함수 $f(x,y,z)=xy+yz+xz$의 1차편도함수를 구하라.

| 풀이 | x의 1차편도함수는 y,z를 상수로 하고 x에 대해서만 미분하면 $f_x=y+z$로 구해진다. 마찬가지 방법으로 y의 1차편도함수는 $f_y=x+z$이며 z의 1차편도함수는 $f_z=x+y$가 된다.

(2) 2차편도함수

함수 $z=f(x,y)$의 1차편도함수 $f_x(x,y)$, $f_y(x,y)$도 앞 절에서 살펴보았듯이 x,y의 함수 형태를 띤다. 그러므로 1차편도함수가 미분 가능하면 편도함수 정의에 의해서 1차편도함수를 가지고 2차편도함수를 구할 수 있다. 2차편도함수는 1차편도함수 f_x, f_y를 각각 x,y에 대해 편미분한 것인데 <정의 7.2>와 같다.

정의 7.2

2차편도함수

$$f_{xx} = \frac{\partial}{\partial x}\left(\frac{\partial f}{\partial x}\right) = \frac{\partial^2 f}{\partial x^2} \qquad f_{xy} = \frac{\partial}{\partial y}\left(\frac{\partial f}{\partial x}\right) = \frac{\partial^2 f}{\partial x \partial y}$$

$$f_{yx} = \frac{\partial}{\partial x}\left(\frac{\partial f}{\partial y}\right) = \frac{\partial^2 f}{\partial y \partial x} \qquad f_{yy} = \frac{\partial}{\partial y}\left(\frac{\partial f}{\partial y}\right) = \frac{\partial^2 f}{\partial y^2}$$

여기서 영의 정리(Young' theorem)에 의해서 $f_{xy} = f_{yx}$가 성립한다. 영의 정리의 의미는 y가 1단위 변화할 때 임의의 한 점 x의 1차편미분계수의 변화율이 x가 1단위 변화할 때 임의의 한 점 y의 1차편미분계수의 변화율과 일치한다는 것이다. 이것을 기하학적으로 설명하면 y가 변화할 때 xz평면에서 x점의 기울기 변화율이 x가 변화할 때 yz평면에서 y점의 기울기 변화율과 일치한다는 것이다.

2차편도함수도 x,y의 함수로 나타나는데 미분 가능하다면 2차편도함수를 가지고 3차편도함수를 구할 수 있다. 이런 방법으로 계속해서 확대하면 n차편도함수를 구할 수 있다. 이때 n차편도함수의 개수는 n^2이 된다.

예제 3 함수 $f(x,y) = x^3 + 2xy^3$의 2차편도함수를 구하라.

| 풀이 | x,y에 대해 편미분하면 1차편도함수는 $f_x = 3x^2 + 2y^3$, $f_y = 6xy^2$이다. 이것을 바탕으로 x,y에 대한 편도함수를 구하면 다음과 같은 2차편도함수를 얻을 수 있다.

$$f_{xx} = 6x$$
$$f_{xy} = 6y^2 = f_{yx}$$
$$f_{yy} = 12xy$$

연습문제 7-1

1. 다음 함수들에서 각 변수에 대해 1차편도함수를 구하라.

    (1) $f(x, y) = (x - 6y)(2x + 3y^2)$

    (2) $g(t_1, t_2) = \dfrac{2t_2 + 4t_1}{t_2^2 - 3t_1}$

    (3) $z = (x^2 + 2xy + y^2)^{10}$

    (4) $y = \ln(x_1^2 \cdot x_2^2)$

    (5) $f(x, y, w) = 2x^2 - 7xy^2 + w^2 - 2$

    (6) $f(x, y, z) = (3x^2 + z^2)(z - y)$

    (7) $f(x, y) = 3x$

    (8) $f(x, y) = -4y$

    (9) $g(x, y) = 2x - 2y - 1$

    (10) $g(x, y) = x(y - 1)$

    (11) $h(x, y) = x^3 + y^3$

    (12) $h(x, y) = (x + 2)^2 (y + 4)^3$

    (13) $v(x, y) = \dfrac{1}{x + y}$

    (14) $f(x, y) = (y - x)e^x$

2. $z = f(x, y) = x^2 y - 2xy^3$일 때, 점 $(1, 1)$에서 f_x, f_y의 값을 구하고 그 결과가 의미하는 것을 설명하라.

3. 다음 함수의 2차편도함수를 구하라.

    (1) $z = 2x^4 y + 5xy^3 + 3xy + 13$

    (2) $y = f(x_1, x_2, x_3) = 2x_1^3 x_2 + 5x_3^4 x_2$

    (3) $f(x, y, z) = xy + yz + zx$

(4) $f(x, y, z) = x - \sqrt{y^2 + z^2}$

(5) $f(x, y) = \dfrac{x}{x+y}$

(6) $f(x, y) = x \ln y$

2 전미분

앞 절에서 설명한 것처럼 함수 $z = f(x, y)$의 1차편도함수 f_x는 y가 고정되어 있는 상태에서 x단위 변화에 대한 z의 변화율을 나타낸 것이다. 또한 f_y도 x가 고정되어 있는 상태에서 y단위 변화에 대한 z의 변화율을 나타낸 것이다. 이제 두 독립변수 x, y가 동시에 변화할 때 z의 총변화량은 어떻게 될까? 전미분의 개념은 여기에서 출발한다.

(1) 전미분의 개념

지금까지 배운 도함수는 독립변수가 여러 개 있는 것처럼 보이지만 하나를 제외한 나머지 독립변수를 상수 취급함으로써 실질적으로는 독립변수가 하나인, x의 단위 변화에 따른 종속변수 z의 변화율을 나타내는 개념으로 미분을 이해하였다. 예컨대 두 사람이 조깅(jogging)을 하는데 A는 10분 동안 10km를 달리고, B는 30초 동안 0.75km를 달린다고 하자. 단위시간을 1분으로 하면 A는 1분 동안 1km$\left(\nu_A = \dfrac{dS_A}{dt_A}\right)$를, B는 1분 동안 1.5km$\left(\nu_B = \dfrac{dS_B}{dt_B}\right)$ 속도로 달린 것이다.[23] 즉, 시간의 단위 변화(x의 단위 변화)에 따른 각 개인의 위치 변화, 각 개인의 속도 개념으로 도함수를 이해한 것이다.

앞에서처럼 거리와 시간을 알면 속도를 계산할 수 있듯이, 이제 각 개인의 속도와 달린 시간을 알면 그 시간 동안 각 개인의 조깅거리를 구할 수 있다. A가 2분 동안

---

[23] 여기서 t는 시간, S_A, S_B는 각각 A와 B가 간 거리, ν_A, ν_B는 속도를 나타낸다.

달리고 B가 3분 동안 달렸다면 A가 달린 거리는 $1 \times 2 = 2$km이고 B가 달린 거리는 $1.5 \times 3 = 4.5$km가 된다. 이것을 일반화하면 일정 시간 동안(dt_A) A가 달린 거리 변화는 $dS_A = \nu_A dt_A$가 되고, 일정 시간 동안(dt_B) B가 달린 거리 변화는 $dS_B = \nu_B dt_B$가 된다. 이 때 A, B 두 사람이 달린 총거리 변화는 $ds = dS_A + dS_B = V_A dt_A + V_B dt_B$로 나타낼 수 있다.

이와 같은 내용을 함수 $y = f(x)$의 그래프를 이용하여 설명해보자. 함수 $y = f(x)$가 다음 [그림 7.3]과 같다고 하자. 앞의 예와 연결시켜 x는 시간, y는 거리로 생각하면 이해하기가 더 쉬울 것이다.

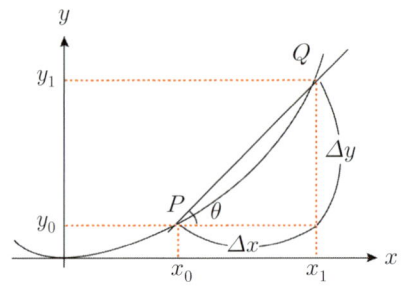

그림 7.3 함수와 전미분

시간이 Δx만큼 변화할 때 위치는 P점에서 Q점으로 이동하였다. 이때 속도는 사선 PQ의 기울기, 즉 $\dfrac{\Delta y}{\Delta x}$가 된다. 그러면 거리 변화 Δy는 속도 $\dfrac{\Delta y}{\Delta x}$에 시간의 변화량 Δx를 곱한 것과 같다.

$$\Delta y = \left(\frac{\Delta y}{\Delta x}\right)\Delta x \tag{7-1}$$

이제 Δx가 0에 가까울 정도로 미세하게 변화한다면 <식 7-1>은 다음과 같이 된다.

$$dy = \left(\frac{dy}{dx}\right)dx = f'(x)dx \tag{7-2}$$

여기서 dx, dy를 x, y의 미분이라 한다. <식 7-2>를 변형하면 <식 7-3>을 구할 수 있다.

$$\left(\frac{dy}{dx}\right) = \frac{(dy)}{(dx)} = f'(x) \quad \text{(7-3)}$$

앞의 예를 통해 이 식의 의미를 보면 단위시간당 거리 변화율(속도)은 일정 시간 동안 변화된 총거리를 시간으로 나눈 값과 같다. 즉, 한 묶음으로서의 도함수 $\left(\frac{dy}{dx}\right)$는 다시 2개의 미분 dx, dy의 비율로 나타낼 수 있다. 이처럼 도함수를 이용하여 x의 무한소 변화에 대한 y의 변화량을 구하는 것을 '전미분한다'라고 한다. 이것은 [그림 7.3] 을 통해서 설명하면 임의의 한 점 x_0 근방에서 x가 아주 미세하게 변했을 때 y의 변화량이 $dy = f'(x)dx$가 된다는 것을 의미한다.

예제 4 함수 $y = x^2 + \ln x$를 전미분하라.

| 풀이 | $f'(x) = 2x + \frac{1}{x}$이므로 $dy = f'(x)dx = \left(2x + \frac{1}{x}\right)dx$가 된다.

이제 2변수함수인 경우 전미분을 생각해 보자. 앞의 예로 돌아가서 개인별로 일정 시간 동안 달렸을 때 두 사람이 달린 총거리 변화(dS)는 A가 간 거리와 B가 간 거리의 합으로 나타난다는 것을 이미 배웠다.

$$dS = dS_A + dS_B = \nu_A dt_A + \nu_B dt_B \quad \text{(7-4)}$$

결국 총거리 변화는 A의 속도(ν_A)와 A가 달린 시간(dt_A)의 곱과 B의 속도(ν_B)와 B가 달린 시간(dt_B)의 곱을 합해서 구해진다. 여기서 총거리 변화는 바로 2변수함수에서의 전미분을 의미한다. 그런데 A의 속도 ν_A는 B가 간 거리와 관계없이 A의 단위시간당 거리로, B의 속도 ν_B도 A가 간 거리와 관계없이 B의 단위시간당 거리로 구해지므로 각 개인의 속도는 편미분의 의미를 갖는다.

<식 7-4>를 일반화시켜 2변수함수 $z = f(x, y)$를 전미분하면 다음과 같은 식으로 나타낼 수 있다.

$$dz = \left(\frac{\partial z}{\partial x}\right)dx + \left(\frac{\partial z}{\partial y}\right)dy = f_x dx + f_y dy \qquad (7\text{-}5)$$

즉, z의 총변화량은 x변수에 의한 z의 총변화량과 y변수에 의한 z의 총변화량의 합으로 표시된다. 이때 x변수에 의한 z의 총변화량은 x의 단위 변화에 대한 z변화율 $\left(\frac{\partial z}{\partial x}\right)$에 x의 변화량을 곱한 값으로 구해진다. y의 총변화량도 마찬가지로 y의 단위 변화에 대한 z변화율 $\left(\frac{\partial z}{\partial y}\right)$에 y의 변화량을 곱한 값으로 구해진다.

z함수가 1변수함수라면 <식 7-5>는 $dz = f_x dx$로 되므로 $\frac{dz}{dx} = f_x$가 성립되어 전미분과 편미분이 일치하게 된다. 그러므로 1변수함수에서는 전미분과 편미분을 구분할 필요가 없다.

이제 이러한 전미분 개념을 다변수함수 $y = f(x_1, x_2, \cdots, x_n)$으로 확장하면 다음과 같다.

$$dy = \frac{\partial y}{\partial x_1}dx_1 + \frac{\partial y}{\partial x_2}dx_2 + \cdots + \frac{\partial y}{\partial x_n}dx_n \qquad (7\text{-}6)$$
$$dy = f_1 dx_1 + f_2 dx_2 + \cdots + f_n dx_n = \sum_{i=1}^{n} f_i dx_i$$

각 변수의 편미분에 변수의 변화량을 곱한 값의 합으로 표시된다.

예제 5 $z = x^2 y^2 - 3x^2 + 2$를 전미분하라.

| 풀이 | 각 변수의 1차편도함수는 각각 $f_x = 2xy^2 - 6x$, $f_y = 2x^2 y$이므로 전미분을 하면 $dz = f_x dx + f_y dy = (2xy^2 - 6x)dx + (2x^2 y)dy$가 된다.

(2) 전도함수

지금까지 2변수함수 $z = f(x, y)$를 중심으로 살펴보았다. 그런데 독립변수 x, y가 다른 변수의 함수 형태를 띠게 되면 변수 x, y는 독립성을 잃게 된다. 2변수함수에서 x, y가 독립성을 잃게 되는 두 가지 예를 들어 설명하자.

1) $y = g(x)$인 경우

두 독립변수 사이에 함수관계가 형성되어 있는 경우이다. y변수는 더 이상 독립변수 역할을 하지 못하고 x변수의 종속변수가 된다. 이때 2변수함수는 $z = f(x, g(x))$로 변화된다. 그러면 z함수는 외형적으로는 2변수함수 형태를 띠지만 실질적으로는 1변수함수가 된다. 이렇게 되면 x에 대한 1변수함수의 도함수를 구할 수 있다.

x변수의 변화는 2개의 루트를 통해 z에 영향을 미친다. 첫째, x가 직접적으로 z에 영향을 미치는 것이고, 둘째, y를 통해 z에 간접적으로 영향을 미치는 것이다.

이제 x에 대한 y의 도함수를 구해 보자. x와 y변수 사이에 $y = g(x)$ 함수관계가 있으면 도함수 $\frac{dz}{dx}$를 구하기 위해서 $y = g(x)$를 원래 함수 $z = f(x, y)$에 대입하여 $z = f(x, g(x))$ 형태로 바꾸어 1변수함수로 만든 다음 도함수를 구해야 할 것이다. 그러나 이런 경우 $z = f(x, g(x))$ 함수로 하는 것이 어려울 뿐만 아니라 계산이 아주 복잡하게 된다. 따라서 앞서 배운 전미분을 활용하면 용이하게 x에 대한 z의 도함수를 구할 수 있게 된다. 이렇게 전미분을 이용하여 구한 도함수를 전도함수라고 한다.

먼저 함수 $z = f(x, y)$를 전미분하면 $dz = f_x dx + f_y dy$가 된다. 이 함수는 x에 대한 1변수함수이므로 도함수를 구하기 위해 미분 dx를 양변으로 나누면 x에 대한 도함수 $\frac{dz}{dx} = f_x + f_y \frac{dy}{dx}$가 된다. 그런데 함수 $y = g(x)$에서 $\frac{dy}{dx} = g'(x)$를 구할 수 있으므로 도함수 $\frac{dz}{dx} = f_x + f_y g'(x)$가 된다. x의 단위 변화에 따른 z의 변화율 $\frac{dz}{dx}$는 x의 단위 변화가 직접적으로 z에 영향을 미치는 부분(f_x)과 y의 변화를 통해서 z에 간접적으로 영향을 미치는 부분($f_y g'(x)$)의 합임을 알 수 있다. 이것을 그림으로 그리면 [그림 7.4]와 같이 나타낼 수 있다.

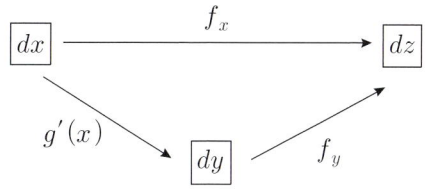

그림 7.4 x변화가 z에 미치는 영향

예제 6 $z = x^2 + y^2$이고 $y = 2x^3 - 1$일 때 도함수 $\dfrac{dz}{dx}$를 구하라.

| 풀이 | $dz = f_x dx + f_y dy$에서 dx로 양변을 나누면

$\dfrac{dz}{dx} = f_x + f_y \cdot \dfrac{dy}{dx}$가 된다. 그런데 $f_x = 2x$, $f_y = 2y$이고 $\dfrac{dy}{dx} = 6x^2$이다.

그러므로 $\dfrac{dz}{dx} = 2x + 2y \cdot 6x^2 = 2x + 2(2x^3 - 1) \cdot 6x^2 = 24x^5 - 12x^2 + 2x$가 성립한다.

2) $x = g(t), y = h(t)$인 경우

두 독립변수가 제3의 변수 t의 함수 형태를 갖는 경우이다. x, y 두 변수는 더 이상 독립변수 역할을 하지 못하고 t변수의 종속변수가 된다. 이때 2변수함수는 $z = f(g(t), h(t))$로 바뀐다. 그러면 z함수는 외형적으로는 2변수함수 형태를 띠지만 실질적으로는 t에 대한 1변수함수가 된다. 그러면 t에 대한 1변수함수의 도함수를 구할 수 있다. t변수의 변화는 2개의 루트를 통해 z에 영향을 미친다. 첫째, t가 x를 경유하여 z에 영향을 미치는 것이고, 둘째, y를 통해 z에 간접적으로 영향을 미치는 것이다.

먼저 함수 $z = f(x, y)$를 전미분하면 $dz = f_x dx + f_y dy$가 된다. 이 함수가 t에 대한 1변수함수이므로 도함수를 구하기 위해 t의 미분 dt를 양변으로 나누면 t에 대한 도함수는 $\dfrac{dz}{dt} = f_x \dfrac{dx}{dt} + f_y \dfrac{dy}{dt}$가 된다. 그런데 함수 $x = g(t)$에서 $\dfrac{dx}{dt} = g'(t)$를, $y = h(t)$에서 $\dfrac{dy}{dt} = h'(t)$를 구할 수 있으므로 이를 대입하면 도함수 $\dfrac{dz}{dt} = f_x g'(t) + f_y h'(t)$가 된다. 결과적으로 t의 단위 변화에 따른 z의 변화율 $\dfrac{dz}{dt}$는 t의 단위 변화가 x를 통해

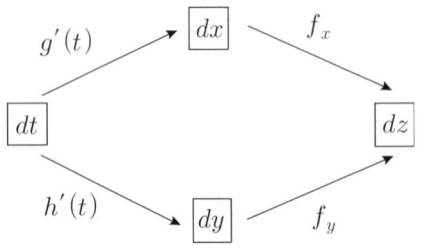

그림 7.5 t 변화가 z에 미치는 영향

z에 영향을 미치는 부분($f_x g'(t)$)과 y의 변화를 통해서 z에 영향을 미치는 부분($f_y h'(t)$)의 합임을 알 수 있다. 이것을 그림으로 나타내면 [그림 7.5]와 같다.

예제 7 $z = f(x, y) = x^3 + y^3$, $x = t - 1$, $y = t^2$일 때 전도함수를 구하라.

| 풀이 | 먼저 함수를 전미분하면 $dz = f_x dx + f_y dy$가 된다. 이때 도함수 $\dfrac{dz}{dt}$를 구하기 위해 양변을 dt로 나누면 $\dfrac{dz}{dt} = f_x \dfrac{dx}{dt} + f_y \dfrac{dy}{dt}$가 된다. $f_x = 3x^2$, $f_y = 3y^2$, $\dfrac{dx}{dt} = 1$, $\dfrac{dy}{dt} = 2t$이므로 $\dfrac{dz}{dt} = 3x^2 \cdot 1 + 3y^2 \cdot 2t = 3(t-1)^2 + 3(t^2)^2 \cdot 2t = 6t^5 + 3(t-1)^2$이 된다.

(3) 음함수 정리

지금까지 함수는 대부분 $y = f(x)$ 형태로 나타내었다. 이 함수 형태는 x는 독립변수, y는 종속변수로 명확히 표현할 수 있다. 이러한 함수 형태를 양함수(explicit function)라 한다. 그러나 어떤 함수는 독립변수와 종속변수가 명확하게 드러나지 않는다. 예를 들면 함수 $y = x + 1$은 x가 독립변수이고 y가 종속변수이다. 그러나 이 함수를 $y - x - 1 = 0$ 형태로 나타내면 x, y변수 중 어느 것이 독립변수이고 종속변수인지 명확하지 않게 된다. 이처럼 x, y의 관계가 명확하지 않고 포괄적으로 나타난 함수를 음함수(implicit function)라고 한다. 일반적으로 음함수는 $F(x, y) = 0$으로 나타낸다.

그러면 이런 음함수 형태에서 도함수 $\dfrac{dy}{dx}$를 구하는 방법을 생각해 보자. 하나의 방법은 음함수 $F(x, y) = 0$을 $y = f(x)$ 형태로 바꾼 다음 도함수 $\dfrac{dy}{dx}$를 구하는 것이다. 그러나 어떤 음함수는 양함수 형태로 바꾸는 것이 번거롭고 쉽지 않은 경우가 많다. 예컨대 어떤 함수가 $y^3 x + \sqrt{xy} + x^3 - 3 = 0$이라면 $y = f(x)$ 함수 형태로 바꾸는 것이 거의 불가능하다. 다른 방법은 함수 $F(x, y) = 0$에서 직접 도함수를 유도하는 것이다. 이것을 음함수 정리라 한다.

> **정리 7.1** 음함수 정리

미분 가능한 함수 $F(x,y)=0$이 존재하면

$$\frac{dy}{dx}=-\frac{\frac{\partial F}{\partial x}}{\frac{\partial F}{\partial y}}=-\frac{F_x}{F_y} \qquad (7\text{-}7)$$

가 성립한다.

증명 음함수 $F(x,y)=0$에 전미분 공식을 적용하면 $F_x dx + F_y dy = 0$이 성립하므로 도함수 $\frac{dy}{dx}=-\frac{F_x}{F_y}$가 된다.

음함수 정리는 $F(x,y)=0$을 $y=f(x)$로 바꿀 필요 없이 도함수 $\frac{dy}{dx}$를 구할 수 있다는 것을 보여 준다. 즉, 음함수 형태에서 바로 각 변수의 1차편도함수를 구한 다음, 이 1차편도함수를 다음과 같은 비율 $-\frac{F_x}{F_y}$로 하면 된다. 그러므로 미분만 가능하다고 하면 어떤 함수 형태도 가리지 않고 쉽게 도함수를 구할 수 있기 때문에 음함수 정리를 사용하면 편리하다.

예제 8 함수 $y=x^2+x+1$에서 도함수를 구하고 이것을 음함수 정리를 통해서 구한 도함수와 비교하라.

| 풀이 | $\frac{dy}{dx}=2x+1$, 음함수 정리를 사용하기 위해 함수 형태를 $F(x,y)=y-x^2-x-1=0$이라 놓으면 $F_x=-2x-1$, $F_y=1$이므로 $\frac{dy}{dx}=-\frac{F_x}{F_y}=2x+1$이 된다.

예제 9 함수 $y^3+2y-4x^3-5x-1=0$에서 도함수 $\frac{dy}{dx}$를 구하라.

| 풀이 | 먼저 함수 $F(x,y)=y^3+2y-4x^3-5x-1=0$이라 놓으면

$F_x = -12x^2 - 5$, $F_y = 3y^2 + 2$이므로 음함수 정리에 의해서 $\dfrac{dy}{dx} = -\dfrac{F_x}{F_y} = \dfrac{12x^2 + 5}{3y^2 + 2}$ 가 성립한다.

다변수함수인 경우에도 음함수 정리를 적용할 수 있다. $y = f(x_1, x_2, \cdots, x_n)$ 함수 형태로 정의될 수 있는 음함수 $F(y, x_1, x_2, \cdots, x_n) = 0$이 있다고 하자. 여기에 전미분 공식을 적용하면 $F_y dy + F_1 dx_1 + F_2 dx_2 + \cdots + F_n dx_n = 0$이 된다. 이제 y와 x_i만이 변화하고 나머지 변수는 모두 고정되어 있다고 하면 dx_i를 제외한 나머지 변수의 변화량은 모두 $dx_1 = dx_2 = \cdots = dx_n = 0$이 되고, 이때 미분은 편미분 정의와 부합된다.

$$\dfrac{\partial y}{\partial x_i} = -\dfrac{F_i}{F_y} \quad (i = 1, 2, \cdots, n) \tag{7-8}$$

예제 10 미분 가능한 함수 $y^2 + 3x^2 - z^3 + yz - 5 = 0$이 있을 때, x, y에 대한 z의 편도함수를 구하라.

| 풀이 | $F(x, y, z) = y^2 + 3x^2 - z^3 + yz - 5 = 0$이라 놓으면
$F_x = 6x$, $F_y = 2y + z$, $F_z = -3z^2 + y$이다.

$$\dfrac{\partial z}{\partial x} = -\dfrac{F_x}{F_z} = -\dfrac{6x}{-3z^2 + y} = \dfrac{6x}{3z^2 - y}$$

$$\dfrac{\partial z}{\partial y} = -\dfrac{F_y}{F_z} = -\dfrac{2y + z}{-3z^2 + y} = \dfrac{2y + z}{3z^2 - y}$$

이와 같이 구한 각 변수의 1차편도함수에 대해서 다시 각 변수에 대해 편미분하면 다음과 같은 2차편미분을 구할 수 있다. 함수 $F(y, x_1, x_2, \cdots, x_n) = 0$에서

$$\dfrac{\partial^2 y}{\partial x_i^2} = \dfrac{\partial y}{\partial x_i}\left(\dfrac{\partial y}{\partial x_i}\right) = \dfrac{\partial y}{\partial x_i}\left(-\dfrac{F_{x_i}}{F_y}\right) \quad (i = 1, 2, \cdots, n)$$

$$\dfrac{\partial^2 y}{\partial x_i \partial x_j} = \dfrac{\partial y}{\partial x_i}\left(\dfrac{\partial y}{\partial x_j}\right) = \dfrac{\partial y}{\partial x_i}\left(-\dfrac{F_{x_j}}{F_y}\right) \quad (i, j = 1, 2, \cdots, n,\ i \neq j)$$

가 된다.

예제 11 $z^2 - xz - y = 0$에서 x, y에 대한 2차 편도함수를 구하라.

| 풀이 | $F(x, y, z) = z^2 - xz - y = 0$이라 놓으면 $F_x = -z$, $F_y = -1$, $F_z = 2z - x$이다.

$$\frac{\partial z}{\partial x} = -\frac{F_x}{F_z} = -\frac{-z}{2z-x} = \frac{z}{2z-x}$$

$$\frac{\partial z}{\partial y} = -\frac{F_y}{F_z} = -\frac{-1}{2z-x} = \frac{1}{2z-x}$$

$$\frac{\partial^2 z}{\partial x^2} = \frac{\partial}{\partial x}\left(\frac{\partial z}{\partial x}\right) = \frac{z}{(2z-x)^2}$$

$$\frac{\partial^2 z}{\partial x \partial y} = \frac{\partial}{\partial x}\left(\frac{\partial z}{\partial y}\right) = \frac{1}{(2z-x)^2} = \frac{\partial^2 z}{\partial y \partial x} = \frac{\partial}{\partial y}\left(\frac{\partial z}{\partial x}\right)$$

$$\frac{\partial^2 z}{\partial y^2} = \frac{\partial}{\partial y}\left(\frac{\partial z}{\partial y}\right) = 0$$

3 경영경제학에서의 응용

실제 경영학이나 경제학에서 다루어진 많은 이론들이 다변수함수 형태로 이루어지고 있다. 여기서는 앞에서 배운 다변수함수의 미분이 실제 경영학과 경제학에 어떻게 이용되고 있는가를 살펴보자.

(1) 탄력성

제6장에서는 독립변수가 하나인 경우의 탄력성을 살펴보았다. 여기서는 다변수함수인 경우를 살펴보자. 함수 $z = f(x, y)$가 있다고 하자. 이때 독립변수 중 하나만 변화할 경우 종속변수가 얼마나 민감하게 변화하는가를 측정하는 것은 중요하다. 이러한 민감도를 측정할 수 있는 개념이 편탄력성(partial elasticity)이다. 탄력성(elasticity)은 어느 한 독립변수(x)가 1% 변화할 때 종속변수(z)가 몇 % 변화하는가를 나타낸다. 이것을 수식으로 나타내기 위해서는 z의 퍼센트 변화율을 x 퍼센트 변화율로 나눈다.

$$\lim_{\triangle x \to 0} \frac{\frac{\triangle z}{z}}{\frac{\triangle x}{x}} = \frac{x}{z} \frac{\partial z}{\partial x} \tag{7-9}$$

이것을 z의 x탄력성이라 한다. 이와 같이 다변수함수에서 탄력성을 정의하는 데 편미분이 사용된다.

Q는 수요량, P는 가격, P_A는 타 재화의 가격, Y는 소득이라 할 때 수요함수는 $Q = f(P, P_A, Y)$로 표현할 수 있다. 탄력성 정의 <식 7-9>에 의해서 먼저 수요의 가격탄력성을 다음과 같이 나타낸다.

$$E_P = -\frac{P}{Q} \frac{\partial Q}{\partial P} = -\frac{\partial \ln Q}{\partial \ln P} \tag{7-10}$$

수요의 가격탄력성을 가지고 재화를 분류할 수 있다. $E_P = \infty$이면 그 재화는 완전 탄력적이라고 한다. 즉, 가격이 1% 증가(감소)하면 수요는 ∞(무한대)가 될 만큼 가격 변화에 아주 민감하게 수요량이 변화한다는 것을 의미한다. 마찬가지로 $E_P > 1$이면 재화가 탄력적, $E_P = 1$이면 단위 탄력적, $E_P < 1$이면 비탄력적, $E_P = 0$이면 완전 비탄력적이라 한다. 즉, 탄력성이 높을수록 가격 변화에 대해 수요량이 민감하게 변화한다.

타 재화 가격이 변화할 때 수요량의 변화를 측정하기 위해서 탄력성을 정의하면 다음과 같다.

$$E_{P_A} = \frac{P_A}{Q} \frac{\partial Q}{\partial P_A} = \frac{\partial \ln Q}{\partial \ln P_A} \tag{7-11}$$

이것을 특히 수요의 교차탄력성(cross elasticity of demand)이라 한다. $E_{P_A} > 0$일 때 두 재화를 서로 대체재라 한다. 즉, 타 재화의 가격이 상승하면 본 재화의 수요량이 증가한다는 것을 의미한다. 예컨대 버거킹의 햄버거 가격이 상승하면 맥도날드 햄버거의 수요가 늘어나는 경우이다. $E_{P_A} < 0$일 때 두 재화를 서로 보완재라 한다. 즉, 타 재화의 가격이 상승하면 본 재화의 수요량이 감소한다. 예컨대 자동차 부품값이 상승

하면 자동차의 수요가 감소하는 경우이다.

수요의 소득탄력성(income elasticity of demand)은 다음과 같다.

$$E_Y = \frac{Y}{Q}\frac{\partial Q}{\partial Y} = \frac{\partial \ln Q}{\partial \ln Y} \qquad (7\text{-}12)$$

$E_Y > 1$일 때, 즉 소득이 1% 증가할 때 수요량이 1% 이상 증가하는 재화를 사치재(luxurious goods), $0 < E_Y < 1$일 때, 즉 소득이 1% 증가할 때 수요량이 1% 미만으로 증가하는 재화를 필수재(necessary goods)라 한다. 이 둘을 합하여 정상재(normal goods)라 한다. $E_Y < 0$일 때, 즉 소득이 증가할 때 오히려 수요가 감소하는 재화를 열등재(inferior goods)라 한다.

예제 12 수요함수가 $Q = 100 - 2P + P_A + 0.1Y$이고, $P = 10$, $P_A = 12$, $Y = 1000$일 때 수요의 가격탄력성, 수요의 교차탄력성, 수요의 소득탄력성을 구하라.

| 풀이 | $Q = 100 - 2(10) + 12 + 0.1(1000) = 192$이고 $\frac{\partial Q}{\partial P} = -2$이다.

수요의 가격탄력성 : $\frac{\partial Q}{\partial P} = -2$이므로 $E_P = -\frac{P}{Q}\frac{\partial Q}{\partial P} = -\frac{10}{192} \cdot (-2) = 0.10$

수요의 교차탄력성 : $\frac{\partial Q}{\partial P_A} = 1$이므로 $E_{P_A} = \frac{P_A}{Q}\frac{\partial Q}{\partial P_A} = \frac{12}{192} \cdot 1 = 0.0625$

수요의 소득탄력성 : $\frac{\partial Q}{\partial Y} = 0.1$이므로 $E_Y = \frac{Y}{Q}\frac{\partial Q}{\partial Y} = \frac{1000}{192} \cdot 0.1 = 0.52$

이 재화는 가격에 대해 수요가 비탄력적이며 대체재와 정상재 중 필수재의 특성을 가지고 있다는 것을 알 수 있다.

(2) 효용함수

경영학과 경제학의 기본 원리는 주어진 자원을 가지고 인간의 욕구를 최대화하는 방향으로 자원을 배분하는 것이다. 여기서 인간은 이러한 의사결정을 내리는 경제 주체를 의미하며 경제 주체는 가계(household), 기업(firm)과 정부(government)로 나뉜다.[24]

---

24) 가계의 욕구는 만족으로 나타내고 가계는 주어진 소득을 가지고 만족을 극대화하는 방향으로 소비결정을

가계는 상품시장에서 소비자로 행동하는데, 주어진 소득을 가지고 만족을 극대화한다. 그런데 소비자의 만족은 효용함수(utility function)로 나타낸다는 것을 제6장에서 언급하였다.

여기서는 재화가 다수인 경우 효용함수에 대해서 살펴보자. x재와 y재 두 재화가 있을 때 효용함수는 $U = U(x, y)$로 표현된다. 이때 y재 소비가 고정된 상태에서 x재 단위 변화에 대한 총효용 변화를 x재의 한계효용(Marginal Utility, MU_x)이라 한다. 이것은 편미분 정의와 정확히 일치하므로 수식으로 나타내면 $MU_x = \frac{\partial U}{\partial x}$이다. 마찬가지로 y재의 한계효용은 $MU_y = \frac{\partial U}{\partial y}$이다.

이제 x, y재 소비량이 동시에 변화할 때 총효용 변화는 전미분으로 구할 수 있다. $dU = \frac{\partial U}{\partial x}dx + \frac{\partial U}{\partial y}dy$가 된다. 그런데 각 재화 소비량의 편미분은 그 재화의 한계효용을 나타내므로 총효용 변화는 $dU = MU_x dx + MU_y dy$로 전환된다.

예제 13 효용함수가 $U = x^{\frac{1}{4}} y^{\frac{3}{4}}$이고 $x = 100$, $y = 200$일 때 x, y의 한계효용을 구하라. 그리고 x가 100에서 99로, y가 200에서 201로 변화할 때 총효용 변화를 구하라.

풀이 x재 한계효용 $MU_x = \frac{\partial U}{\partial x} = \frac{1}{4}x^{-\frac{3}{4}}y^{\frac{3}{4}}$이고 y재 한계효용 $MU_y = \frac{\partial U}{\partial y} = \frac{3}{4}x^{\frac{1}{4}}y^{-\frac{1}{4}}$

이 된다. $x = 100$이고 $y = 200$일 때 각 재화의 한계효용을 구하면

$\frac{\partial U}{\partial x} = \frac{1}{4}(100)^{-\frac{3}{4}}(200)^{\frac{3}{4}} = 0.42$, $\frac{\partial U}{\partial y} = \frac{3}{4}(100)^{\frac{1}{4}}(200)^{-\frac{1}{4}} = 0.63$이 된다.

$\triangle x = -1$이고 $\triangle y = 1$이므로 총효용 변화 $\triangle U = \frac{\partial U}{\partial x}\triangle x + \frac{\partial U}{\partial y}\triangle y$이므로

$\triangle U = (0.42)(-1) + (0.63)(1) = 0.21$

내리며, 기업의 욕구는 이윤으로 주어진 생산비용과 생산기술을 가지고 이윤을 극대화하는 방향으로 생산한다. 정부의 욕구는 공공복지로, 주어진 자원을 가지고 공공복지를 최대화하는 방향으로 의사결정을 내릴 것이다. 가계는 상품시장에서는 소비자로, 요소시장에서는 자원의 공급자로, 기업은 상품시장에서 공급자로, 요소시장에서는 수요자로 행동한다.

이제 x와 y가 각각 Δx, Δy만큼 변화하는 데 총효용에 변화가 없다고 하자. 이때 $\Delta U = 0$이 된다. 그러면 총효용은 특정한 상수값을 가지며 총효용함수를 $U_0 = U(x, y)$로 나타낼 수 있다. 이 함수는 동일한 효용수준을 나타내는 두 상품 x와 y의 조합을 나타낸다. 이것을 무차별곡선(indifference curve)이라 한다. 무차별곡선은 x와 y좌표에 그래프로 나타낼 수 있다. 무차별곡선을 전미분하면 $dU_0 = MU_x dx + MU_y dy = 0$이 된다. 이것을 도함수형태로 정리하면 $\dfrac{dy}{dx} = -\dfrac{MU_x}{MU_y}$가 된다. 즉, 무차별곡선의 기울기는 두 재화의 한계효용의 비율과 일치한다는 것을 알 수 있다. 이것을 $\dfrac{-dy}{dx} = \dfrac{MU_x}{MU_y}$로 변형하면 동일한 효용수준을 유지하면서 x재가 1단위 변화할 때 y재가 얼마만큼 감소하는가를 나타낸다. 이것을 한계대체율(Marginal Rate of Substitution, MRS)이라 한다. 이것은 무차별곡선 기울기의 절대값과 같다. 즉, 소비자 자신이 주관적으로 y재로 표시한 x재 1단위가치를 의미한다. [그림 7.6]은 무차별곡선과 한계대체율 간의 관계를 잘 보여 주고 있다. 원점에서 볼록한 무차별곡선은 x재 소비가 증가할수록 한계대체율이 감소함을 알 수 있다. 즉, 기울기의 절대값이 점점 더 적어진다.

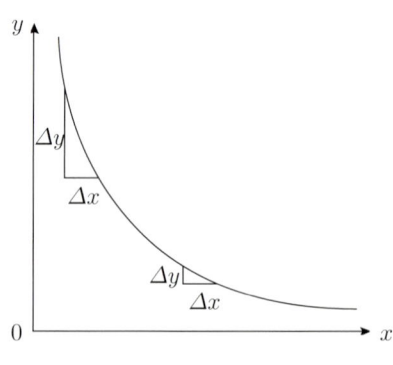

그림 7.6 무차별곡선과 한계대체율

(3) 생산함수

기업은 주어진 기술에 생산요소를 투입하여 재화를 생산한다. 일반적으로 생산요소는 자본(K)과 노동(L)으로 분류된다. 노동은 인간에 의해서 제공되는 생산요소이며 자본은 인간 외에 의해서 제공되는, 인간에 의해서 만들어진 생산수단이나 자연에 의해서 제공되는 생산요소 등이 포함된다. 이와 같이 일정한 기술 수준하에서 투입되는 생산요소와 그것에 의해서 생산되는 최대 생산량의 관계를 나타내는 것을 생산함수라 한다. 생산함수를 수식으로 나타내면 $Q = f(K, L)$이 된다. 자본이 고정되어 있는 상태에서 노동이 1단위 증가할 때 총생산량 증가량을 노동의 한계생산(Marginal Product of Labor, MP_L)이라 하고, 노동이 고정되어 있는 상태에서 자본이 1단위 증가할 때 총생산량 증가량을 자본의 한계생산(Marginal Product of Capital, MP_K)이라 한다. 이것은 우리가 배운 각 생산요소의 편미분과 일치하므로 수식으로 나타내면 다음과 같다.

$$MP_L = \frac{\partial Q}{\partial L} = f_L$$

$$MP_K = \frac{\partial Q}{\partial K} = f_K$$

그리고 K, L이 동시에 변화할 때 총생산량의 변화는 생산함수를 전미분하면 구할 수 있다. 즉, $dQ = f_k dK + f_L dL$이 된다. 총생산량의 변화는 각 생산요소의 한계생산에 각 생산요소를 곱한 값의 합으로 나타낸다.

예제 14 생산함수 $Q = K^{\frac{1}{2}} L^{\frac{1}{2}}$이 있다.[25] 여기서 Q는 총생산량, K, L은 각각 생산요소로서 자본과 노동의 양을 나타낸다. 이때 투입요소 변화에 따른 총생산량의 변화량을 구하라.

| 풀이 | 총생산량의 변화량은 $dQ = f_k dK + f_L dL$이다.

$$f_K = \frac{1}{2} K^{-\frac{1}{2}} L^{\frac{1}{2}} = \frac{1}{2} \left(\frac{K}{L}\right)^{-\frac{1}{2}} = \frac{1}{2} \left(\frac{Q}{K}\right) > 0$$

$$f_L = \frac{1}{2} K^{\frac{1}{2}} L^{-\frac{1}{2}} = \frac{1}{2} \left(\frac{K}{L}\right)^{\frac{1}{2}} = \frac{1}{2} \left(\frac{Q}{L}\right) > 0$$

그러므로 총생산량 변화량 $dQ = f_k dK + f_L dL = \frac{1}{2}\left(\frac{Q}{K}\right)dK + \frac{1}{2}\left(\frac{Q}{L}\right)dL$이 된다. 이 생산함수에서 자본의 한계생산이 $f_K > 0$이므로 자본이 1단위 증가할 때 총

---

[25] 이 생산함수의 일반형은 $Q = AK^m L^b$인데 이것을 콥-더글러스(Cobb-Douglas) 생산함수라고 한다.

생산량이 증가한다. 노동의 경우도 $f_L > 0$이므로 노동이 1단위 증가할 때 총생산량이 증가한다는 것을 의미한다.

이 함수의 2차편도함수를 구하면 다음과 같다.

$$f_{KK} = \frac{\partial}{\partial K} f_K = -\frac{1}{4} K^{-\frac{3}{2}} L^{\frac{1}{2}} < 0$$

자본이 1단위 증가할 때 자본의 한계생산물이 감소한다는 것을 의미한다.

$$f_{LL} = \frac{\partial}{\partial L} f_L = -\frac{1}{4} K^{\frac{1}{2}} L^{-\frac{3}{2}} < 0$$

노동도 자본과 마찬가지로 노동이 1단위 증가할 때 노동의 한계생산이 감소한다. 이와 같은 생산함수를 상정하면 i생산요소에 대한 1차편미분이 $f_i > 0$ 값을 갖고 2차편미분이 $f_{ii} < 0$ 값을 갖는다. 이와 같은 형상을 '한계생산물 체감의 법칙'이 작용한다고 한다. 즉, 이 법칙은 i생산요소를 증가시킬 때 총생산량은 증가하지만 한계생산은 감소한다는 것을 의미한다.

이제 L과 K가 각각 ΔL, ΔK만큼 변화하는 데 총생산에 변화가 없다고 하자. 그러면 효용함수에서처럼 동일한 생산량수준을 나타내는 두 생산요소 L과 K의 조합을 나타내는 곡선을 유도할 수 있다. 이것을 등량곡선(isoquant curve)이라 한다. 등량곡선을 전미분하면 $dQ_0 = MP_K dK + MP_L dL = 0$이 된다. 이것은 $\frac{-dK}{dL} = \frac{MP_L}{MP_K}$로 변형된다. 즉, 동일한 생산수준을 유지하면서 L이 한 단위 변화할 때 K가 얼마만큼 감소하는가를 나타낸다. 이것을 한계기술대체율(Marginal Rate of Technical Substitution, MRTS)이라 한다. 이것은 등량곡선 기울기의 절대값과 같다. 즉, 기업이 자신의 기술수준에서 K로 표시한 L 1단위 가치를 의미한다. 등량곡선이 원점에서 볼록하면 [그림 7.6]의 무차별곡선과 마찬가지로 한계기술적 대체율은 감소한다.

(4) 국민소득 결정 모형

개별 재화에 대한 수요와 공급과 구분하기 위해 거시경제의 수요와 공급을 총수요와 총공급이라고 한다. 총수요와 총공급은 일정 기간 동안 한 경제 내에서 생산한 재화와 용역에 대한 수요와 공급을 총량적으로 합한 개념이다. 다시 말하면 한 나라에서 일정

기간 동안 생산된 수많은 상품을 결합하여 '국민소득'이라는 하나의 상품으로 만들고 이 상품에 대한 수요와 공급을 나타낸 것으로 볼 수 있다.

총수요 측면의 국민소득은 제5장에서 간단히 언급하였듯이 가계의 소비지출(C), 기업의 투자지출(I)과 정부의 정부지출(G)로 구성된다. 즉, $Y_D = C + I + G$이다. 총공급 측면의 국민소득은 총자본과 총노동에 의해 생산되는 총생산량을 의미한다. 즉, $Y_S = f(K, L)$이다. 이러한 총수요와 총공급이 일치하는 곳에서 균형국민소득이 결정된다.

예제 15 다음은 선형 국민소득 모형이다.

(1) $Y_D = C + I + G$, $C = \alpha + \beta(Y_D - T)$, $T = tY_D$

(2) $Y_D = Y_S = Y$

I, G, t에 대한 편도함수를 구하고 그 의미에 대해서 설명하라.

| 풀이 | 각 함수를 대입하여 음함수 형태로 바꾸면

$$F(Y, I, G, t) = Y - (\alpha + \beta(Y - tY)) - I - G = 0$$

$$\frac{\partial Y}{\partial I} = -\frac{F_I}{F_Y} = \frac{1}{1 - \beta(1-t)} > 0$$

정부투자(G)와 세율(t)이 일정할 때 투자가 1단위 증가함에 따라 추가적으로 증가한 국민소득을 나타낸다. 이것을 '투자승수'라고 한다. 이 모형에서 투자가 1단위 증가함에 따라 국민소득이 $\frac{1}{1-\beta(1-t)} > 0$만큼 증가함을 알 수 있다.

$$\frac{\partial Y}{\partial G} = -\frac{F_G}{F_Y} = \frac{1}{1 - \beta(1-t)} > 0$$

다른 변수가 일정하고 정부지출이 1단위 증가할 때 추가적으로 증가한 국민소득을 나타낸다. 이것을 '정부지출승수'라고 한다. 정부지출이 증가하면 국민소득이 증가함을 알 수 있다.

$$\frac{\partial Y}{\partial t} = -\frac{F_t}{F_Y} = -\frac{\beta Y}{1 - \beta(1-t)} < 0$$

세율이 1단위 증가할 때 감소하는 국민소득을 나타내고 있다.

연습문제 7-2

1. 다음 함수의 전미분을 구하라.

    (1) $y = (x_1^3 - x_2^2)^3$

    (2) $v(t_1, t_2) = t_1^2 + 2t_2$

    (3) $z = x^2 y$

    (4) $z = \ln xy + y^2$

    (5) $f(x, y) = 4x^2 + 6y^2$

    (6) $y = uv$

    (7) $g(x, y) = xe^{y^2}$

    (8) $y = \dfrac{u+v}{2u^2}$

2. 다음 함수에서 전도함수를 구하라.

    (1) $z = 2vw + w^2,\ v = w+5$

    (2) $w = p^2 + g^2,\ p = t-1,\ g = t^2 + 1$

    (3) $z = x^2 - 8xy - y^2,\ x = 3t,\ y = 1-t$

    (4) $z = 3u + v,\ u = 2t^2,\ v = t+1$

3. 길동이는 과수원을 운영하고 있다. 이 과수원에서 사과와 배를 재배한다. 한 해 이들 생산량 (X, Y)은 길동이에게 $U = XY$의 만족을 제공한다. 사과와 배는 다음 식처럼 $X = \sqrt{t} - 1$, $Y = \sqrt[3]{t^2} - 1$ 시간에 따라 생산된다. 단위시간당 길동의 만족도는 얼마인가?

4. 다음 방정식에 의해 정의되는 음함수들의 x에 관한 도함수를 구하라.

    (1) $x^2 y + xy^2 = 0$

    (2) $y^2 = \dfrac{x-1}{x+1}$

    (3) $x^3 + y^3 = 12xy$

    (4) $x^2 = \dfrac{x-y}{x+y}$

5. 수요함수가 $Q = 200 - 2P - P_A + 0.1Y^2$이고 $P = 10$, $P_A = 15$와 $Y = 100$일 때 다음을 구하라.

   (1) 수요의 가격탄력성
   (2) 수요의 교차탄력성
   (3) 수요의 소득탄력성

6. 효용함수가 $U = x^{\frac{1}{2}} y^{\frac{1}{3}}$일 때 다음을 구하라.

   (1) 임의의 한 점에서 x, y재의 한계효용을 구하라.
   (2) $(x, y) = (25, 8)$에서 x, y재가 각각 1단위 증가할 때 총효용 변화량을 구하라.
   (3) $U = 1$일 때 무차별곡선식을 구하고 임의의 한 점에서 한계대체율을 계산하라.
   (4) $x = 1$와 $x = 4$일 때 한계대체율을 구하고 이 값의 차이는 무엇을 의미하는가?

7. 생산함수가 $Q = 2KL + \sqrt{L}$일 때 다음을 구하라.

   (1) 임의의 한 점에서 생산요소 L, K에 대한 각각의 한계생산물을 구하라.
   (2) 특정 생산점 $Q = Q_0$에서 등량곡선식을 구하라.
   (3) 임의의 한 점에서 한계기술대체율을 구하라.

chapter 7 종합문제

1 다음 함수의 x, y 변수에 대해 1차 편도함수를 구하라.

(1) $f(x, y) = 2x$
(2) $f(x, y) = -3y$
(3) $f(x, y) = x^2 + y^2$
(4) $f(x, y) = (x+2)^2(y+3)^2$
(5) $f(x, y) = x^2 - 3xy + y^2$
(6) $f(x, y) = \dfrac{1}{x+y}$
(7) $f(x, y) = \sqrt{x^2 + y^2}$
(8) $f(x, y) = (y-x)e^x$
(9) $f(x, y) = e^x \ln y$

2 다음 3변수함수에서 각 변수에 대해 1차편도함수와 2차편도함수를 구하라.

(1) $f(x, y, z) = x + y + z$
(2) $f(x, y, z) = 1 + y^2 + 2z^2$
(3) $f(x, y, z) = e^x y^e z$
(4) $f(x, y, z) = \ln(x^2 + y^2 + z^2)$

3 다음 함수의 전미분을 구하라.

(1) $z = x^3 y^2 - 7x^2 + 2$
(2) $w = x - \sqrt{y^2 + z^2}$
(3) $z = e^x + e^{-y}$
(4) $w = (x^3 - 4)^5 y^2$
(5) $z = \dfrac{x}{x^2 + y^2}$
(6) $w = e^{x^2} \ln(y+1)$
(7) $z = (x+2)(y+3)$
(8) $w = AK^\alpha L^\beta$

4 다음 함수들의 전도함수를 구하라.

(1) $z = 4xy + 2x^2, \ x = 3y + 5$
(2) $z = x^2 + y^2, \ x = 2w + 5, \ y = w^2$
(3) $z = x^3 y, \ x^5 + y = t, \ y = t^2$

5 음함수 정리를 이용하여 x에 대한 도함수를 구하라.

(1) $2x^2 - y^3 x + x^3 y - 18 = 0$

(2) $x^2 + y^2 = r^2$

(3) $xy + y^5 x^2 - 10yx^2 = 14$

(4) $e^{xy} = 4x^2 + x$

(5) $x^2 + 2yx^4 - z^3 y^6 - 18 = 0$ (z가 종속변수)

6 어떤 소비자의 효용함수가 $U = \sqrt{XY}$로 주어져 있다.

(1) 임의의 한 점에서 두 재화의 한계효용을 구하라.

(2) $U = 1$, $U = 2$일 때 무차별곡선식을 구하고 그래프를 그려라.

(3) $U = 1$인 상태에서 $X = 1$과 $X = 4$인 점에서 각각 한계대체율을 구하라.

(4) 문제 (3)의 결과는 어떤 의미를 갖는가?

7 어떤 기업의 생산구조를 조사해보니 콥-더글라스 생산함수, $Q = AK^\alpha L^\beta$ 형태로 이루어져 있다는 것을 발견하였다.

(1) $K = 1, L = 1$일 때 노동과 자본의 한계생산물을 구하라.

(2) 임의의 한 점에서 이 기업의 노동과 자본의 한계생산물을 구하라.

(3) 노동과 자본의 변화에 따른 총생산량의 변화는 얼마인가?

(4) $Q = 1$일 때 등량곡선식을 구하라.

(5) $Q = 1$일 때 임의의 한 점에서 한계기술대체율을 구하라.

8 수요함수가 $Q = 4P^{-\frac{8}{3}} P_A^{\frac{2}{5}} Y^{\frac{5}{2}}$일 때 다음을 구하라.

(1) 수요의 가격탄력성

(2) 수요의 교차탄력성

(3) 수요의 소득탄력성

9 국민소득 모형이 다음과 같을 때 물음에 답하라.

$Y = C + I + G$, $C = aY_d + b$, $Y_d = Y - T$, $T = tY$, $I = I^*$, $G = G^*$

여기서 Y_d는 가처분소득이고 G는 정부지출이다.

(1) 균형 국민소득을 구하라.

(2) 투자승수와 정부지출승수를 구하라.

(3) 세율이 증가할 때 감소되는 국민소득분을 구하라.

제8장
극대화와 극소화

기업이나 개별 소비자 등 경제 행위의 결정자들은 자신의 효용 혹은 이익을 추구하기 위하여 어떤 것을 극대화할 것인가 아니면 극소화할 것인가를 선택하는 경우가 많다. 예를 들어, 소비자 이론에서는 소비자가 효용 극대화를 목적으로 소비 행위를 한다고 가정한다. 비용 이론에서 기업은 주어진 생산량 수준에서 생산비를 극소화하려 한다고 가정한다.

이러한 예에서 보듯이 경영과 경제 분야에서 극대·극소화의 개념은 매우 중요하다. 따라서 이 장에서는 우선적으로 아무런 제약이 없는 상태에서 극대값이나 극소값을 찾는 방법을 학습하고, 다음 장에서는 제약이 있는 상태에서 극대값이나 극소값을 찾는 방법을 알아본다.

1 일변수함수의 극대와 극소

(1) 극값의 정의

임의의 함수 $y = f(x)$에서 $f(x)$가 정의될 수 있는 모든 x값에 대해 다음과 같은 부등식을 만족할 때, $f(c)$는 f의 최대값(global maximum) 혹은 최소값(global minimum)이라고 한다.

$$f(x) \leq f(c) \text{ 또는 } f(x) \geq f(c)$$

극대·극소화의 개념을 합하여 수학적 용어로 극값(extrema)이라고 한다. 극값은 '끝부분에 위치한 값'이라는 뜻으로, 기하학적으로는 그래프에서 가장 높고 가장 낮은 점들로 나타난다. [그림 8.1]에서 보듯이 c값 주위의 작은 개구간 영역에 있는 모든 x에 대해

$$f(x) \leq f(c)$$

이면 함수 f는 $x = c$에서 극대값(relative maximum)을 가진다고 한다.

마찬가지로 c값 주위의 작은 개구간 영역에 있는 모든 x에 대해

$$f(x) \geq f(c)$$

이면 함수 f는 $x = c$에서 극소값(relative minimum)을 가진다고 한다.

예를 들어 [그림 8.1]의 함수를 고려해 보자. 이 그림의 함수 $y = f(x)$는 $[a, b]$ 구간에서 정의되는데 최대값은 $f(a)$, 최소값은 $f(d)$이고, 상대적 극대값은 $f(e)$, 상대적 극소값은 $f(c)$이다.

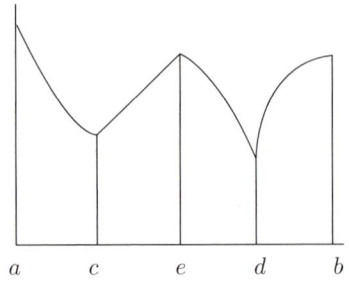

그림 8.1 최대값, 최소값, 극소값, 극대값의 예시

정리 8.1

함수 f가 정의역 내부의 점 c에서 극대값 혹은 극소값을 가진다고 가정하자. 만약 f'이 c에서 정의된다면 극대값 혹은 극소값을 갖는 점 c에서 $f'(c) = 0$이다.

증명 함수 f가 $x = c$에서 극소값을 가진다고 가정하면 c 근처의 모든 x값에 대해서 [그림 8.2]에서 보듯이 $f(x) \geq f(c)$이다. c가 함수 f의 정의역 내부의 점이므로 다음의 극값을 알 수 있다.

$$\lim_{x \to c} \frac{f(x) - f(c)}{x - c} \tag{8-1}$$

이것은 $x = c$에서 좌극한과 우극한이 둘 다 존재하고 $f'(c)$값임을 의미한다. 이 극한을 분리해서 생각하면 우극한에서 x는 c의 오른쪽에 존재하므로 $f(x) \geq f(c)$이고 $x - c > 0$이므로

$$\lim_{x \to c^+} \frac{f(x) - f(c)}{x - c} \geq 0 \tag{8-2}$$

좌극한은 이와 반대로

$$\lim_{x \to c^-} \frac{f(x) - f(c)}{x - c} \leq 0 \tag{8-3}$$

<식 8-2>에서 $f'(c)$는 0과 같거나 크고 <식 8-3>에서 $f'(c)$는 0과 같거나 작으므로 $f'(c)$는 0이다.
함수 f가 $x = c$에서 극대값을 가지는 경우에도 같은 방법으로 증명할 수 있다.

[그림 8.2]는 극소값을 가지는 경우에 대해 <정리 8.1>을 설명하는 그림이다. $x = c$를 중심으로 그림을 보면 $x < c$인 부분에서 접선의 기울기가 음이면서 접선의 기울기는 점차 완만해진다. 한편 $x > c$인 부분에서는 접선의 기울기가 양이면서 접선의 기울기가 점차 커지는 형태를 보이고, $x = c$에서는 기울기가 0인 접선을 가진다. 그래프에서 이러한 형태의 모습을 이루는 경우에 대해 $x = c$에서 극소값을 가진다고 한다.

하지만 일반적으로 그래프를 그려서 극대·극소를 판정하는 것은 시간이 걸릴 뿐만 아니라 그래프를 그리기 어려운 함수도 존재하므로 다음 절에서 그래프를 사용하지 않고 극대·극소를 판정하는 방법을 알아본다.

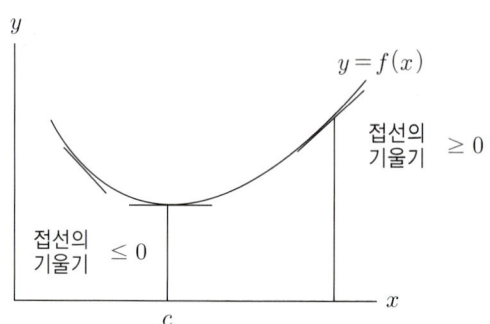

그림 8.2 접선의 기울기 변화에 따른 극대·극소 판정

(2) 일변수함수의 극대·극소 판정

<정리 8.1>은 극값의 필요조건일 뿐이고, 보다 단정적으로 극대값인지 극소값인지를 판별하기 위해서는 2차도함수의 개념을 사용한다.

1차도함수 $f'(x)$가 f의 변화율을 의미하듯이 $f''(x)$는 $f'(x)$의 변화율을 의미한다. [그림 8.3]을 보면 다음과 같은 특성을 알 수 있다.

① $x = a$에서 $f'(a) > 0$, $f''(a) < 0$
② $x = b$에서 $f'(b) = 0$, $f''(b) < 0$
③ $x = c$에서 $f'(c) < 0$, $f''(c) < 0$
④ $x = k$에서 $f'(k) < 0$, $f''(k) > 0$
⑤ $x = m$에서 $f'(m) = 0$, $f''(m) > 0$
⑥ $x = n$에서 $f'(n) > 0$, $f''(n) > 0$

 **정리 8.2**

(1) $f'(c) = 0$이고 $f''(c) < 0$이면, 함수 f는 $x = c$에서 극대값을 가진다.
(2) $f'(c) = 0$이고 $f''(c) > 0$이면, 함수 f는 $x = c$에서 극소값을 가진다.

<정리 8.1>과 <정리 8.2>를 종합하면 $f'(c) = 0$은 $x = c$가 극값이기 위한 필요조건(necessary condition)이 되고, $f''(c) < 0$ 또는 $f''(c) > 0$이라는 조건이 추가되면 $f(c)$가 극대값 또는 극소값이기 위한 충분조건(sufficient condition)이 된다. 일반적으로 $f'(c) = 0$이라는 필요조건은 극값이기 위한 1차 조건(first-order condition)이라 하며 2차도함수에 기초한 충분조건은 2차 조건(second-order condition)이라 한다.

예제 1 다음 함수의 극값을 구하라.

(1) $f(x) = x^4 - 4x^3 - 8x^2$
(2) $f(x) = x^2 - 8\ln x$ (단, $x > 0$)

| 풀이 | (1) $f'(x) = 4x^3 - 12x^2 - 16x = 4x(x-4)(x+1)$에서 $f'(x) = 0$을 만족하는 x값은 $x = 0, 4, -1$이다. 한편 $f''(x) = 12x^2 - 24x - 16$이므로 $f''(0) = -16$, $f''(4) = 80$, $f''(-1) = 20$임을 알 수 있다. 따라서 $x = 0$에서 극대값 $f(0) = 0$을 가지고, $x = 4$와 $x = -1$에서 각각의 극소값 $f(4) = -128, f(-1) = -3$을 가진다.

(2) $f'(x) = 2x - \dfrac{8}{x} = 0$에서 $f'(x) = 0$을 만족하는 x값은 $x = 2$이다.
$f''(x) = 2 + \dfrac{8}{x^2}$이고 $f''(2) = 4 > 0$이므로 $f(2) = 4 - 8\ln 2$는 극소값이 된다.

함수 f가 극값이기 위한 1차 조건과 2차 조건의 형태는 변수가 여러 개인 경우에도 같은 형태를 가진다. 다변수함수의 경우에는 전미분을 이용하는 것이 극값 판정에 편리하므로 일변수함수에 대해서 먼저 전미분을 이용한 1차 조건과 2차 조건을 정리해 보도록 하자.

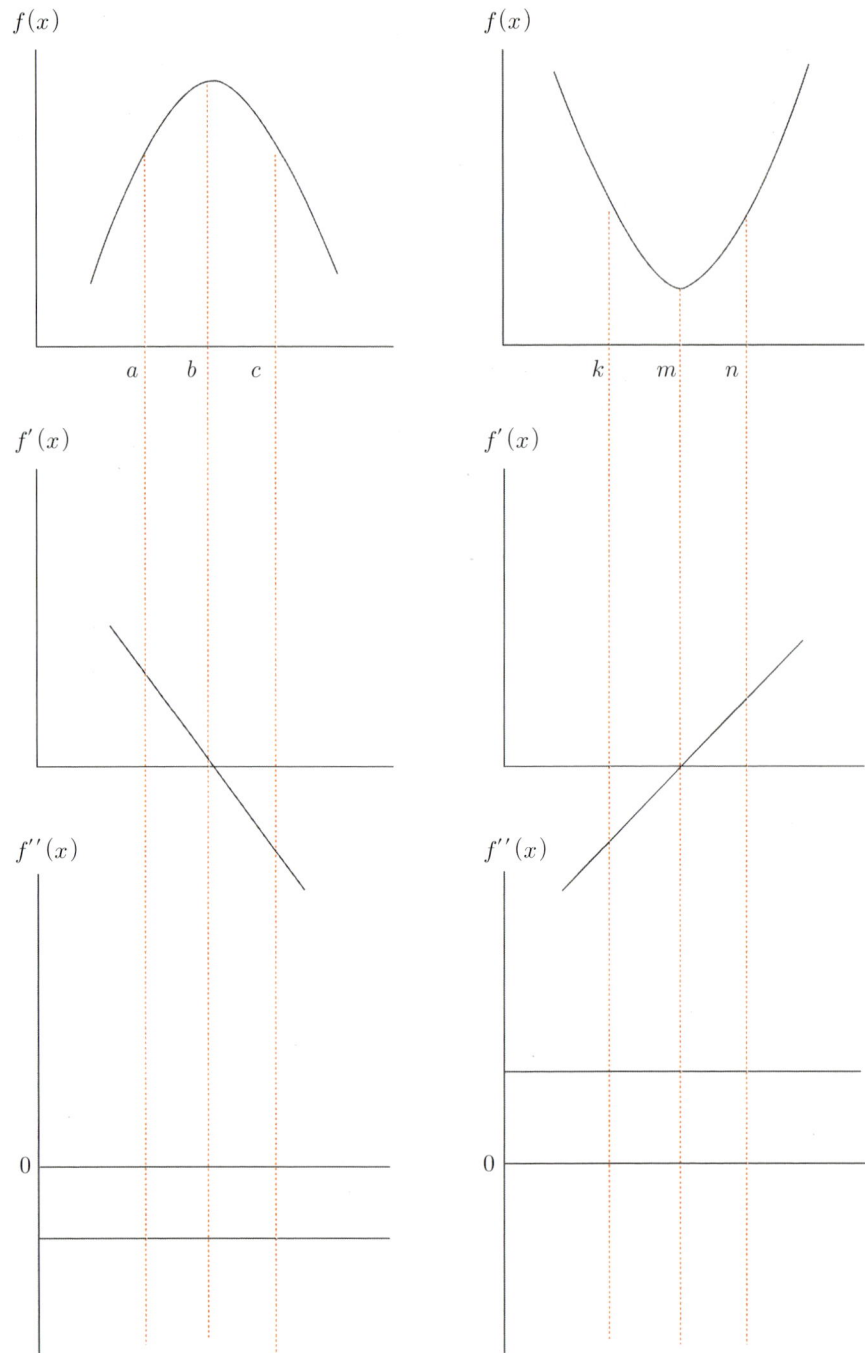

그림 8.3 2차함수에서 극대·극소값과 1차도함수, 2차도함수 간의 관계

<정리 8.1>에서 보여 주듯이 $x=c$에서 극값을 갖기 위한 1차 조건은 $x=c$에서 1차도함수가 0인 것이다. 이는 전미분을 이용하여 dy는 $x=c$에서 0이라는 것이다. 따라서 $x=c$에서 다음이 성립한다.

$$dy = f'(x)dx = 0 \qquad (8\text{-}4)$$

<식 8-4>에 의하면 아주 작은 변화 dx에 대해서 dy가 0임을 보장하기 위해서는 $f'(x)=0$의 조건이 필요하며, 이것은 극값이기 위한 1차 조건이다. 즉, $dy=0$과 $f'(x)=0$은 같은 조건이 된다.

2차 조건에 대한 전미분의 형태를 알아보기 위해 우선 y에 대한 2차전미분을 알아보면 다음과 같은 형태가 됨을 알 수 있다.

$$d^2y = d(dy) = d(f'(x)dx) = f''(x)dx^2 \qquad (8\text{-}5)$$

<식 8-5>에서 보듯이 아주 작은 변화 dx에 대해서 dx^2은 항상 양수이므로 극대값 또는 극소값이기 위한 $f''(c)<0$ 또는 $f''(c)>0$이라는 2차 조건은 $d^2y<0$ 또는 $d^2y>0$으로 표현될 수 있다.

연습문제 8-1

1. 다음 함수의 극값을 구하라.

(1) $f(x) = x^2 + \dfrac{16}{x} \ (x>0)$ 　　(2) $f(x) = 2\sqrt{x} - x \ (x>0)$

(3) $f(x) = x^3 - 147x$ 　　(4) $f(x) = x^2 + \dfrac{2}{x}$

2. 다음 구간에서 함수의 최대값, 최소값을 구하라.

(1) $f(x) = x - x^2 \ [0, 1]$ 　　(2) $f(x) = x^4 - 2x^2 + 2 \ [-1, 2]$

(3) $f(x) = x^4 - 4x \ [0, 2]$ 　　(4) $f(x) = \dfrac{x}{1+x} \ [0, 1]$

2   다변수함수의 극대·극소

독립변수가 둘 이상인 다변수함수는 일변수함수의 경우와는 달리 그래프를 그려서 형태를 파악하기가 어려우므로, 함수의 극값 판정방법을 수식으로만 이해하는 것이 편리하다.

이 절에서는 이변수함수를 중심으로 임의의 점 (x, y)에서 극값을 갖기 위한 필요조건과 충분조건을 살펴본 후, 변수가 더 많은 경우의 함수로 일반화할 것이다.

(1) 1차 필요조건

다변수함수의 경우에도 1절의 마지막 부분에서 전미분의 개념을 도입하여 필요조건과 충분조건을 나타낸 것을 활용하여 나타낼 수 있다. 다만, 다변수함수의 경우에는 변수가 여러 개이므로 편미분의 개념이 포함되는 것이 다르다.

이변수함수 $z = f(x, y)$가 (x^*, y^*)에서 극값을 갖기 위해서는 우선 다음의 식을 만족해야 한다.

$$dz = \frac{\partial f}{\partial x}dx + \frac{\partial f}{\partial y}dy = f_x dx + f_y dy = 0 \qquad (8\text{-}6)$$

미분 $dx \neq 0$, $dy \neq 0$이므로, $dz = 0$이 되기 위해서는 $f_x = 0$, $f_y = 0$이 되어야 한다. 즉,

$$\left.\frac{\partial f(x, y)}{\partial x}\right|_{(x^*, y^*)} = 0, \quad \left.\frac{\partial f(x, y)}{\partial y}\right|_{(x^*, y^*)} = 0 \qquad (8\text{-}7)$$

이 만족되어야 한다.

(2) 2차 충분조건

이제 극값이 되기 위한 2차 충분조건을 알아보도록 하자. 충분조건을 알기 위해서는 d^2z의 부호를 알아야 한다. 그러기 위해서 전미분함수인 $dz = f_x dx + f_y dy$를 이용하여 d^2z를 구해야 한다.

$$d^2z \equiv d(dz) = \frac{\partial(dz)}{\partial x}dx + \frac{\partial(dz)}{\partial y}dy$$

$$= \frac{\partial(f_x dx + f_y dy)}{\partial x}dx + \frac{\partial(f_x dx + f_y dy)}{\partial y}dy$$

$$= (f_{xx}dx + f_{yx}dy)dx + (f_{xy}dx + f_{yy}dy)dy$$

$$= f_{xx}dx^2 + f_{yx}dydx + f_{xy}dxdy + f_{yy}dy^2$$

$$= f_{xx}dx^2 + 2f_{xy}dxdy + f_{yy}dy^2$$

1차 조건을 만족하는 점 (x^*, y^*)에서 d^2z가 0보다 작다면 dz값은 점점 감소하게 되며, d^2z가 0보다 크다면 dz값은 점점 증가하게 된다. 그러므로 점 (x^*, y^*)를 중심으로 x와 y값의 변화에 상관없이 d^2z값이 0보다 작다면 $f(x^*, y^*)$는 극대값이 되며, d^2z값이 0보다 크다면 $f(x^*, y^*)$는 극소값이 된다. 그러므로 극대·극소를 판정하기 위해서는 dx, dy에 상관없이 d^2z가 0보다 작거나 큰 값을 가지게 되는 조건을 구하면 된다. dx, dy는 0이 아닌 아주 작은 값을 가지는 상수이므로 $dx = \alpha, dy = \beta$라 놓고 d^2z가 어떠한 조건에서 항상 0보다 작거나 크게 되는지 알아보도록 하자. 우선 d^2z가 dx, dy(즉, α, β)에 상관없이 0보다 큰 값을 가지게 되는 조건을 알아보도록 한다.

d^2z식을 이차항을 중심으로 다음과 같이 정리할 수 있다.

$$d^2z = f_{xx}\alpha^2 + 2f_{xy}\alpha\beta + f_{yy}\beta^2 \tag{8-8}$$

$$= f_{xx}\left(\alpha^2 + \frac{2f_{xy}}{f_{xx}}\alpha\beta + \frac{f_{xy}^2}{f_{xx}^2}\beta^2\right) + \left(f_{yy} - \frac{f_{xy}^2}{f_{xx}}\right)\beta^2$$

$$= f_{xx}\left(\alpha + \frac{f_{xy}}{f_{xx}}\beta\right)^2 + \left(\frac{f_{xx}f_{yy} - f_{xy}^2}{f_{xx}}\right)\beta^2$$

d^2z가 α, β에 상관없이 항상 0보다 크기 위해서는 위 식에서 알 수 있듯이

$$f_{xx} > 0, \quad f_{xx}f_{yy} - f_{xy}^2 > 0 \tag{8-9}$$

을 만족해야 한다.

따라서 1차 필요조건을 충족시키는 점 (x^*, y^*)가 $f_{xx} > 0, f_{xx}f_{yy} - f_{xy}^2 > 0$을 만족하면 $d^2z > 0$이 되므로 극소값이 된다.[26]

반대로 d^2z가 α, β에 상관없이 항상 0보다 작기 위해서는

$$f_{xx} < 0, \quad f_{xx}f_{yy} - f_{xy}^2 > 0 \tag{8-10}$$

을 만족해야 하고, 이 경우 1차 필요조건을 충족시키는 점 (x^*, y^*)는 극대값이 된다. 그러면 만약 위의 식에서 $f_{xx}f_{yy} - f_{xy}^2 < 0$이 된다면 d^2z는 어떻게 될까?

이 경우 $f_{xx} > 0$이라면 $f_{xx}\left(\alpha + \dfrac{f_{xy}}{f_{xx}}\beta\right)^2 > 0$이 되고 $\left(\dfrac{f_{xx}f_{yy} - f_{xy}^2}{f_{xx}}\right)\beta^2 < 0$이 되어서 α, β값에 따라서 d^2z는 0보다 작을 수도 있고 0보다 클 수도 있다. $f_{xx} < 0$이라면 앞의 경우와 반대로 $f_{xx}\left(\alpha + \dfrac{f_{xy}}{f_{xx}}\beta\right)^2 < 0$이 되고 $\left(\dfrac{f_{xx}f_{yy} - f_{xy}^2}{f_{xx}}\right)\beta^2 > 0$이 되어 α, β값에 따라서 d^2z는 0보다 작을 수도 있고 0보다 클 수도 있다. 즉, $f_{xx}f_{yy} - f_{xy}^2 < 0$이 된다면 어느 경우라도 α, β값에 따라서 d^2z는 0보다 작을 수도 있고 0보다 클 수도 있다. 이러한 경우는 극값이 될 수 없다.

💡 정리 8.3

이변수함수 $z = f(x, y)$가 주어졌을 때 1차 조건과 2차 조건은 다음과 같다.

1차 조건(필요조건) : (x^*, y^*)에서 $f_x = f_y = 0$
2차 조건(충분조건) : (x^*, y^*)에서 $f_x = f_y = 0$인 상태에서

(1) $f_{xx} > 0, f_{xx}f_{yy} - f_{xy}^2 > 0$이면 극소값이고
(2) $f_{xx} < 0, f_{xx}f_{yy} - f_{xy}^2 > 0$이면 극대값이다.

---

[26] d^2z는 임의의 α, β에 대해 2차식이므로 포물선 함수 형태로 생각할 수 있다. 임의의 α, β에 대해 함수 d^2z가 항상 양일 조건은 $f_{xx} > 0$과 판별식 $D < 0$이다($D = f_{xy}^2 - f_{xx}f_{yy}$). 항상 음일 조건은 $f_{xx} < 0, D < 0$이므로 앞의 결과와 일치함을 알 수 있다.

표 8.1 2변수함수의 극값 판정

구 분	극대값	극소값
1차 조건	$f_x = f_y = 0$	$f_x = f_y = 0$
2차 조건	$f_{xx} < 0$ $f_{xx}f_{yy} - f_{xy}^2 > 0$	$f_{xx} > 0$ $f_{xx}f_{yy} - f_{xy}^2 > 0$

예제 2 다음 함수의 극값을 구하고 극대값인지 극소값인지를 판정하라.

(1) $f(x, y) = x^2 + 3xy + 3y^2 - 3x - 3y$

(2) $f(x, y) = x^3 - y^3 + 3xy$

| 풀이 | (1) 우선 1차 필요조건을 만족하는 점을 구해야 하므로

$f_x = 2x + 3y - 3 = 0, \ f_y = 3x + 6y - 3 = 0$

위 방정식을 풀면 $(x^* = 3, y^* = -1)$이 된다.

한편 $f_{xx} = 2, f_{yy} = 6, f_{xy} = f_{yx} = 3$이므로

$f_{xx} > 0, \ f_{xx}f_{yy} - (f_{xy})^2 = 12 - 9 = 3 > 0$이고,

따라서 $(x^*, y^*) = (3, -1)$에서 함수값 $f(3, -1) = -3$은 극소값이 된다.

(2) $f_x = 3x^2 + 3y = 0, \ f_y = -3y^2 + 3x = 0$

위 방정식을 풀면 $(x^*, y^*) = (0, 0)$ 또는 $(1, -1)$이다.

또 $f_{xx} = 6x, f_{yy} = -6y, f_{xy} = 3$이고,

$(x^*, y^*) = (1, -1)$에서 $f_{xx} = 6 > 0, \ f_{xx}f_{yy} - (f_{xy})^2 = 27 > 0$이므로

$f(1, -1) = -1$은 극소값이다.

이제 나머지 점 $(x^*, y^*) = (0, 0)$에 대해서 알아보자.

이 점에서 $f_{xx} = f_{yy} = 0$이다. 그리고 $f_{xx}f_{yy} - (f_{xy})^2 = -9$가 된다.

$z = f(x, y)$라 하면 2차 충분조건 증명에서 보듯이,

$d^2z = f_{xx}dx^2 + 2f_{xy}dxdy + f_{yy}dy^2 = 6dxdy$가 되므로 d^2z값은 dx, dy의 값에 따라서 부호가 정해지므로 점 $(0, 0)$은 극대값도 아니고 극소값도 아니다.

예제 3 A 전자는 R&D에 x억 원, 마케팅에 y억 원을 투자하면 연간 이익이 다음과 같은 함수로 표현된다고 분석하고 있다. 이익을 극대화하기 위해서는 R&D와 마케팅에 각각 얼마씩 투자하여야 하는가?

$$\text{연간 이익 함수}: f(x, y) = 4x - \frac{1}{300}x^3 + 5y - \frac{1}{20}y^2$$

풀이 1차 필요조건을 만족하는 값을 구해 보면

$$f_x = 4 - \frac{1}{100}x^2 = 0, \ f_y = 5 - \frac{1}{10}y = 0 \text{에서 } (x^*, y^*) = (20, 50) \text{을 구할 수 있다.}$$

한편 $f_{xx} = -\frac{x}{50}$, $f_{yy} = -\frac{1}{10}$, $f_{xy} = 0$이고, $(x^*, y^*) = (20, 50)$에서 $f_{xx} = -\frac{2}{5} < 0$,

$f_{xx}f_{yy} - (f_{xy})^2 = \frac{1}{25} > 0$이 되므로 극대값이 된다. 즉, R&D에 20억 원, 마케팅에 50억 원을 투자할 경우 최대의 이익을 얻을 수 있다.

지금까지 변수가 2개인 다변수함수의 극값을 판정하는 방법을 알아보았다. 변수가 3개 이상인 경우에 대해서도 앞에서 설명한 증명방법을 통해서 도출할 수 있으나 너무 복잡하므로 생략하고, 1차 필요조건과 2차 충분조건에 대한 정리를 알아보자.

여기서 H를 헤시안 행렬이라 하는데 변수가 n개인 경우 다음과 같이 정의된다.

$$H = \begin{bmatrix} f_{11} & f_{12} & \cdots & f_{1n} \\ f_{21} & f_{22} & \cdots & f_{2n} \\ \vdots & \vdots & \ddots & \vdots \\ f_{n1} & f_{n2} & \cdots & f_{nn} \end{bmatrix} \tag{8-11}$$

정리 8.4

함수 $z = f(x_1, x_2, \cdots, x_n)$이 주어져 있을 때 1차 필요조건과 2차 충분조건은 다음과 같다.

1차 조건(필요조건) : $(x_1^*, x_2^*, \cdots, x_n^*)$에서 $f_1 = f_2 = \cdots = f_n = 0$

2차 조건(충분조건) : $(x_1^*, x_2^*, \cdots, x_n^*)$에서 $f_1 = f_2 = \cdots = f_n = 0$인 상태에서

(1) $|H_1| > 0, |H_2| > 0, |H_3| > 0, \cdots, |H_n| > 0$이면 극소값이고

(2) $|H_1| < 0, |H_2| > 0, |H_3| < 0, \cdots, (-1)^n |H_n| > 0$이면 극대값이다.

여기서 $f_{ij} = \dfrac{\partial f}{\partial x_i \partial x_j}$를 의미한다. 그리고 헤시안 행렬 H가 주어져 있을 때 이를 이용하여 구성한 행렬 $H_1, H_2, \cdots, H_n$은 다음과 같이 정의된다.

$$H_1 = [f_{11}]$$ (8-12)

$$H_2 = \begin{bmatrix} f_{11} & f_{12} \\ f_{21} & f_{22} \end{bmatrix}$$

$$H_i = \begin{bmatrix} f_{11} & f_{12} & \cdots & f_{1i} \\ f_{21} & f_{22} & \cdots & f_{2i} \\ \vdots & \vdots & \ddots & \vdots \\ f_{i1} & f_{i2} & \cdots & f_{ii} \end{bmatrix}$$

$$H_n = H = \begin{bmatrix} f_{11} & f_{12} & \cdots & f_{1n} \\ f_{21} & f_{22} & \cdots & f_{2n} \\ \vdots & \vdots & \ddots & \vdots \\ f_{n1} & f_{n2} & \cdots & f_{nn} \end{bmatrix}$$

예제 4 다음 함수들의 극값을 구하라.

(1) $f(x_1, x_2, x_3) = x_1^2 + x_2^2 + x_3^2 - 2x_1 - 4x_2 - 8x_3$
(2) $f(x_1, x_2, x_3) = -x_1^2 - 2x_2^2 - 2x_3^2 + x_1 x_2 + 4x_3$

풀이 (1) 우선 $f_1 = f_2 = f_3 = 0$을 만족하는 점을 찾기 위해 각각의 변수에 대해 편미분하면 다음과 같다.

$fx_1 = 2x_1 - 2 = 0, \quad fx_2 = 2x_2 - 4 = 0, \quad fx_3 = 2x_3 - 8 = 0$

따라서 $(x_1^*, x_2^*, x_3^*) = (1, 2, 4)$이고 극값 여부를 판정하기 위해 헤시안 행렬을 구하면 다음과 같다.

$$H = \begin{bmatrix} 2 & 0 & 0 \\ 0 & 2 & 0 \\ 0 & 0 & 2 \end{bmatrix}$$

$|H_1| = 2 > 0$, $|H_2| = 4 > 0$, $|H_3| = 8 > 0$이므로 $(x_1^*, x_2^*, x_3^*) = (1, 2, 4)$에서

$f(1, 2, 4) = -21$은 극소값이다.

(2) 우선 각변수에 대해 편미분하면

$fx_1 = -2x_1 + x_2 = 0, \quad fx_2 = -4x_2 + x_1 = 0, \quad fx_3 = -4x_3 + 4 = 0$

위 식의 연립방정식의 해를 구하면 $(x_1^*, x_2^*, x_3^*) = (0, 0, 1)$이다.

헤시안 행렬은 다음과 같다.

$$H = \begin{bmatrix} -2 & 1 & 0 \\ 1 & -4 & 0 \\ 0 & 0 & -4 \end{bmatrix}$$

$|H_1| = -2 < 0$, $|H_2| = 7 > 0$, $|H_3| = -28 < 0$이 되어 $f(0, 0, 1) = 2$는 극대값이다.

연습문제 8-2

1. 다음 함수들의 극값을 구하라.

(1) $f(x, y) = 2x^2 + xy + y^2 + 3x + 4$

(2) $f(x, y) = 2x^3 - y^3 - 6xy + 3$

(3) $f(x, y) = 3x^2 + 6xy + y^2 - 2x + 2y$

(4) $f(x, y) = 2xy - 5x^2 - 2y^2 + 4x - 4$

보론

이제 독립변수가 3개인 다변수함수의 극값을 판정하는 방법을 간략히 살펴본 뒤, 이를 바탕으로 일반적인 다변수함수의 극값 판정기준을 알아보자.

변수가 3개인 함수 $z = f(x_1, x_2, x_3)$가 존재할 때, 1차 필요조건은 마찬가지로 독립변수의 미분에 관계없이 $dz = 0$의 형태이다. 즉,

$$dz = f_1 dx_1 + f_2 dx_2 + f_3 dx_3 = 0$$

이고, $f_1 = f_2 = f_3 = 0$을 만족하는 점 (x_1^*, x_2^*, x_3^*)가 존재해야 한다.

1차 필요조건을 충족하는 점 (x_1^*, x_2^*, x_3^*)를 도출하여도 $f(x_1^*, x_2^*, x_3^*)$가 극값인지를 알기 위해서는 2차 충분조건을 만족시키는지 살펴보아야 한다.

2차 충분조건을 구하기 위해서는 이변수함수의 경우와 같은 방법으로 3변수함수의

2차전미분 d^2z를 구하여 dx_1, dx_2, dx_3에 관계없이 항상 0보다 크거나 0보다 작은 조건을 도출해야 한다.

$$d^2z = d(dz) = \frac{\partial(dz)}{\partial x_1}dx_1 + \frac{\partial(dz)}{\partial x_2}dx_2 + \frac{\partial(dz)}{\partial x_3}dx_3 \qquad \text{(8-13)}$$

$$= \frac{\partial(f_1dx_1 + f_2dx_2 + f_3dx_3)}{\partial x_1}dx_1$$

$$+ \frac{\partial(f_1dx_1 + f_2dx_2 + f_3dx_3)}{\partial x_2}dx_2$$

$$+ \frac{\partial(f_1dx_1 + f_2dx_2 + f_3dx_3)}{\partial x_3}dx_3$$

$$= f_{11}dx_1^2 + f_{12}dx_1dx_2 + f_{13}dx_1dx_3$$

$$+ f_{21}dx_2dx_1 + f_{22}dx_2^2 + f_{23}dx_2dx_3$$

$$+ f_{31}dx_3dx_1 + f_{32}dx_3dx_2 + f_{33}dx_3^2$$

1차 필요조건에 의해서 도출된 점 (x_1^*, x_2^*, x_3^*)에서 x_1, x_2, x_3값의 변화에 관계없이 d^2z가 0보다 작으면 $f(x_1^*, x_2^*, x_3^*)$는 극대값이 되며, d^2z가 0보다 크면 $f(x_1^*, x_2^*, x_3^*)$는 극소값이 된다. 위 식에 앞에서 증명한 방법을 이용하면 2차 충분조건을 도출할 수 있으나 너무 복잡해지므로 행렬을 이용하여 2차 충분조건을 알아보도록 하자.

d^2z식을 행렬로 표현하면 다음과 같은 형태가 된다.

$$d^2z = \begin{bmatrix} dx_1 & dx_2 & dx_3 \end{bmatrix} \begin{bmatrix} f_{11} & f_{12} & f_{13} \\ f_{21} & f_{22} & f_{23} \\ f_{31} & f_{32} & f_{33} \end{bmatrix} \begin{bmatrix} dx_1 \\ dx_2 \\ dx_3 \end{bmatrix} \qquad \text{(8-14)}$$

즉, $d^2z = X^t A X$ 형태이고, 여기서 $X = \begin{bmatrix} dx_1 \\ dx_2 \\ dx_3 \end{bmatrix}$, $A = \begin{bmatrix} f_{11} & f_{12} & f_{13} \\ f_{21} & f_{22} & f_{23} \\ f_{31} & f_{32} & f_{33} \end{bmatrix}$ 이다.

우리가 알려고 하는 것은 dx_1, dx_2, dx_3의 값에 상관없이 d^2z가 항상 0보다 크거나 0보다 작게 되는 조건이므로 제4장의 행렬의 정부호 형식을 이용하면 그 조건을 구할 수 있다.

위 정리를 이용하면 $d^2z = X^t A X$에서 d^2z가 dx_1, dx_2, dx_3의 값에 상관없이 0보다 크거나 0보다 작게 되는 조건을 쉽게 구할 수 있다. d^2z가 0보다 크기 위해서는 정방행렬 A가 양의 정부호 형식이면 되므로, 다음과 같은 조건일 경우 d^2z는 dx_1, dx_2, dx_3의 값에 상관없이 항상 0보다 크다.

$$|A_1| = |f_{11}| = f_{11} > 0$$

$$|A_2| = \begin{vmatrix} f_{11} & f_{12} \\ f_{21} & f_{22} \end{vmatrix} = f_{11}f_{22} - (f_{12})^2 > 0$$

$$|A_3| = |A| = \begin{vmatrix} f_{11} & f_{12} & f_{13} \\ f_{21} & f_{22} & f_{23} \\ f_{31} & f_{32} & f_{33} \end{vmatrix} > 0$$

반대로 d^2z는 dx_1, dx_2, dx_3의 값에 상관없이 항상 0보다 작기 위해서는 다음의 조건을 만족해야 한다.

$$|A_1| = f_{11} < 0$$

$$|A_2| = f_{11}f_{22} - (f_{12})^2 > 0$$

$$|A_3| = |A| < 0$$

앞의 방법처럼 행렬을 이용하면 다변수함수에 대한 극대·극소의 판정방법을 일반화할 수 있다. 변수가 n개인 다변수함수의 경우 d^2z는 다음과 같이 표현된다.

$$d^2z = \begin{bmatrix} dx_1 & dx_2 & \cdots & dx_n \end{bmatrix} \begin{bmatrix} f_{11} & f_{12} & \cdots & f_{1n} \\ f_{21} & f_{22} & \cdots & f_{2n} \\ \vdots & \vdots & \ddots & \vdots \\ f_{n1} & f_{n2} & \cdots & f_{nn} \end{bmatrix} \begin{bmatrix} dx_1 \\ dx_2 \\ \vdots \\ dx_n \end{bmatrix} = X^t A X$$

이때, 정방행렬 A는 헤시안 행렬 H가 된다.

정리 8.5

$z = f(x_1, x_2, \cdots, x_n)$의 함수의 극대 · 극소는 다음과 같이 판정된다.

1차 조건(필요조건) : 점 $(x_1^*, x_2^*, \cdots, x_n^*)$에서 $f_1 = f_2 = \cdots = f_n = 0$

2차 조건(충분조건) : 점 $(x_1^*, x_2^*, \cdots, x_n^*)$에서 $f_1 = f_2 = \cdots = f_n = 0$인 상태에서

(1) $|H_1| > 0, |H_2| > 0, |H_3| > 0, \cdots, |H_n| > 0$이면 극소값이다.

(2) $|H_1| < 0, |H_2| > 0, |H_3| < 0, \cdots, (-1)^n |H_n| > 0$이면 극대값이다.

여기서 $H = \begin{bmatrix} f_{11} & f_{12} & \cdots & f_{1n} \\ f_{21} & f_{22} & \cdots & f_{2n} \\ \vdots & \vdots & \ddots & \vdots \\ f_{n1} & f_{n2} & \cdots & f_{nn} \end{bmatrix}$, $|H_i| = \begin{vmatrix} f_{11} & f_{12} & \cdots & f_{1i} \\ f_{21} & f_{22} & \cdots & f_{2i} \\ \vdots & \vdots & \ddots & \vdots \\ f_{i1} & f_{i2} & \cdots & f_{ii} \end{vmatrix}$ 이다.

3 경영경제학에서의 응용

(1) 변수가 하나일 경우

경영경제학 분야에서 극대 · 극소를 응용하는 부분은 주로 이윤 극대화, 비용 극소화 등에 대한 것이다. 일반적으로 기업에서 기업가 또는 의사결정자는 이윤 극대화를 목적으로 경제 행위를 가정한다. 그러므로 기업은 이윤을 극대화거나 비용을 최소화할 수 있는 생산량을 선택하게 된다. 이러한 문제에 대한 답을 찾는 데 수학의 극대 · 극소 원리를 응용할 수 있다.

이윤 함수는 총수입(total revenue) 함수와 총비용(total cost) 함수의 차이로 정의된다.

$$\pi \equiv TR - TC \tag{8-15}$$

총수입 함수와 총비용 함수는 독립변수로 생산량(Q) 하나만의 함수인 $TR = TR(Q)$, $TC = TC(Q)$로 가정하자. 그러면 <식 8-15>는 다음과 같이 표현할 수 있다.

$$\pi = \pi(Q) = TR(Q) - TC(Q) \qquad \text{[8-16]}$$

이윤을 극대화하는 생산량을 구하기 위해서는 1절의 방법과 같이 풀면 된다.

우선 1차 필요조건으로 $\pi'(Q) = 0$을 구해야 하므로 생산량 Q에 대하여 미분하면 된다.

$$\pi'(Q) = TR'(Q) - TC'(Q) = 0$$
$$TR'(Q) = TC'(Q)$$

따라서 이윤 극대화를 만족하는 생산량 Q^*는 다음과 같다.

$$TR'(Q^*) = TC'(Q^*) \text{ 또는 } MR = MC \qquad \text{[8-17]}$$

<식 8-17>에서 이윤 극대화를 달성하기 위해서는 한계수입과 한계비용이 같아야 한다는 것을 의미한다.

다음으로 2차 충분조건으로 이윤 극대화를 만족하는 생산량 Q^*에서 $\pi''(Q^*) < 0$의 조건을 만족해야 한다. 이를 구하기 위해서는 함수 $\pi'(Q)$를 Q에 대해 미분한다. $\pi''(Q) = TR''(Q) - TC''(Q)$이므로

$$TR''(Q^*) < TC''(Q^*)$$

즉, 이윤 극대화를 만족하는 생산량 Q^*는 1차 필요조건인 $TR'(Q^*) = TC'(Q^*)$를 만족하고, 2차 충분조건인 $TR''(Q^*) < TC''(Q^*)$를 만족해야 한다.

예제 5 기업의 총수입과 총비용 함수가 각각

$$TR(Q) = 10Q - \frac{3}{2}Q^2, \quad TC(Q) = Q^3 - 5Q^2 + 12Q - 4 \text{일 때}$$

이윤을 극대화하는 생산량과 그때의 이윤을 구하라.

| 풀이 |
$$\pi(Q) = TR(Q) - TC(Q) = \left(10Q - \frac{3}{2}Q^2\right) - (Q^3 - 5Q^2 + 12Q + 4)$$
$$= -Q^3 + \frac{7}{2}Q^2 - 2Q + 4$$

이윤 극대화를 위한 1차 조건은 $\pi'(Q) = -3Q^2+7Q-2=0$이므로 $Q=2$ 혹은 $Q=\frac{1}{3}$이다.

$\pi''(Q)=-6Q+7$에서 $Q=2$일 때 $\pi''(Q)<0$이다. 그러므로 이윤을 극대화하는 생산량은 $Q=2$이다.

이때 극대화 이윤은 $\pi(2)=-2^3+\frac{7}{2}2^2-2\times 2+4=6$

(2) 변수가 여러 개인 경우

앞에서는 하나의 상품을 생산하는 기업을 다루었다. 그러나 일반적으로 기업은 다양한 상품을 생산하므로 이제 여러 종류의 상품을 생산하는 경우에 대해 알아본다. 이를 위해 다음과 같이 가정하자.

첫째, 기업이 생산하는 상품은 A_1, A_2이고 생산량은 Q_1, Q_2이다.

둘째, 생산량 Q_1, Q_2는 서로 독립적이다. 기업의 총비용은 Q_1, Q_2의 함수로 $TC=TC(Q_1, Q_2)$이다.

마지막으로 기업은 완전경쟁하에 있어서 두 상품의 가격은 시장에서 결정된 가격을 수용한다. 시장의 가격을 각각 $\overline{P_1}$, $\overline{P_2}$라고 하면, 기업의 총수입 함수는 $TR=\overline{P_1}Q_1+\overline{P_2}Q_2$이다.

여기서 상품 A_1의 한계비용은 $MC_1=\frac{\partial TC}{\partial Q_1}=TC_1(Q_1, Q_2)$이고, 상품 A_2의 한계비용은 $MC_2=\frac{\partial TC}{\partial Q_2}=TC_2(Q_1, Q_2)$가 된다. 한편, 상품 A_1의 한계수입은 $MR_1=\frac{\partial TR}{\partial Q_1}=\overline{P_1}$이고, 상품 A_2의 한계수입은 $MR_2=\frac{\partial TR}{\partial Q_2}=\overline{P_2}$가 된다.

그러므로 여러 종류의 상품을 생산하는 기업의 이윤 함수는 다음과 같다.

$$\pi = TR - TC = \overline{P_1}Q_1 + \overline{P_2}Q_2 - TC(Q_1, Q_2) \tag{8-18}$$

<식 8-18>을 보면 이윤은 독립변수 Q_1, Q_2의 함수임을 할 수 있다. 이러한 이윤 함수로부터 이윤을 극대화시키는 생산량 Q_1, Q_2의 값을 구한다. π가 극대화되는 1차

조건은 $\pi_1 = \pi_2 = 0$이다. 즉,

$$\pi_1 = \frac{\partial \pi}{\partial Q_1} = \overline{P_1} - \frac{\partial TC}{\partial Q_1} = MR_1 - MC_1 = 0$$

$$\pi_2 = \frac{\partial \pi}{\partial Q_2} = \overline{P_2} - \frac{\partial TC}{\partial Q_2} = MR_2 - MC_2 = 0$$

이고, 위 연립방정식을 만족하는 생산량 Q_1^*, Q_2^*를 구할 수 있다. 생산량 Q_1^*, Q_2^*에서 2차 조건을 만족한다고 가정하면 극대화된 이윤은 $\pi^* = \pi(Q_1^*, Q_2^*)$를 구할 수 있다. 이를 보면 상품을 하나만 생산하는 경우와 같이 기업은 한계수입이 한계비용과 일치하는 수준에서 생산한다는 것을 알 수 있다.

예제 6 완전경쟁 기업의 총수입 함수와 총비용 함수는 다음과 같다.

$TR = 4Q_1 + 6Q_2$
$TC = Q_1^2 + 2Q_2^2 + 2Q_1Q_2 + 1$

이윤 극대화를 위한 2차 조건이 만족된다고 가정할 때, 이 기업의 이윤 극대화를 보장하는 생산량과 극대 이윤을 구하라.

풀이 $\pi = TR - TC = 4Q_1 + 6Q_2 - Q_1^2 - 2Q_2^2 - 2Q_1Q_2 - 1$

이윤을 극대화하기 위한 1차 조건은 $\pi_1 = \pi_2 = 0$이므로
$\pi_1 = 4 - 2Q_1 - 2Q_2 = 0$, $\pi_2 = 6 - 4Q_2 - 2Q_1 = 0$
위 연립방정식을 풀면 $Q_1^* = Q_2^* = 1$이다.
이를 이윤 함수에 대입하면 $\pi^* = \pi(Q_1^*, Q_2^*) = 4$이다.

예제 7 A 기업은 현재 생산하는 제품의 품질 개선을 통해 추가적인 수익을 창출하고자 한다. 제품의 품질을 개선할 때 추가적으로 얻을 수 있는 매출 증가액은 품질의 수준을 Q라 할 때, $TR(Q) = Q^2 - 3Q + 2$이다. 한편, 품질을 개선하기 위해서는 추가적인 비용이 필요하고, 이는 $TC(Q) = \frac{2}{3}Q^3 + 5Q^2 - 13Q$이다. 이윤을 극대화하는 품질의 개선 수준을 구하라.

| 풀이 | $\pi(Q) = TR(Q) - TC(Q) = (Q^2 - 3Q + 2) - (Q^3 + 5Q^2 - 13Q)$
$= -Q^3 - 4Q^2 + 10Q + 2$

이윤 극대화를 위한 1차 조건은 $\pi'(Q) = -2Q^2 - 8Q + 10 = 0$이므로 $Q=1$ 혹은 $Q=-5$이다.

$\pi''(Q) = -4Q - 8$에서 $Q=1$일 때 $\pi''(Q) < 0$이다. 그러므로 이윤을 극대화하는 품질의 개선 수준은 1이다.

예제 8 A 기업이 신제품 개발에 x억 원, 마케팅에 y억 원을 투자하면 연간 이익이 $f(x,y) = 20 + 4x + 2y - \frac{1}{200}x^2 - \frac{1}{50}y^2$ 만큼 증가한다고 분석하고 있다. 이익을 극대화하기 위해서는 신제품 개발과 마케팅에 각각 얼마씩을 투자해야 하는가?

| 풀이 | 우선 1차 필요조건을 만족하는 (x^*, y^*)를 계산하면

$\frac{\partial f}{\partial x} = 4 - \frac{1}{100}x = 0$, $\frac{\partial f}{\partial y} = 2 - \frac{1}{25}y = 0$에서 $(x^* = 400, y^* = 50)$임을 알 수 있다.

한편 $\frac{\partial^2 f}{\partial x^2} = -\frac{1}{100}$, $\frac{\partial^2 f}{\partial y^2} = -\frac{1}{25}$, $\frac{\partial^2 f}{\partial x \partial y} = 0$이므로 $\frac{\partial^2 f}{\partial x^2}\frac{\partial^2 f}{\partial y^2} - \left(\frac{\partial^2 f}{\partial x \partial y}\right)^2 > 0$이 되어 $(x^* = 400, y^* = 50)$일 때 함수 f가 극대값을 가짐을 알 수 있다.

연습문제 8-3

1. 특정한 한 상품을 제조하는 기업의 총수입과 총비용 함수가 각각 $TR(Q) = 25Q - 0.5Q^2$, $TC(Q) = Q^2 + Q + 7$일 때, 한계수입곡선과 한계비용곡선을 구하고 이윤을 극대화하는 생산량도 구하라.

2. 두 가지 상품을 생산하는 기업의 총수입 함수가 $TR = 20Q_1 - 2Q_1^2 + 20Q_2 - Q_2^2$이고 $TC = Q_1^2 + 2Q_1 Q_2 + Q_2^2 + 10$일 때, 극대이윤 생산량과 극대이윤값을 구하라.

chapter 8 종합문제

1 다음 함수의 극값을 구하라.

(1) $y = 2x - x^2$
(2) $y = x - 3x^3$
(3) $y = x^3 - 3x + 2$
(4) $y = x^3 - 8x^2 + 5x + 3$
(5) $y = x^2 - \dfrac{2}{x}$

2 다음 함수의 극값을 구하라.

(1) $y = x \ln x - 2x$
(2) $y = \dfrac{\ln x}{x}$
(3) $y = e^x - x$
(4) $y = e^{x^2 - 3x + 2}$

3 다음 다변수함수의 극값을 구하라.

(1) $f(x, y) = x^2 + y^2 - 2x + 4$
(2) $f(x, y) = x^2 - y^2 - 4y + 2$
(3) $f(x, y) = x^2 + 4xy$
(4) $f(x, y) = x^2 + y^2 + xy + 3x + 3y + 3$
(5) $f(x, y) = x^3 + y^3 - 3xy + 6$
(6) $f(x, y) = xy - \dfrac{1}{x} - \dfrac{8}{y}$

4 다음 다변수함수의 극값을 구하라.

(1) $f(x, y, z) = 3x^2 + y^2 + 2z^2 + 3x - 2yz$
(2) $f(x, y, z) = 6x^3 + 3y^2 + z^2 + 6xy + z$

5 한 기업의 총수입 함수가 $20Q - Q^2$이고 총비용 함수가 $\dfrac{1}{2}Q^2 + 6Q + 7$로 주어졌을 때, 한계수입곡선과 한계비용곡선, 이윤 극대화 생산량을 구하라.

6 다수의 공장을 운영하고 있는 독점기업의 총수입 함수는

$TR = 60Q_1 + 60Q_2 - 0.04Q_1^2 - 0.08Q_1Q_2 - 0.04Q_2^2$ 이며, 두 공장의 총비용 함수는 각각 $TC_1 = 8.5 + 0.03Q_1^2$, $TC_2 = 5.2 + 0.04Q_2^2$ 으로 나타났다.

이윤 함수를 $\pi = TR - TC_1 - TC_2$ 로 놓고 이윤 극대화 생산량을 구하라.

제9장
제약조건하의 극대·극소화

1. 등식 제약조건이 존재하는 경우의 극대·극소화

제8장에서는 일변수함수 및 다변수함수의 극대·극소값을 구하는 방법에 대해서 알아보았다. 그러나 우리는 실제로 경제 행위를 시행할 때 여러 제약에 직면하게 된다. 예를 들면 독자들은 오늘도 여러 가지 구매하고 싶은 물건이 많이 있어도 예산이 모자라 사지 못한다. 기업을 경영함에 있어서도 기업의 규모를 늘리고 노동자들을 더 많이 고용하고 싶어도 기업에 가용한 자원이 부족해 어려움을 겪는 것을 볼 수 있다. 따라서 이러한 제약조건이 존재하는 상황하에서 극대값이나 극소값을 구하는 것을 다루는 것이 좀 더 현실적이라 할 수 있다.

이 장에서는 제약조건이 존재하는 경우에 함수의 극대·극소값을 구하는 대표적인 방법인 라그랑주 승수법에 대하여 알아보자. 이 승수법의 이름은 수학자 라그랑주가 1755년 기하학에서 복잡한 최대·최소 문제를 풀기 위해 개발한 것에 유래되었는데, 이 방법은 경제학, 공학, 수학 등 각 분야에서 다양하게 응용되고 있다. 이 장에서는 먼저 등식 제약조건이 존재하는 경우의 극대·극소 문제를 다룬다. 그리고 부등식 제약조건의 경우를 2절에서 따로 다룬다.

제약조건이 존재하는 경우 함수의 극대·극소 문제는 제8장에서 살펴본 함수의 극대·극소 문제와 달리, 독립변수 상호 간에 서로 영향을 미치게 되므로 이를 구체적으로 반영할 수 있는 해법이 필요하다.

먼저 간단한 예를 통하여 알아보도록 하자.

예제 1 $x^2 - z^2 - 1 = 0$이라는 제약조건하에서 함수 $f(x, y, z) = x^2 + y^2 + z^2$의 값이 최소가 되는 점을 구하라.

풀이 1 제약조건식에서 x와 y를 독립변수라고 가정하면 $z^2 = x^2 - 1$이고,
함수 $f(x, y, z) = x^2 + y^2 + z^2$은 다음과 같이 변환된다.
$$h(x, y) = x^2 + y^2 + (x^2 - 1) = 2x^2 + y^2 - 1$$
함수 $f(x, y, z)$를 최소화하는 점을 찾기 위해서 $h(x, y)$를 최소화하는 점을 찾으면 된다. 함수 h의 극점은 다음 식에서 계산되고,
$$h_x = 4x = 0, \; h_y = 2y = 0$$
점 $(0, 0)$에서 극소가 된다. 하지만 이 경우 $z^2 = -1$이 되어 이를 만족하는 점이 존재하지 않게 된다. 왜 이러한 일이 발생하게 된 것일까?
왜냐하면 우리는 다변수함수의 1차 조건을 함수 h의 정의역에서 찾았기 때문이다. 함수 h의 정의역은 (x, y) 좌표영역인 반면, 원래 함수 f의 정의역은 (x, y, z) 좌표영역이고, 여기서 우리는 처음 두 영역인 (x, y) 좌표영역으로 축소했기 때문이다.
이러한 문제를 해결하기 위해서 앞에서 x와 y를 독립변수라고 가정한 것을 y와 z가 독립변수라고 가정하는 것으로 바꾸고 같은 방법을 이용하여 해를 구하면 된다.
$$x^2 = z^2 + 1, \; g(y, z) = (z^2 + 1) + y^2 + z^2 = y^2 + 2z^2 + 1$$
$$g_y = 2y = 0, \; g_z = 4z = 0$$
$y = z = 0$이고 $x^2 = z^2 + 1 = 1$, $x = \pm 1$을 얻을 수 있다.
즉, 점 $(\pm 1, 0, 0)$에서 제약조건 $x^2 - z^2 - 1 = 0$ 아래에서의 함수 f의 최소값은 1이다.

풀이 2 변수 x, y, z의 서로 독립 여부에 상관없이 함수 $f(x, y, z)$가 최소값을 가지기 위해서는 1차 조건을 충족해야 하므로 전미분 $df = 0$인 조건을 만족시켜야 한다.

즉,

$$df = f_x dx + f_y dy + f_z dz = 0 \qquad (9\text{-}1)$$

이것은 제약조건을 $g(x, y, z) = x^2 - z^2 - 1 = 0$이라 하면 제약조건이 추가된 후에도 마찬가지로 성립되어야 한다. 만일, 이때 $g(x, y, z) = 0$이라는 제약 때문에 x, y, z가 서로 독립적이지 않다면 변화분인 dx, dy, dz도 더 이상 독립적이지 않을 것이다. 왜냐하면 제약조건 $g(x, y, z) = 0$에 대해 전미분하면 다음과 같은 형태의 식이 생기기 때문이다.

$$dg = g_x dx + g_y dy + g_z dz = 0 \qquad (9\text{-}2)$$

전미분한 위의 식을 보면 dx와 dz가 종속되어 있으므로, 제약조건이 존재하는 상태에서의 함수 f의 전미분에서 dx, dy, dz도 서로 독립이 아니다.

한편 제약조건이 없는 경우에 극값이 되기 위한 조건은 dx, dy, dz가 서로 독립적이고 $dx \neq 0$, $dy \neq 0$, $dz \neq 0$이어서 $f_x = f_y = f_z = 0$이 되는 점을 찾으면 되지만, 제약조건이 존재하는 경우에는 dx, dy, dz가 독립이 아니므로 다른 형태의 접근이 필요하다.

위의 두 식에서 $df = dg = 0$이므로

$$f_x dx + f_y dy + f_z dz = g_x dx + g_y dy + g_z dz = 0 \qquad (9\text{-}3)$$

이 되어야 한다. dx, dy, dz가 독립적이지 않은 상황에서 위의 식을 만족하려면 미분 dx, dy, dz의 각각의 계수에 대한 비율이 같아야 하므로 다음과 같은 형태의 식을 만족해야 한다.

$$\frac{f_x}{g_x} = \frac{f_y}{g_y} = \frac{f_z}{g_z} = \lambda \quad \text{또는} \quad f_x = \lambda g_x, f_y = \lambda g_y, f_z = \lambda g_z \qquad (9\text{-}4)$$

$f_x = 2x, f_y = 2y, f_z = 2z, g_x = 2x, g_y = 0, g_z = 2z$이므로,

$$2x = 2\lambda x, \quad 2y = 0, \quad 2z = -2\lambda z$$

그러므로 우선 $g(x, y, z) = x^2 - z^2 - 1 = 0$의 제약조건을 만족하면서 위의 식을 만족하는 λ를 먼저 찾아야 한다. 제약조건에서 $x^2 < 1$이면 $z^2 < 0$이 되므로 x의 범위는 $x \geq 1$ 또는 $x \leq -1$이 되어야 한다. 그러므로 $2x = 2\lambda x$를 만족하는

λ값은 1이다.

$\lambda=1$이므로 $2z=-2\lambda z$의 식에서 $2z=-2z$가 되고 이것을 만족하는 z값은 0이다. y값 또한 0이므로 점 $(x, 0, 0)$에서 <식 9-4>를 만족한다.

한편 점 $(x, 0, 0)$는 제약조건 $g(x, y, z) = x^2 - z^2 - 1 = 0$을 만족해야 하므로 $x = \pm 1$임을 알 수 있다.

최종적으로 제약조건 $g(x, y, z) = x^2 - z^2 - 1 = 0$을 만족하면서 함수 $f(x, y, z) = x^2 + y^2 + z^2$을 최소로 하는 점은 $(\pm 1, 0, 0)$이 된다.

(1) 제약조건이 하나인 경우 라그랑주 승수법에 의한 극값

제약조건을 가진 극대·극소 문제를 푸는 라그랑주 승수법(method of Lagrange Multipliers)에 대해 알아보자. 이 방법은 비선형조건도 다룰 수 있으며, 또한 두 가지 변수 이상을 쉽게 풀 수 있다는 점에서 매우 선호되는 방법이다. 또한 경영경제학 문제를 풀 때 유익한 정보들을 추가로 제공해 주는 장점이 있다.

정리 9.1 라그랑주 승수법

미분 가능 함수 $f(x_1, x_2, \cdots, x_n)$과 $g(x_1, x_2, \cdots, x_n)$이 존재한다고 가정하자. $g(x_1, x_2, \cdots, x_n) = c$라는 제약조건하에서 함수 f의 극대값 또는 극소값을 찾기 위해서는 먼저 라그랑주 함수라 불리는 제약조건이 없는 형태의 새로운 함수

$$L(x_1, x_2, \cdots, x_n, \lambda) = f(x_1, x_2, \cdots, x_n) - \lambda[g(x_1, x_2, \cdots, x_n) - c]$$

를 만든다. 여기서 새로운 변수 λ를 라그랑주 승수라 한다. $g(x_1, x_2, \cdots, x_n) = c$를 만족하는 점 $(x_1, x_2, \cdots, x_n)$에 대해서 $L(x_1, x_2, \cdots, x_n, \lambda) = f(x_1, x_2, \cdots, x_n)$이 성립한다. 그러므로 $(x_1^*, x_2^*, \cdots, x_n^*, \lambda^*)$가 제약조건이 없는 라그랑주 함수의 극값이 되면 $(x_1^*, x_2^*, \cdots, x_n^*)$은 제약조건을 만족하면서 제약조건하의 함수 f의 극대값 또는 극소값이 된다.

앞 절에서 예로 든 문제를 <정리 9.1>의 라그랑주 함수를 이용하여 다시 풀어 보자.

$$L(x, y, z, \lambda) = x^2 + y^2 + z^2 - \lambda(x^2 - z^2 - 1)$$
$$L_x = 2x - 2\lambda x = 0$$
$$L_y = 2y = 0$$
$$L_z = 2z + 2\lambda z = 0$$
$$L_\lambda = x^2 - z^2 - 1 = 0$$

위 조건을 동시에 충족시키는 x, y, z, λ를 구해 보면

$$x^* = \pm 1, \ y^* = 0, \ z^* = 0, \ \lambda^* = 1$$

이 되고, 앞 절의 해와 일치함을 알 수 있다.

예제 2 제약조건 $2x + 3y = 6$에서 함수 $x^2 - 3xy + 12x$의 극값을 구하라.

풀이 라그랑주 승수법을 이용해 라그랑주 함수를 만든다.

$$L(x, y, \lambda) = x^2 - 3xy + 12x - \lambda(2x + 3y - 6)$$
$$L_x = 2x - 3y + 12 - 2\lambda = 0$$
$$L_y = -3x - 3\lambda = 0$$
$$L_\lambda = 2x + 3y - 6 = 0$$

위 연립방정식을 풀면 $x = -1$, $y = \dfrac{8}{3}$, $\lambda = 1$이며 극값은

$$(-1)^2 - 3(-1)\left(\dfrac{8}{3}\right) + 12(-1) = -3 \text{이다.}$$

예제 3 두 가지 상품을 생산하는 기업의 이윤 함수가 아래와 같다.

$$\pi = 40Q_1 - Q_1^2 + 2Q_1Q_2 + 20Q_2 - Q_2^2$$

기업이 두 상품을 15개 생산할 때 이윤을 극대화할 수 있는 생산량과 극대 이윤을 구하라.

풀이 이 문제의 제약조건은 $Q_1 + Q_2 = 15$이다.
따라서 라그랑주 함수를 구하면 다음과 같다.

$$L(Q_1, Q_2, \lambda) = 40Q_1 - Q_1^2 + 2Q_1Q_2 + 20Q_2 - Q_2^2 - \lambda(Q_1 + Q_2 - 15)$$

$$L_1 = 40 - 2Q_1 + 2Q_2 - \lambda = 0$$

$$L_2 = 2Q_1 + 20 - 2Q_2 - \lambda = 0$$

$$L_\lambda = -Q_1 - Q_2 + 15 = 0$$

위의 세 연립방정식을 풀면 $Q_1 = 10, Q_2 = 5, \lambda = 30$이며, 극대 이윤은

$$\pi = 40(10) - 10^2 + 2(10)(5) + 20(5) - 5^2 = 475 \text{이다.}$$

그러나 라그랑주 승수법은 엄밀히 말해 제약조건이 등호로 표시될 경우 제약조건이 없는 라그랑주 함수를 만들어서 극값을 구하는 방법일 뿐, 그 극값이 극대값인지 극소값인지는 판별할 수 없다. 극소·극대 여부를 판별하기 위해서는 라그랑주 함수의 2차 조건을 살펴봐야 한다.

쉽게 이해하기 위해 우선 변수가 2개이고 제약조건이 하나인 경우에 대해서 살펴보도록 하자. 제약조건이 $g(x_1, x_2) = c$이고 목적함수가 $f(x_1, x_2)$의 형태로 주어진다면 라그랑주 함수는 다음과 같다.

$$L(x_1, x_2, \lambda) = f(x_1, x_2) - \lambda[g(x_1, x_2) - c] \qquad (9\text{-}5)$$

1차 조건은 앞에서 본 바와 같이 다음과 같다.

$$L_1 = f_1 - \lambda g_1 = 0$$

$$L_2 = f_2 - \lambda g_2 = 0$$

$$L_\lambda = -g(x_1, x_2) + c = 0$$

2차 조건은 라그랑주 함수의 헤시안 행렬을 이용하여 구할 수 있다. 독립변수에서 λ를 제외한 라그랑주 함수의 헤시안 행렬은 아래와 같이 된다.

$$H = \begin{bmatrix} \frac{\partial^2 L}{\partial x_1^2} & \frac{\partial^2 L}{\partial x_1 \partial x_2} \\ \frac{\partial^2 L}{\partial x_2 \partial x_1} & \frac{\partial^2 L}{\partial x_2^2} \end{bmatrix} = \begin{bmatrix} \frac{\partial^2 f}{\partial x_1^2} - \lambda \frac{\partial^2 g}{\partial x_1^2} & \frac{\partial^2 f}{\partial x_1 \partial x_2} - \lambda \frac{\partial^2 g}{\partial x_1 \partial x_2} \\ \frac{\partial^2 f}{\partial x_2 \partial x_1} - \lambda \frac{\partial^2 g}{\partial x_2 \partial x_1} & \frac{\partial^2 f}{\partial x_2^2} - \lambda \frac{\partial^2 g}{\partial x_2^2} \end{bmatrix}$$

2차 조건은 제8장의 방법을 이용하여 구할 수 있다. 앞 장에서 극대값을 가지기 위

해서는 헤시안 행렬 H가 음의 정부호 형식을 가져야 한다고 했다.[27] 즉, $L_{11} < 0$, $L_{11}L_{22} - (L_{12})^2 > 0$이어야 한다. 그런데 현재는 제약조건이 존재하므로 우선적으로 $g(x_1, x_2) = c$를 만족하는 (x_1, x_2)에 대해서 위 조건을 만족해야 한다. 마찬가지로 극소값을 가지기 위해서는 $g(x_1, x_2) = c$를 만족하는 (x_1, x_2)에 대해서 헤시안 행렬 H가 양의 정부호 형식이어야 한다. 즉, $L_{11} > 0$, $L_{11}L_{22} - (L_{12})^2 > 0$이어야 한다.

하지만 위의 조건을 이용하여 제약조건이 존재하는 경우의 극대·극소 문제의 해를 찾기는 쉽지 않으므로 다른 방법을 생각해 보도록 하자. 이번에는 라그랑주 함수에서 λ도 독립변수로 포함시켜 보자. 이렇게 하여 구하는 라그랑주 함수의 헤시안 행렬식을 일반적으로 유계헤시안(bordered Hessian)이라 하고 다음과 같이 된다.

$$\overline{H} = \begin{bmatrix} \dfrac{\partial^2 L}{\partial \lambda^2} & \dfrac{\partial^2 L}{\partial \lambda \partial x_1} & \dfrac{\partial^2 L}{\partial \lambda \partial x_2} \\ \dfrac{\partial^2 L}{\partial x_1 \partial \lambda} & \dfrac{\partial^2 L}{\partial x_1^2} & \dfrac{\partial^2 L}{\partial x_1 \partial x_2} \\ \dfrac{\partial^2 L}{\partial x_2 \partial \lambda} & \dfrac{\partial^2 L}{\partial x_2 \partial x_1} & \dfrac{\partial^2 L}{\partial x_2^2} \end{bmatrix} \quad (9\text{-}6)$$

라그랑주 함수의 정의와 1차 조건에서 위의 2차편미분함수를 구하면 다음과 같다.

$$\frac{\partial^2 L}{\partial \lambda^2} = 0$$

$$\frac{\partial^2 L}{\partial \lambda \partial x_1} = \frac{\partial^2 L}{\partial x_1 \partial \lambda} = -\frac{\partial g}{\partial x_1} = -g_1$$

$$\frac{\partial^2 L}{\partial \lambda \partial x_2} = \frac{\partial^2 L}{\partial x_2 \partial \lambda} = -\frac{\partial g}{\partial x_2} = -g_2$$

그러므로 유계헤시안 행렬은 다음과 같이 된다.

$$\overline{H} = \begin{bmatrix} 0 & -g_1 & -g_2 \\ -g_1 & L_{11} & L_{12} \\ -g_2 & L_{21} & L_{22} \end{bmatrix} \quad (9\text{-}7)$$

---

[27] 제5장 6절 참조

극대값을 가지기 위한 조건은 앞에서 언급했듯이, 제약조건을 만족하면서 헤시안 행렬이 음의 정부호 형식을 가져야 하므로 $L_{11} < 0$, $L_{11}L_{22} - (L_{12})^2 > 0$이어야 한다고 하였다. 이 조건을 이용하여 유계헤시안 행렬에서는 어떠한 조건일 경우에 극대값을 갖는지를 알아보도록 하자.

$|\overline{H}_1|, |\overline{H}_2|$를 다음과 같이 나타내 보자.

$$|\overline{H}_1| = \begin{vmatrix} 0 & -g_1 \\ -g_1 & L_{11} \end{vmatrix} \tag{9-8}$$

$$|\overline{H}_2| = |\overline{H}| = \begin{vmatrix} 0 & -g_1 & -g_2 \\ -g_1 & L_{11} & L_{12} \\ -g_2 & L_{21} & L_{22} \end{vmatrix}$$

앞에서 표현한 소행렬식과 달리 유계헤시안 행렬에서는 라그랑주 함수의 헤시안 행렬식을 중심으로 소행렬식의 숫자를 부여하는 형태로 표현한다. 라그랑주 함수의 헤시안 행렬에서 극대값이 되기 위한 조건은 제약조건을 만족하면서 헤시안 행렬이 음의 정부호 형식을 가져야 하므로 $|H_1| = L_{11} < 0$, $|H_2| = L_{11}L_{22} - (L_{12})^2 > 0$이어야 한다고 하였으므로 유계헤시안 행렬도 마찬가지로 위 조건을 만족해야 한다. 그러므로 이것을 만족하기 위해서는 $|\overline{H}_1| < 0$, $|\overline{H}_2| > 0$이 되어야 한다. 그런데 $|\overline{H}_1|$은 항상 0보다 작으므로 $|\overline{H}_2| = |\overline{H}| > 0$을 만족하면 된다.

이제 극소값이 되기 위한 조건을 알아보도록 하자. 극소값을 가지기 위해서는 라그랑주 함수의 헤시안 행렬에서 제약조건을 만족하면서 헤시안 행렬이 양의 정부호 형식을 가져야 하므로 $|H_1| = L_{11} > 0$, $|H_2| = L_{11}L_{22} - (L_{12})^2 > 0$이어야 한다고 하였으므로 유계헤시안 행렬도 마찬가지로 위 조건을 만족해야 한다. 이 경우에도 $|\overline{H}_1|$은 항상 0보다 작게 나타나므로 $|\overline{H}_2|$를 자세히 살펴보자.

$$|\overline{H}_2| = \begin{vmatrix} 0 & -g_1 & -g_2 \\ -g_1 & L_{11} & L_{12} \\ -g_2 & L_{21} & L_{22} \end{vmatrix}$$

$$= g_1 \begin{vmatrix} -g_1 & -g_2 \\ L_{21} & L_{22} \end{vmatrix} - g_2 \begin{vmatrix} -g_1 & -g_2 \\ L_{11} & L_{12} \end{vmatrix}$$

$$\begin{aligned}
&= g_1(-g_1 L_{22} + g_2 L_{21}) - g_2(-g_1 L_{12} + g_2 L_{11}) \\
&= -L_{11} g_2^2 + L_{12} g_1 g_2 + L_{21} g_1 g_2 - L_{22} g_1^2 \\
&= -L_{11} g_2^2 + 2 L_{12} g_1 g_2 - L_{22} g_1^2 \\
&= -L_{11}\left(g_2^2 - 2\frac{L_{12}}{L_{11}} + \frac{L_{12}^2}{L_{11}^2}g_1^2\right) - \left(L_{22} - \frac{L_{12}^2}{L_{11}}\right)g_1^2 \\
&= -L_{11}\left(g_2 - \frac{L_{12}}{L_{11}}g_1\right)^2 - \left(\frac{L_{11}L_{22} - L_{12}^2}{L_{11}}\right)g_1^2
\end{aligned}$$

여기서 극소값을 가지기 위해서는 라그랑주 함수의 헤시안 행렬에서 $|H_1| = L_{11} > 0$ 과 $|H_2| = L_{11} L_{22} - (L_{12})^2 > 0$을 만족하여야 한다고 하였으므로 위의 식에서 이를 만족하면 $|\overline{H_2}|$는 항상 0보다 작게 된다. 즉, 제약조건이 있는 경우 극소값을 가지기 위해서는 $|\overline{H_2}| = |\overline{H}| < 0$을 만족하면 된다. 즉, 극소값을 가질 때 제약조건이 없는 경우에는 헤시안 행렬식이 모두 0보다 큰 값을 가져야 하지만, 제약조건이 하나 존재하는 경우에는 유계헤시안 행렬식이 모두 0보다 작은 값을 가져야 한다.

정리 9.2

$\dfrac{\partial L}{\partial x_1} = 0, \dfrac{\partial L}{\partial x_2} = 0, \dfrac{\partial L}{\partial \lambda} = 0$의 1차 필요조건을 충족하는 $(x_1^*, x_2^*, \lambda^*)$가 주어졌을 때 $|\overline{H}| > 0$이면 $f(x_1^*, x_2^*)$는 극대값이며, $|\overline{H}| < 0$이면 $f(x_1^*, x_2^*)$는 극소값이다.

예제 4 다음 함수와 제약조건하에서 극값을 구하라.

목적함수 : $f(x, y) = xy$
제약조건 : $12 = 2x + y$

| 풀이 | 먼저 라그랑주 함수를 정의한다.
$L(x, y, \lambda) = xy - \lambda(2x + y - 12)$
$L_x = y - 2\lambda = 0$

$L_y = x - \lambda = 0$

$L_\lambda = 2x + y - 12 = 0$

이 연립방정식을 풀면 $x = 3, y = 6, \lambda = 3$의 값을 구할 수 있으며 극값은 $3 \cdot 6 = 18$인 것을 알 수 있다. 그러나 이 값이 극대값인지 극소값인지를 알기 위해서는 2차 조건을 보아야 한다. 이를 위해 유계헤시안을 만들어 보면

$$\overline{H} = \begin{bmatrix} 0 & -2 & -1 \\ -2 & 0 & 1 \\ -1 & 1 & 0 \end{bmatrix}$$

이 되어

$|\overline{H_1}| = \begin{vmatrix} 0 & -2 \\ -2 & 0 \end{vmatrix} = -4 < 0$

$|\overline{H_2}| = 4 > 0$

로서 구한 값이 극대값임을 알 수 있다.

예제 5 다음 문제의 극값을 라그랑주 함수를 써서 풀어라.

목적함수 : $f(x, y) = x^2 - xy + y^2 - 3x$
제약조건 : $4 = x + y$

| 풀이 | 먼저 라그랑주 함수를 만든다.

$L(x, y, \lambda) = x^2 - xy + y^2 - 3x - \lambda(x + y - 4)$

$L_x = 2x - y - 3 - \lambda = 0$

$L_y = -x + 2y - \lambda = 0$

$L_\lambda = -x - y + 4 = 0$

이 연립방정식을 풀면 $x = \dfrac{5}{2}, y = \dfrac{3}{2}, \lambda = \dfrac{1}{2}$의 값을 구할 수 있으며 극값은 $-\dfrac{11}{4}$이다. 이제 이 값이 극대값인지 극소값인지 알기 위해 유계헤시안을 만들어 보면

$L_{\lambda\lambda} = 0, \ L_{\lambda x} = L_{x\lambda} = -g_x = -1$

$L_{\lambda y} = L_{y\lambda} = -g_y = -1$

$L_{xx} = 2, \ L_{xy} = -1, \ L_{yy} = 2$

$$\overline{H} = \begin{bmatrix} 0 & -1 & -1 \\ -1 & 2 & -1 \\ -1 & -1 & 2 \end{bmatrix}$$

가 되어

$$|\overline{H_1}| = \begin{vmatrix} 0 & -1 \\ -1 & 2 \end{vmatrix} = -1 < 0$$

으로서 구한 값이 극소값임을 알 수 있다.

예제 6 다음의 함수에 대하여 제약조건이 존재하는 경우의 극값을 구하라.

목적함수 : $f(x_1, x_2) = 4x_1 + 2x_2 - \dfrac{x_1^2 + x_1 x_2 + x_2^2}{10}$

제약조건 : $x_1 + x_2 = 50$

| 풀이 | 우선 이 문제의 라그랑주 함수는 다음과 같이 정의된다.

$$L(x_1, x_2, \lambda) = 4x_1 + 2x_2 - \frac{x_1^2 + x_1 x_2 + x_2^2}{10} - \lambda(x_1 + x_2 - 50)$$

1차 필요조건을 충족시키는 x_1, x_2, λ를 구하기 위해서 라그랑주 함수를 각각의 변수에 대해 편미분한다.

$$\frac{\partial L}{\partial x_1} = 4 - \frac{2x_1 + x_2}{10} - \lambda = 0$$

$$\frac{\partial L}{\partial x_2} = 2 - \frac{x_1 + 2x_2}{10} - \lambda = 0$$

$$\frac{\partial L}{\partial \lambda} = x_1 + x_2 - 50 = 0$$

위 연립방정식을 풀면 $x_1 = 35$, $x_2 = 15$, $\lambda = -4.5$이다.

이제 유계헤시안을 구하면

$$\frac{\partial g}{\partial x_1} = \frac{\partial g}{\partial x_2} = 1, \; \frac{\partial^2 L}{\partial x_1^2} = \frac{\partial^2 L}{\partial x_2} = -\frac{2}{10}, \; \frac{\partial^2 L}{\partial x_1 \partial x_2} = -\frac{1}{10} \text{이므로}$$

$$|\overline{H}| = \begin{vmatrix} 0 & -1 & -1 \\ -1 & -\dfrac{2}{10} & -\dfrac{1}{10} \\ -1 & -\dfrac{1}{10} & -\dfrac{2}{10} \end{vmatrix} = \frac{2}{10} > 0$$

따라서 $f(35, 15)$는 극대값이다.

<정리 9.2>는 변수가 x_1, x_2로 2개이고 제약조건이 하나인 경우에 해당하며, 이를 제약조건은 하나이지만 변수가 n개인 경우로 일반화해 보자.

1차 필요조건은 다음과 같이 정리된다.

$$\frac{\partial L}{\partial x_i} = \frac{\partial f}{\partial x_i} - \lambda \frac{\partial g}{\partial x_i} \ (i = 1, 2, \cdots, n)$$

$$\frac{\partial H}{\partial \lambda} = -g(x_1, x_2, \cdots, x_n) + c = 0$$

그리고 이에 대한 유계헤시안은 다음과 같이 표현된다.

$$|\overline{H}| = \begin{vmatrix} 0 & -g_1 & -g_2 & \cdots & -g_n \\ -g_1 & L_{11} & L_{12} & \cdots & L_{1n} \\ -g_2 & L_{21} & L_{22} & \cdots & L_{2n} \\ \vdots & \vdots & \vdots & \ddots & \vdots \\ -g_n & L_{n1} & L_{n2} & \cdots & L_{nn} \end{vmatrix}$$

앞과 같이 소행렬식을 정의하면

$$|\overline{H_2}| = \begin{vmatrix} 0 & -g_1 & -g_2 \\ -g_1 & L_{11} & L_{12} \\ -g_2 & L_{21} & L_{22} \end{vmatrix}, |\overline{H_3}| = \begin{vmatrix} 0 & -g_1 & -g_2 & -g_3 \\ -g_1 & L_{11} & L_{12} & L_{13} \\ -g_2 & L_{21} & L_{22} & L_{23} \\ -g_3 & L_{31} & L_{32} & L_{33} \end{vmatrix}, \cdots, |\overline{H_n}| = \begin{vmatrix} 0 & -g_1 & -g_2 & \cdots & -g_n \\ -g_1 & L_{11} & L_{12} & \cdots & L_{1n} \\ -g_2 & L_{21} & L_{22} & \cdots & L_{2n} \\ \vdots & \vdots & \vdots & \ddots & \vdots \\ -g_n & L_{n1} & L_{n2} & \cdots & L_{nn} \end{vmatrix}$$

이 되고, 이를 이용하여 2차 조건을 <정리 9.3>으로 요약할 수 있다. 변수가 2개인 경우와 같은 방법을 사용하여 증명할 수 있으나 너무 복잡하므로 생략한다.

정리 9.3

$\frac{\partial L}{\partial x_1} = 0, \frac{\partial L}{\partial x_2} = 0, \cdots, \frac{\partial L}{\partial x_n} = 0, \frac{\partial L}{\partial \lambda} = 0$의 1차 필요조건을 충족하는 $(x_1^*, x_2^*, \cdots, x_n^*, \lambda^*)$
가 주어질 때,

(1) $|\overline{H_2}| > 0, |\overline{H_3}| < 0, |\overline{H_4}| > 0, \cdots, (-1)^n|\overline{H_n}| > 0$을 만족하면 함수 $f(x_1^*, x_2^*, \cdots, x_n^*)$는 극대값이며,

(2) $|\overline{H_2}| < 0, |\overline{H_3}| < 0, |\overline{H_4}| < 0, \cdots, |\overline{H_n}| < 0$이면 함수 $f(x_1^*, x_2^*, \cdots, x_n^*)$는 극소값이다.

(2) 제약조건이 다수인 경우 라그랑주 승수법에 의한 극값

제약조건이 다수 존재하는 경우도 라그랑주 승수법을 이용하여 극값을 구하고 극대·극소를 판정할 수 있다. 목적함수가 $f(x_1, x_2, \cdots, x_n)$으로 주어지고, 제약조건이 아래와 같이 둘 이상 주어지는 경우를 살펴보자.

$$g^1(x_1, x_2, \cdots, x_n) = c_1$$
$$g^2(x_1, x_2, \cdots, x_n) = c_2$$
$$\vdots \qquad \vdots$$
$$g^m(x_1, x_2, \cdots, x_n) = c_m$$

이때 라그랑주 함수는 다음과 같이 정의된다.

$$L(x_1, x_2, \cdots, x_n, \lambda_1, \lambda_2, \cdots, \lambda_m) = f(x_1, x_2, \cdots, x_n) - \sum_{j=1}^{m} \lambda_j \left[g^j(x_1, x_2, \cdots, x_n) - c_j \right]$$

즉, 각각의 제약조건식 g^j에 각각의 λ_j가 추가되어 라그랑주 함수에 포함되는 형태이다. 이 경우 1차 조건인 필요조건은 다음과 같다.

$$\frac{\partial L}{\partial x_i} = \frac{\partial f}{\partial x_i} - \sum_{j=1}^{m} \lambda_j \frac{\partial g^j}{\partial x_i} = 0 \ (i=1, 2, \cdots, n)$$

$$\frac{\partial L}{\partial \lambda_j} = -g^j(x_1, x_2, \cdots, x_n) + c = 0 \ (j=1, 2, \cdots, m)$$

그리고 유계헤시안은 다음과 같은 형태를 가진다.

$$|\overline{H}| = \begin{vmatrix} 0 & 0 & \cdots & 0 & -g_1^1 & -g_2^1 & \cdots & -g_n^1 \\ 0 & 0 & \cdots & 0 & -g_1^2 & -g_2^2 & \cdots & -g_n^2 \\ \vdots & \vdots & \ddots & \vdots & \vdots & \vdots & \ddots & \vdots \\ 0 & 0 & \cdots & 0 & -g_1^m & -g_2^m & \cdots & -g_n^m \\ -g_1^1 & -g_1^2 & \cdots & -g_1^m & L_{11} & L_{12} & \cdots & L_{1n} \\ -g_2^1 & -g_2^2 & \cdots & -g_2^m & L_{21} & L_{22} & \cdots & L_{2n} \\ \vdots & \vdots & \ddots & \vdots & \vdots & \vdots & \ddots & \vdots \\ -g_n^1 & -g_n^2 & \cdots & -g_n^m & L_{n1} & L_{n2} & \cdots & L_{nn} \end{vmatrix}$$

이때 소행렬식 $|\overline{H_2}|, |\overline{H_3}|, \cdots, |\overline{H_n}|$은 다음과 같이 정의된다.

$$|\overline{H_2}| = \begin{vmatrix} 0 & 0 & \cdots & 0 & -g_1^1 & -g_2^1 \\ 0 & 0 & \cdots & 0 & -g_1^2 & -g_2^2 \\ \vdots & \vdots & \ddots & \vdots & \vdots & \vdots \\ 0 & 0 & \cdots & 0 & -g_1^m & -g_2^m \\ -g_1^1 & -g_1^2 & \cdots & -g_1^m & L_{11} & L_{12} \\ -g_2^1 & -g_2^2 & \cdots & -g_2^m & L_{21} & L_{22} \end{vmatrix}, \quad |\overline{H_3}| = \begin{vmatrix} 0 & 0 & \cdots & 0 & -g_1^1 & -g_2^1 & -g_3^1 \\ 0 & 0 & \cdots & 0 & -g_1^2 & -g_2^2 & -g_3^2 \\ \vdots & \vdots & \ddots & \vdots & \vdots & \vdots & \vdots \\ 0 & 0 & \cdots & 0 & -g_1^m & -g_2^m & -g_3^m \\ -g_1^1 & -g_1^2 & \cdots & -g_1^m & L_{11} & L_{12} & L_{13} \\ -g_2^1 & -g_2^2 & \cdots & -g_2^m & L_{21} & L_{22} & L_{23} \\ -g_3^1 & -g_3^2 & \cdots & -g_3^m & L_{31} & L_{32} & L_{33} \end{vmatrix}, \cdots, |\overline{H_n}| = |\overline{H}|$$

즉, $|\overline{H_i}|$는 H_{ii}가 대각선 가장 끝에 위치하는 소행렬식이다. 이렇게 다수의 제약조건이 존재하는 경우 2차 조건은 <정리 9.4>와 같은 형태이다.

💡 정리 9.4

$\dfrac{\partial L}{\partial x_1}=0, \dfrac{\partial L}{\partial x_2}=0, \cdots, \dfrac{\partial L}{\partial x_n}=0, \dfrac{\partial L}{\partial \lambda_1}=0, \dfrac{\partial L}{\partial \lambda_2}=0, \cdots, \dfrac{\partial L}{\partial \lambda_m}=0$의 1차 필요조건을 충족하는 $(x_1^*, x_2^*, \cdots, x_n^*, \lambda_1^*, \lambda_2^*, \cdots, \lambda_m^*)$이 주어질 때,

(1) $|\overline{H_2}|>0, |\overline{H_3}|<0, |\overline{H_4}|>0, \cdots, (-1)^n|\overline{H_n}|>0$이면 함수
$f(x_1^*, x_2^*, \cdots, x_n^*)$는 극대값이며,

(2) $(-1)^m|\overline{H_2}|>0, (-1)^m|\overline{H_3}|>0, \cdots, (-1)^m|\overline{H_n}|>0$이면 함수
$f(x_1^*, x_2^*, \cdots, x_n^*)$은 극소값이다.

연습문제 9-1

1. 다음 함수의 극값을 구하라.

   (1) $f(x, y) = 9 - x^2 - y^2$ 제약조건 : $x + 3y = 12$
   (2) $f(x, y) = x + y$ 제약조건 : $xy = 16, x > 0, y > 0$
   (3) $f(x, y) = xy$ 제약조건 : $x + y = 16$

2. 다음 함수의 극값을 구하라.

   (1) $f(x, y) = 8x + 4xy$ 제약조건 : $x + y = 12$
   (2) $f(x, y) = x^2 y$ 제약조건 : $x + y = 3$

2 부등식의 제약조건을 가지는 극대·극소

앞의 1절에서 다루었던 라그랑주 승수법은 제약조건이 등식 형태일 경우에만 적용할 수 있는 기법이다. 하지만 경영학이나 경제학에서의 많은 문제들은 부등식 제약조건을 사용하는 것이 일반적이다.

쿤-터커 정리(Kuhn-Turker theorem)는 바로 이러한 문제에 적용하는 이론이다.

정리 9.5

미분 가능한 함수 $f(\boldsymbol{X})$, $g_1(\boldsymbol{X})$, $g_2(\boldsymbol{X})$, $\cdots$, $g_m(\boldsymbol{X})$가 존재한다고 가정하자. 그리고 다음과 같은 문제로 정의되었다고 가정하자.

최대화 $\quad f(x_1, x_2, \cdots, x_n)$
제약조건 $\quad g_1(x_1, x_2, \cdots, x_n) \leq b_1$
$\qquad\qquad g_2(x_1, x_2, \cdots, x_n) \leq b_2$
$\qquad\qquad \vdots \qquad\qquad\qquad \vdots$
$\qquad\qquad g_m(x_1, x_2, \cdots, x_n) \leq b_m$

이때, $\boldsymbol{X}^* = (x_1^*, x_2^*, \cdots, x_n^*)$이 제약조건하에서 $f(x_1, x_2, \cdots, x_n)$을 최대화하는 점이 되기 위해서는 아래의 모든 조건을 만족하는 m 개의 $\lambda_1, \lambda_2, \cdots, \lambda_m$이 존재해야 한다(아래의 조건을 K-T 조건이라 하고 이는 필요조건이다.).

(1) $\dfrac{\partial f}{\partial x_j} - \sum\limits_{i=1}^{m} \lambda_i \dfrac{\partial g_i}{\partial x_j} = 0 \ \ at \ \ \boldsymbol{X} = \boldsymbol{X}^* \ \ (j = 1, 2, \cdots, n)$

(2) $\lambda_i [g_i(\boldsymbol{X}^*) - b_i] = 0 \ \ (i = 1, 2, \cdots, m)$

(3) $g_i(\boldsymbol{X}^*) - b_i \leq 0 \ \ (i = 1, 2, \cdots, m)$

(4) $\lambda_i \geq 0 \ \ (i = 1, 2, \cdots, m)$

정리 9.6

목적함수 $f(X)$가 미분 가능한 오목함수이고 제약함수 $g_1(X), g_2(X), \cdots, g_m(X)$가 미분 가능한 볼록함수이면, K-T 조건을 만족하는 해 $X^* = (x_1^*, x_2^*, \cdots, x_n^*)$은 제약조건하에서 목적함수 f의 최대값을 가지는 점이다(필요충분조건).

예제 7 다음 최대화 문제의 최적해와 목적함수의 값을 구하라.

최대화 $f(x_1, x_2) = 2x_1 - x_1^2 + x_2$

제약조건 : $x_1 + x_2 \leq 2$
$x_1 \geq 0, x_2 \geq 0$

|풀이| 우선 위 문제가 K-T 정리를 적용할 수 있는 문제인지를 살펴보아야 한다. 목적함수가 오목함수이고, 제약조건식이 볼록함수이므로 K-T 정리를 적용할 수 있는 문제이다. 먼저 $x_1 \geq 0$과 $x_2 \geq 0$을 K-T 조건을 구할 수 있는 문제의 제약조건 형태로 바꾸어야 하므로 양변에 -1을 곱하고 부등호 방향을 반대로 하여 $-x_1 \leq 0$과 $-x_2 \leq 0$으로 바꾼 후 K-T 조건을 구하면 아래와 같다.

(1)-(a) $2 - 2x_1 - \lambda_1 + \lambda_2 = 0$

(1)-(b) $1 - \lambda_1 + \lambda_3 = 0$

(2)-(a) $\lambda_1(x_1 + x_2 - 2) = 0$

(2)-(b) $\lambda_2(-x_1) = 0$

(2)-(c) $\lambda_3(-x_2) = 0$

(3) $x_1 + x_2 \leq 2, x_1 > 0, x_2 > 0$

(4) $\lambda_1, \lambda_2, \lambda_3 \geq 0$

(2)-(b)와 (2)-(c)를 중심으로 하여 분석해 보면 다음과 같은 네 가지 경우를 생각해 볼 수 있다.

(a) $x_1 = x_2 = 0$

(b) $x_1 = \lambda_3 = 0$

(c) $x_2 = \lambda_2 = 0$

(d) $\lambda_2 = \lambda_3 = 0$

그러므로 위 네 가지 각각의 경우에 대해서 K-T 조건을 만족하는 해가 존재하는지를 파악하여 최적해를 구하면 된다.

만약 (a)의 경우가 맞다면 (2)-(a)에서 $\lambda_1 = 0$이 되고 (1)-(a)에서 $\lambda_2 = -2$가 된다. 이것은 (4)번 조건을 위반하여 (a)의 경우는 틀리게 되므로 이 경우에는 해가 존재하지 않는다.

만약 (b)의 경우가 맞다면 (1)-(b)에서 $\lambda_1 = 1$이 되고, (1)-(a)에서 $\lambda_2 = -1$이 된다. 이것도 (4)번 조건을 위반하여 (b)의 경우는 틀리게 되므로 해가 존재하지 않는다.

만약 (c)의 경우가 맞다면 (2)-(a)에서 $\lambda_1 = 0$이거나 $x_1 = 2$가 되어야 한다. $\lambda_1 = 0$인 경우 (1)-(b)에서 $\lambda_3 = -1$이 되어 해가 존재하지 않게 되고, $x_1 = 2$인 경우 (1)-(a)에서 $\lambda_1 = -2$가 되어 해가 존재하지 않는다.

마지막으로 만약 (d)의 경우가 맞다면 (1)-(b)에서 $1 - \lambda_1 = 0$이므로 $\lambda_1 = 1$이 되고 (1)-(a)에서 $x_1 = \frac{1}{2}$이 된다. 그리고 (2)-(a)에서 $x_1 + x_2 - 2 = 0$이 되어야 하므로 $x_2 = \frac{3}{2}$가 되고, $x_1 = \frac{1}{2}$, $x_2 = \frac{3}{2}$, $\lambda_1 = 1$, $\lambda_2 = \lambda_3 = 0$은 나머지 모든 조건을 만족하므로 최적해가 되고 이때 목적함수의 최대값은 $\frac{9}{4}$이다.

예제 8 다음 문제의 최적해를 구하라.

최대화 $f(x_1, x_2) = \ln(2x_1 + x_2)$
제약조건 : $x_1 + 2x_2 \leq 4$
$x_1 \geq 0, x_2 \geq 0$

풀이 목적함수는 오목함수이고 제약조건은 볼록함수이므로 K-T 정리를 적용할 수 있는 문제이다. $x_1 \geq 0, x_2 \geq 0$은 $-x_1 \leq 0, -x_2 \leq 0$으로 바꾸고 K-T 조건을 구하면 아래와 같다.

(1)-(a) $\dfrac{2}{2x_1 + x_2} - \lambda_1 + \lambda_2 = 0$

(1)-(b) $\dfrac{1}{2x_1 + x_2} - 2\lambda_1 + \lambda_3 = 0$

(2)-(a) $\lambda_1(x_1 + 2x_2 - 4) = 0$

(2)-(b) $\lambda_2(-x_1) = 0$

(2)-(c) $\lambda_3(-x_2) = 0$

(3) $x_1 + 2x_2 \leq 4$, $x_1 > 0$, $x_2 > 0$

(4) $\lambda_1, \lambda_2, \lambda_3 \geq 0$

(i) $x_1 = x_2 = 0$인 경우

로그함수는 0보다 큰 경우에만 정의되므로 해가 존재하지 않는다.

(ii) $x_1 = \lambda_3 = 0$인 경우

(1)-(b)에서 $\frac{1}{x_2} - 2\lambda_1 = 0$, $\lambda_1 = \frac{1}{2x_2}$이고, 이를 (2)-(a)에 대입하면 $\frac{1}{2x_2}(2x_2 - 4) = 0$에서 $x_2 = 2$이고 $\lambda_1 = \frac{1}{4}$이 된다. (1)-(a)에서 $1 - \frac{1}{4} + \lambda_2 = 0$, $\lambda_2 = -\frac{3}{4}$이므로 해가 존재하지 않는다.

(iii) $x_2 = \lambda_2 = 0$인 경우

(1)-(a)에서 $\frac{1}{x_1} - \lambda_1 = 0$, $\lambda_1 = \frac{1}{x_1}$이고, 이를 (2)-(a)에 대입하면 $\frac{1}{x_1}(x_1 - 4) = 0$에서 $x_1 = 4$이고 $\lambda_1 = \frac{1}{4}$이 된다. (1)-(b)에서 $\frac{1}{8} - \frac{1}{2} + \lambda_3 = 0$, $\lambda_3 = \frac{3}{8}$이 되고 이는 나머지 모든 조건을 만족하므로 $x_1 = 4$, $x_2 = 0$은 최적해이다.

(iv) $\lambda_2 = \lambda_3 = 0$인 경우

(1)-(a)와 (1)-(b)에서 $\lambda_1 = \frac{2}{2x_1 + x_2} = \frac{1}{2(2x_1 + x_2)}$이므로 이를 만족하는 x_1, x_2값은 둘 다 0이 되므로 (i)의 경우와 마찬가지로 해가 존재하지 않는다.

3 경영경제학에서의 응용

제8장에서 제약조건이 없는 함수의 극값을 구하는 방법에 대해 알아보았다. 그러나 현실적인 경영경제 문제는 제약조건이 존재하는 경우의 극값을 구하는 것이 대부분이다. 예를 들면 소비자는 주어진 예산범위 내에서 효용을 극대화하는 선택을 하려 한다. 경

경영제학은 '선택'과 관계가 깊으므로 이러한 선택은 일반적으로 제약조건하에서 극대·극소화와 관련된다.

경영경제의 응용 문제로 여기서는 예산제약하에서 효용 극대를 추구하는 소비자 선택 문제를 논의하기로 한다.

소비자 효용 함수가 다음과 같이 주어진다고 가정하자.

$$U = U(x, y) \tag{9-9}$$

그리고 소비자 효용 함수가 우리가 일반적으로 알고 있는 형태로 되기 위해서 x, y의 모든 양의 값에 대해 다음이 성립한다고 가정한다.

$$\frac{\partial U}{\partial x} \equiv U_x = U_x(x, y) > 0$$

$$\frac{\partial U}{\partial y} \equiv U_y = U_y(x, y) > 0$$

$$\frac{d^2 y}{dx^2} > 0$$

<식 9-9>와 효용 함수의 정의에 의해서 U의 수준은 무차별곡선상에서 변하지 않으므로 무차별곡선으로부터 <식 9-10>이 성립한다.

$$dU = U_x dx + U_y dy = 0 \tag{9-10}$$

가정에서 $U_x, U_y > 0$이며, <식 9-10>에서 $\frac{dy}{dx} = -\frac{U_x}{U_y}$이므로 $\frac{dy}{dx} < 0$이 되고, 이에 따라 무차별곡선은 음의 기울기를 가진다. 무차별곡선의 기울기에 음의 부호를 붙인 것을 두 재화 간의 한계대체율(Marginal Rate of Substitution, MRS)이라고 하며 다음과 같다.

$$-\frac{dy}{dx} = \frac{U_x}{U_y} = MRS$$

그런데 $\frac{d(MRS)}{dx} = \frac{d}{dx}\left(-\frac{dy}{dx}\right) = -\frac{d^2y}{dx^2}$ 이고 $\frac{d^2y}{dx^2} > 0$ 이라 가정하였으므로 $\frac{d(MRS)}{dx}$ < 0이 되어 무차별곡선상의 모든 점에서 한계대체율은 체감한다.

한편 소비자의 예산제약은 다음과 같다.

$$M = P_x x + P_y y \tag{9-11}$$

여기서 M은 소비자의 예산, P_x, P_y는 각각 x, y재화의 가격이다.

결과적으로 소비자 선택 문제는 <식 9-11>의 제약하에서 <식 9-9>를 극대화하는 문제가 된다. 이 경우 라그랑주 함수는 다음과 같다.

$$L = U(x, y) + \lambda[M - P_x x - P_y y] \tag{9-12}$$

소비자 선택 문제의 라그랑주 함수에 대한 1차 조건은 다음과 같다.

$$L_\lambda = M - P_x x - P_y y = 0 \tag{9-13}$$
$$L_x = U_x - \lambda P_x = 0$$
$$L_y = U_y - \lambda P_y = 0$$

<식 9-13>의 연립방정식을 풀어 x^*, y^*, λ^*의 값을 구한다. 이 값을 <식 9-12>에 대입하여 $L^* = U^*$를 얻는다. 라그랑주 함수에 대한 극대를 위한 2차 조건이 만족된다고 가정하면 U^*는 예산제약하에서 U의 극값이 된다.

예제 9

소비자 효용 함수가 $U(x, y) = xy^2$이고, 예산제약이 $4x + 8y = 24$이다.

(1) 예산제약하에서 효용을 극대화하기 위해 소비자가 구입해야 할 x와 y의 수준은?
(2) 효용이 극대화될 때 화폐의 한계효용은?

| 풀이 | (1) 라그랑주 함수는 다음과 같다.
$$L = xy^2 - \lambda(4x + 8y - 24)$$

라그랑주 함수의 1차 조건은

$L_\lambda = -4x - 8y + 24 = 0$

$L_x = y^2 - 4\lambda = 0$

$L_y = 2xy - 8\lambda = 0$

$L_x = L_y = 0$으로부터 $\dfrac{y^2}{4} = \lambda = \dfrac{xy}{4}$이므로 $x = y$ 또는 $x = y = 0$이다. $x = y$ 와 $x = y = 0$을 $L_\lambda = 0$에 대입하면 $y^* = 2, x^* = 2, \lambda^* = 1$이 된다.

$L_{xx} = 0$, $L_{yy} = 2x$, $L_{xy} = L_{yx} = 2y$이고, $g(x, y) = 4x + 8y - 24$에서 $g_x = 4$, $g_y = 8$이므로 점 $y^* = 2$, $x^* = 2$, $\lambda^* = 1$에서 유계헤시안 $\overline{H}$는 다음과 같이 된다.

$\overline{H} = \begin{bmatrix} 0 & -4 & -8 \\ -4 & 0 & 4 \\ -8 & 4 & 4 \end{bmatrix}$

$|\overline{H}| = 4 \begin{vmatrix} -4 & -8 \\ 4 & 4 \end{vmatrix} + (-8) \begin{vmatrix} -4 & -8 \\ 0 & 4 \end{vmatrix} > 0$이므로 점 $y^* = 2, x^* = 2, \lambda^* = 1$에서 극대값을 가진다.

(2) 화폐의 한계효용은 $\dfrac{\partial U^*}{\partial M} = \lambda^* = 1$이다.

다음으로 생산자 부문의 극대·극소 문제를 살펴보자.

기업이 노동(L)과 자본(K)를 투입하여 $f(L, K)$만큼 재화를 생산해 낸다고 하자. 이때 $f(L, K)$는 생산함수를 뜻한다. 노동의 1단위당 구입가격을 w, 자본의 1단위당 구입가격을 r이라 놓고, 이들 생산요소를 구입할 수 있는 기업의 전체 예산을 M으로 제한하였다고 하자. 그러면 이러한 기업의 예산제약하에서 생산량을 최대로 하기 위해 구입해야 하는 노동과 자본량은 각각 얼마인가를 생각해 보자. 먼저 노동과 자본을 각각 L과 K단위 구입할 때 소요되는 비용은 $wL + rK$이므로 제약조건은

$$wL + rK = M \qquad (9\text{-}14)$$

따라서 라그랑주 함수는 아래와 같이 정의할 수 있다.

$$L(L, K, \lambda) = f(L, K) + \lambda(M - wL - rK) \qquad (9\text{-}15)$$

그리고 1차 조건은 다음과 같다.

$$L_\lambda = M - wL - rK = 0 \qquad (9\text{-}16)$$

$$L_L = \frac{\partial f}{\partial L} - w\lambda = f_L - w\lambda = 0$$

$$L_K = \frac{\partial f}{\partial K} - r\lambda = f_K - r\lambda = 0$$

그리고 위 <식 9-16>을 풀면 극값 L^*, K^*, λ^*를 얻을 수 있다.

이때 $L_L = \frac{\partial f}{\partial L}$는 노동을 1단위 증가시킬 때 생산량이 얼마나 늘어나는가를 나타내는 것으로 보통 노동의 한계생산(Marginal Product of Labor, MP_L)이라 하며, $L_K = \frac{\partial f}{\partial K}$는 자본을 1단위 증가시킬 때 생산량이 얼마나 늘어나는가를 나타내 주는 것으로 자본의 한계생산(Marginal Product of Capital, MP_K)이라 한다.

또한 노동 증가분과 자본 증가분의 비율 $-\frac{dK}{dL} = \frac{MP_L}{MP_K} = \frac{f_L}{f_K}$을 2개의 투입요소 사이의 한계기술대체율(Marginal Rate of Technical Substitution, $MRTS$)이라고 하는데, 이 한계대체율은 체감의 법칙에 의해 $\frac{d(MRTS)}{dL} < 0$으로 된다. 그러나 이러한 내용을 자세히 다루기에는 이 책 수준을 벗어나므로 여기서는 더 이상 언급하지 않는다.

위의 <식 9-16>의 1차 조건식

$$f_L - w\lambda = 0 \text{으로부터} \quad \frac{f_L}{w} = \lambda$$

$$f_K - r\lambda = 0 \text{으로부터} \quad \frac{f_K}{r} = \lambda$$

를 얻을 수 있다.

이때 양쪽 식에 있는 λ를 소거하면 $\frac{f_L}{w} = \frac{f_K}{r}$, 즉 $\frac{MP_L}{w} = \frac{MP_K}{L}$의 식을 도출할 수 있다. 이때 이 식이 의미하는 바는 일종의 균형 상태인데, 실제로 1원어치 노동의 한계생산과 1원어치 자본의 한계생산이 같아지게 생산하면 그때 생산량이 극대화된다는 의미이다.

제9장 제약조건하의 극대·극소화

예제 10 기업의 생산함수가 $f(L,K) = 4L^{0.5}K^{0.5}$으로 콥-더글러스 생산함수(Cobb-Douglas production function) 형태를 띤다고 하자. 이때 노동은 1단위당 가격이 2이고 자본은 1단위당 가격이 8이라고 하자. 만일 기업이 노동과 자본을 구입할 수 있는 총예산이 100이라고 할 때, 이 기업이 생산량을 극대화할 수 있는 최적 투입 구입량을 구하라. 2차 조건은 만족한다고 가정한다.

| 풀이 | 먼저 기업의 총비용(예산제약)을 구해 보면 $2L+8K=100$이 된다.

따라서 라그랑주 함수를 구해 보면
$$L(L, K, \lambda) = 4L^{0.5}K^{0.5} + \lambda(100 - 2L - 8K)$$
1차 조건은 다음과 같다.
$$L_\lambda = 100 - 2L - 8K = 0$$
$$L_L = 2L^{-0.5}K^{0.5} - 2\lambda = 0$$
$$L_K = 2L^{0.5}K^{-0.5} - 8\lambda = 0$$

위의 두 번째 식에서 $L^{-0.5}K^{0.5} = \lambda$가 도출되고 세 번째 식에서 $L^{0.5}K^{-0.5} = 4\lambda$가 도출된다. 두 식에 λ를 대응시켜 소거하면 $L = 4K$를 얻을 수 있으며, 이 식을 첫째 식에 대입하면 $L=25$, $K=6.25$를 얻는다.

예제 11 〈예제 10〉을 다른 측면에서 한번 살펴보자. 생산함수는 $f(L,K) = 4L^{0.5}K^{0.5}$이고, 노동 1단위당 가격이 2, 자본 1단위당 가격이 8로 위 예제와 동일하다고 하자. 대신 이번에는 기업이 총 50단위를 생산한다고 가정하고, 이 생산을 하는 데 있어 비용을 최소화하기 위한 노동 및 자본량, 그리고 그때의 비용을 구하라. 단, 2차 조건은 만족한다고 가정한다.

| 풀이 | 문제를 풀기 위한 조건식은 $50 = 4L^{0.5}K^{0.5}$이다. 따라서 라그랑주 함수를 구하면
$$L(L, K, \lambda) = 2L + 8K + \lambda(50 - 4L^{0.5}K^{0.5})$$
1차 조건은 다음과 같다.
$$L_\lambda = 50 - 4L^{0.5}K^{0.5} = 0$$
$$L_L = 2 - 2\lambda L^{-0.5}K^{0.5} = 0$$
$$L_K = 8 - 2\lambda L^{0.5}K^{-0.5} = 0$$

위의 두 번째 식에서 $L^{-0.5}K^{0.5} = \dfrac{1}{\lambda}$이 도출되고 세 번째 식에서 $L^{0.5}K^{-0.5} = \dfrac{4}{\lambda}$가 도출된다.

위 두 식에 λ를 대칭시켜 소거하면 $4K=L$의 관계를 얻을 수 있다. 이것을 첫째 식에 대입하면 $50-4(4K)^{0.5}(K)^{0.5}=0$이 되어 $50-8K=0$으로서 $K=6.25$, $L=25$를 얻는다. 그리고 그때 최소 비용은 $2(25)+8(6.25)$로 총 100이 된다.

<예제 10>과 <예제 11> 두 문제를 비교해 보면, 먼저 <예제 10>은 총비용선(기업의 예산선)을 먼저 정해 주고 그 비용조건하에서 생산량을 최대로 해 주는 노동과 자본량을 구하라는 문제이고, <예제 11>은 생산하려는 목표량을 먼저 정해 주고 그 목표 생산량을 최소 비용으로 생산할 수 있는 노동과 자본량을 구하는 문제인데, 그 해를 보면 똑같다는 것을 알 수 있다. 이는 마치 동전의 양면을 보는 것과 같고, 그래서 이러한 문제를 쌍대문제(dual problem)라 칭한다.

[그림 9.1]을 보면 이러한 관계를 쉽게 이해할 수 있는데 <예제 10>은 그림에 나타나 있는 총비용선을 먼저 정해 주고 그 비용선에 최대한 바깥쪽으로 접하는 등량곡선(최대 생산량)을 구하라는 문제이고, <예제 11>은 목표 생산량인 등량곡선을 먼저 정해 주고 그 등량곡선에 최대한 안쪽에서 접하는 총비용선(최소 비용선)을 구하는 문제이다. 따라서 두 문제의 해를 구해 보면 같다.

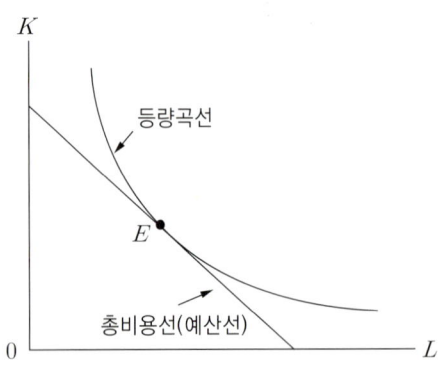

그림 9.1 기업의 생산 균형점

[그림 9.1]에서 E점이 두 문제의 해가 되는 점인데, 이 점에서 실제로 등량곡선의 기울기인 한계기술대체율$\left(MRTS=-\dfrac{dK}{dL}=\dfrac{MP_L}{MP_K}=\dfrac{f_L}{f_K}\right)$과 총비용선의 기울기인

$-\dfrac{w}{r}$가 같다. 따라서 $-\dfrac{MP_L}{MP_K}=-\dfrac{w}{r}$가 되며, 이 식을 정리하면 앞에서 언급했던 1원당 한계생산이 같아지는 균형식 $\dfrac{MP_L}{w}=\dfrac{MP_K}{r}$와 같은 답을 얻을 수 있다.

예제 12 A 기업이 신제품 개발에 x억 원, 마케팅에 y억 원을 투자하면 연간 이익이 $f(x,y)=20+4x+2y-\dfrac{1}{200}x^2-\dfrac{1}{50}y^2$만큼 증가한다고 분석하고 있다. 사용가능한 연간 예산이 400억 원이라는 제약이 있다면, 연간 이익을 극대화하기 위해서는 신제품 개발과 마케팅에 각각 얼마씩을 투자해야 하는가?

풀이 사용가능한 연간 예산이 400억 원이므로 제약조건은 $x+y=400$이 된다.
따라서 라그랑주 함수를 구해 보면
$$L(x,y,\lambda)=20+4x+2y-\dfrac{1}{200}x^2-\dfrac{1}{50}y^2-\lambda(x+y-400)$$
1차 조건은 다음과 같다.
$L_\lambda=400-x-y=0$

$L_x=4-\dfrac{1}{100}x-\lambda=0$

$L_y=2-\dfrac{1}{25}y-\lambda=0$

이 식으로부터 계산하면 $(x^*,y^*,\lambda^*)=\left(360, 40, \dfrac{2}{5}\right)$가 된다.

$L_{xx}=-\dfrac{1}{100},\ L_{yy}=-\dfrac{1}{25},\ L_{\lambda\lambda}=0,\ L_{xy}=0,\ L_{\lambda x}=-1,\ L_{\lambda y}=-1$이므로

$$\overline{H}=\begin{bmatrix} 0 & -1 & -1 \\ -1 & -\dfrac{1}{100} & 0 \\ -1 & 0 & -\dfrac{1}{25} \end{bmatrix},\ |\overline{H}|=1\begin{vmatrix} -1 & -1 \\ 0 & -\dfrac{1}{25} \end{vmatrix}-1\begin{vmatrix} -1 & -1 \\ -\dfrac{1}{100} & 0 \end{vmatrix}>0$$

따라서 $f(360, 40)$은 극대값이다.

예제 13 A 기업이 설비투자에 x억 원, 근로자 고용에 y억 원 투자하면 생산량이 $f(x,y)=30+20x+10y+9xy-\dfrac{1}{2}x^2-\dfrac{1}{2}y^2$만큼 증가한다고 분석하고 있다. 투자가능한 예산이 20억 원이라는 제약이 있다면, 생산량을 극대화하기 위해서는 설비투자

와 근로자 고용에 각각 얼마씩을 투자해야 하는가?

| 풀이 | 투자가능한 예산이 20억 원이므로 제약조건은 $x+y=20$이 된다.
따라서 라그랑주 함수를 구해 보면

$$L(x, y, \lambda) = 30 + 20x + 10y + 9xy - \frac{1}{2}x^2 - \frac{1}{2}y^2 - \lambda(x+y-20)$$

1차 조건은 다음과 같다.

$L_\lambda = 20 - x - y = 0$

$L_x = 20 + 9y - x - \lambda = 0$

$L_y = 10 + 9x - y - \lambda = 0$

이 식으로부터 계산하면 $(x^*, y^*, \lambda^*) = (10.5, 9.5, 95)$가 된다.

$L_{xx} = -1$, $L_{yy} = -1$, $L_{\lambda\lambda} = 0$, $L_{xy} = 9$, $L_{\lambda x} = -1$, $L_{\lambda y} = -1$이므로

$$\overline{H} = \begin{bmatrix} 0 & -1 & -1 \\ -1 & -1 & 9 \\ -1 & 9 & -1 \end{bmatrix}, \ |\overline{H}| = 1\begin{vmatrix} -1 & -1 \\ 9 & -1 \end{vmatrix} - 1\begin{vmatrix} -1 & -1 \\ -1 & 9 \end{vmatrix} > 0$$

따라서 $f(10.5, 9.5)$는 극대값이므로, 생산량을 최대화하는 투자는 $x=10$억 5천만 원, $y=9$억 5천만 원

연습문제 9-2

1. 특정 소비자의 효용 함수가 $U(x, y) = 10xy$이고 예산선은 $x+y=100$으로 주어졌다. 이 소비자의 효용을 극대화시켜 주는 x, y의 값을 구하라. 2차 조건은 만족한다고 가정한다.

2. 한 미국 기업의 생산 함수가 $f(L, K) = 10K^{\frac{1}{2}}L^{\frac{1}{4}}$이다. 그리고 노동과 자본 1단위당 가격은 각각 5달러, 4달러이고 기업은 노동과 자본 구입에 총 60달러를 쓸 수 있다. 생산량을 극대화시켜 주는 L, K를 구하라. 2차 조건은 만족한다고 가정한다.

chapter 9 종합문제

1 다음 다변수함수의 극값을 구하라.

(1) $f(x, y) = x^2 + 4xy + 2y^2$
제약조건 : $2x + 3y = 7$

(2) $f(x, y) = 2xy + y^2 + 3$
제약조건 : $xy^2 = 27$

(3) $f(x, y) = xy$
제약조건 : $x^2 + y^2 = 1$

(4) $f(x, y) = x^2 + y^2$
제약조건 : $x^2 - 2x + y^2 - 4y = 0$

2 다음 다변수함수의 극값을 구하라.

(1) $f(x, y, z) = x^2 + y^2 + z^2$
제약조건 : $z^2 = x^2$, $z = x + y - 1$

(2) $f(x, y, z) = x^2 + y^2 + z^2$
제약조건 : $y + 2z = 12$, $x + z = 6$

(3) $f(x, y, z) = xyz$
제약조건 : $x + y + z = 40$, $z = x + y$

3 다음 효용 함수와 예산선하에서 최대 효용을 가져오는 값을 구하라. 2차 조건은 만족한다고 가정한다.

(1) $U(x, y) = 9x + 18xy$ $M = 15, P_x = 3, P_y = 6$

(2) $U(x, y) = 4xy + x^2$ $M = 105, P_x = 2, P_y = 1$

4 다음 기업의 생산 함수와 총비용(예산)하에서 최대 생산량을 가능하게 해 주는 값을 구하라. 2차 조건은 만족한다고 가정한다.

(1) $f(K, L) = 25L^{0.5}K^{0.5}$ $M = 600, r = 12, w = 3$

(2) $f(K, L) = 4K^{\frac{1}{2}}L^{\frac{1}{2}}$ $M = 64, r = 2, w = 8$

5 다음 기업의 생산 함수와 예산하에서 최소 비용을 가능하게 해 주는 값을 구하라. 2차 조건은 만족한다고 가정한다.

(1) $TC = 2K + 4L$, $f(K, L) = 8K^{\frac{1}{4}}L^{\frac{1}{2}} = 216$

(2) $TC = 2K + 8L$, $f(K, L) = 4K^{\frac{1}{2}}L^{\frac{1}{2}} = 32$

6 다음 문제의 해를 구하라.

(1) 최대화 $f(x_1, x_2) = x_1 + 2x_2 - x_2^3$

제약조건 : $x_1 + x_2 \leq 1$, $x_1 \geq 0$, $x_2 \geq 0$

(2) 최대화 $f(x_1, x_2) = 8x_1 - x_1^2 + 4x_2 - x_2^2$

제약조건 : $x_1 + x_2 \leq 2$, $x_1 \geq 0$, $x_2 \geq 0$

(3) 최소화 $f(x_1, x_2, x_3) = 2x_1 + x_2^3 + x_3^2$

제약조건 : $x_1^2 + 2x_2^2 + x_3^2 \geq 4$, $x_1 \geq 0$, $x_2 \geq 0$, $x_3 \geq 0$

제10장

적분

어떤 함수를 미분하면 도함수를 얻게 된다. 그런데 반대로 그 도함수로부터 원래의 함수를 얻어 내는 과정을 적분이라 한다. 이 장에서는 이와 같은 적분의 개념을 이용하여 적분의 다양한 성질을 도출하고, 이를 통해 여러 형태의 함수를 적분하는 방법을 알아보며, 또 일정 구간에서 함수의 면적을 구하는 방법도 설명한다.

1 부정적분

이 절에서는 부정적분(indefinite integration)의 의미와 성질, 그리고 특수한 형태의 부정적분법에 대해 알아본다.

(1) 부정적분의 의미

$f(x)$가 어떤 함수를 미분하여 얻어진 도함수라 하자. $f(x)$의 부정적분이란 미분시켰을 때 $f(x)$를 도함수로 갖는 모든 함수를 구하는 작업을 의미한다. 만일 $F(x)$를 미분하여 얻은 도함수가 $f(x)$라 하면 이 $f(x)$의 부정적분 결과 중의 하나는 $F(x)$라 할

수 있다. 다만, 상수 c를 미분하면 그 값은 항상 0이므로 $F(x)+c$가 $f(x)$에 대한 부정적분 결과의 일반적 표현이다. 예를 들어, 함수 $F(x)$를 미분하여 얻은 도함수가 아래와 같다고 하자.

$$f(x) = 2x + 4 \tag{10-1}$$

그러면 <식 10-1>을 적분하여 얻은 함수 $F(x)$는 $F(x)$를 미분하여 $2x+4$를 산출하는 모든 함수를 나타내므로 결국 $F(x) = x^2 + 4x + c$(c는 임의의 상수)라고 할 수 있다. 이때 c는 적분상수라 불리며, 이 c값을 정확히 알기 위해서는 $F(0)=3$과 같은 추가적인 정보를 필요로 한다. 그러나 일반적으로 적분함에 있어 이러한 추가적 정보는 주어지지 않고, 그래서 c에 대한 구체적인 값을 적시하지 않고 그냥 c로 표기하는 관계로 이를 부정적분이라 칭한다.

$F(x)+c$를 얻기 위해 $f(x)$를 적분하는 것을 다음과 같이 표현한다.

$$\int f(x)\,dx = F(x) + c \tag{10-2}$$

여기서 $\int$은 적분하라는 기호이며 인테그랄(integral)이라고 읽는다. 그리고 $f(x)$는 적분되는 함수를, dx는 적분이 변수 x에 대해 행해진다는 것을 의미한다. 그리고 c는 임의의 상수를 뜻한다.

(2) 적분의 기초 법칙

이 절에서는 멱함수, 로그함수, 지수함수를 적분하는 데 있어 기본적으로 사용되는 법칙을 알아본다.

> 💡 **정리 10.1** 멱의 법칙(단, $n \neq -1$인 모든 실수)
>
> $$\int x^n\,dx = \frac{1}{n+1} x^{n+1} + c \tag{10-3}$$

이 멱의 법칙은 우리가 $F(x) = \dfrac{1}{n+1}x^{n+1} + c$ 라는 함수를 미분했을 때 그 값이 x^n 이 된다는 사실로부터 유추해 낼 수 있다. 이때 n은 -1이 아닌 실수이어야 된다.

<식 10-3>을 적용하여 $n = 8$일 경우에 적분값을 구해 보면 $\int x^8 dx$는 $\dfrac{1}{9}x^9 + c$가 된다.

예제 1 다음 함수를 적분하라.

(1) $\int x\,dx$ (2) $\int x^{\frac{4}{3}}\,dx$

(3) $\int x^{-4}\,dx$ (4) $\int x^{13}\,dx$

(5) $\int 4\,dx$

| 풀이 | (1) $\int x\,dx = \dfrac{x^2}{2} + c$ (2) $\int x^{\frac{4}{3}}\,dx = \dfrac{3}{7}x^{\frac{7}{3}} + c$

(3) $\int x^{-4}\,dx = -\dfrac{1}{3}x^{-3} + c$ (4) $\int x^{13}\,dx = \dfrac{1}{14}x^{14} + c$

(5) $\int 4\,dx = 4x + c$

정리 10.2 자연로그 법칙

$$\int \dfrac{1}{x}\,dx = \ln x + c \qquad (10\text{-}4)$$

앞 장에서 $\ln x$를 미분하면 $\dfrac{1}{x}$이 되는 것을 배웠는데 그로부터 $\int \dfrac{1}{x}\,dx = \ln x + c$ 가 되는 것을 알 수 있다. 이때 $\int \dfrac{1}{x}\,dx$는 $\int \dfrac{dx}{x}$로도 쓸 수 있다.

예제 2 다음 함수를 적분하라.

(1) $\int \dfrac{2}{x} dx$ (2) $\int -\dfrac{3}{x} dx$

| 풀이 | (1) $\int \dfrac{2}{x} dx = 2\ln x + c$ (2) $\int -\dfrac{3}{x} dx = -3\ln x + c$

정리 10.3 지수법칙

(1) $\int e^x dx = e^x + c$ (10-5)

지수함수 e^x은 미분해도 변하지 않으므로 $\int e^x dx = e^x + c$가 된다.

(2) $\int e^{rx} dx = \dfrac{1}{r} e^{rx} + c$ (10-6)

지수함수 e^{rx}은 미분하면 re^{rx}이 되므로 이를 적분하면 $\dfrac{1}{r} e^{rx} + c$가 된다.

예제 3 다음 지수함수를 적분하라.

(1) $\int e^{2x} dx$ (2) $\int \dfrac{1}{e^x} dx$

(3) $\int e^{4x} dx$

| 풀이 | (1) $\int e^{2x} dx = \dfrac{1}{2} e^{2x} + c$ (2) $\int \dfrac{1}{e^x} dx = \int e^{-x} dx = -e^{-x} + c$

(3) $\int e^{4x} dx = \dfrac{1}{4} e^{4x} + c$

(3) 부정적분의 성질

앞 절에서는 적분의 세 가지 기초 법칙에 대해 배웠는데 이 절에서는 적분이 갖는 성격과 활용되는 방법을 알아보자.

정리 10.4 부정적분의 성질

$F(x)$를 미분하여 $f(x)$를 얻는다고 할 때 주어진 실수 c에 대해,

(1) 합의 성질

$$\int \{f(x) + g(x)\}dx = \int f(x)dx + \int g(x)dx \quad \text{(10-7)}$$

두 함수의 합의 적분은 각 함수의 적분들을 합한 것이다.

예를 들어 $\int (x^4 + x^7)dx$를 구하려면 <식 10-7>을 적용해서 다음의 값을 얻는다.

$$\int x^4 dx + \int x^7 dx = \left(\frac{1}{5}x^5 + c_1\right) + \left(\frac{1}{8}x^8 + c_2\right) = \frac{1}{5}x^5 + \frac{1}{8}x^8 + c$$

이때 c는 각 항의 상수 c_1과 c_2를 합한 것으로 여전히 상수이다.

(2) 뺄셈의 성질

$$\int \{f(x) - g(x)\}dx = \int f(x)dx - \int g(x)dx \quad \text{(10-8)}$$

두 함수의 뺄셈의 적분은 각 함수의 적분들을 뺀 것이다.

예를 들어 $\int (x^5 - 2x^2)dx = \int x^5 dx - \int 2x^2 dx = \frac{1}{6}x^6 - \frac{2}{3}x^3 + c$ 이다.

(3) 곱의 성질

$$\int c\, f(x)dx = c \int f(x)dx \quad \text{(10-9)}$$

임의의 상수 c가 곱해진 함수의 적분은 그 함수를 적분한 것에 상수를 곱한 것과 같다.

예를 들면 $\int 4x^5 dx = 4 \int x^5 dx = 4\left(\frac{1}{6}x^6 + c\right) = \frac{4}{6}x^6 + c$ 이다.

마찬가지로 $\int \frac{3}{x} dx = 3 \int \frac{1}{x} dx = 3\ln x + c$ 이다.

예제 4 다음 함수를 적분하라.

(1) $\int \left(10x + \dfrac{9}{x}\right) dx$

(2) $\int (x^7 - 2e^{2x} + 3) dx$

(3) $\int \left(7e^{-x} + \dfrac{2}{x}\right) dx$

| 풀이 |

(1) $\int \left(10x + \dfrac{9}{x}\right) dx = 10 \int x\, dx + 9 \int \dfrac{1}{x} dx = 5x^2 + 9\ln x + c$

(2) $\int x^7 dx - 2 \int e^{2x} dx + \int 3 dx = \dfrac{1}{8}x^8 - e^{2x} + 3x + c$

(3) $7 \int e^{-x} dx + 2 \int \dfrac{1}{x} dx = -7e^{-x} + 2\ln x + c$

예제 5 $f_m(x) = mx^{m-1}$ ($m = 1, 2, \cdots, n$, n은 유한)이라고 할 때, $\int \{f_1(x) + \cdots + f_n(x)\} dx$ 를 구하라.

| 풀이 | $f_m(x)$의 부정적분이 x^m이라는 사실과 부정적분의 성질 (1)을 이용하면 $\int \{f_1(x) + \ldots + f_n(x)\} dx = x + x^2 + \ldots + x^n + c$ 가 된다.

(4) 특수한 형태의 부정적분법

앞 절에서는 가장 기본적인 적분 공식법과 성질에 대해 살펴보았는데, 이 절에서는 다소 특수한 형태를 취하는 적분법에 대해 알아보자.

1) 치환적분법

미분에서의 연쇄법칙을 기억하는 독자들은 이 치환적분법은 그 반대방향이라고 생각하면 쉽게 이해될 것이다.

정리 10.5 치환적분법

$F(x)$의 도함수가 $f(x)$이고 $g(x)$의 도함수가 $g'(x)$라고 할 때, $f(g(x))g'(x)$를 적분한 값은 다음과 같다.

$$\int f(g(x))g'(x)dx = F(g(x)) + c \qquad \text{(10-10)}$$

미분의 연쇄법칙(chain rule)을 이용하여 $F(g(x))$를 x에 대해 미분하면 $f(g(x))g'(x)$가 얻어지므로 이 함수의 원시함수는 그것에 상수값을 더한 함수인 것을 앞에서 배웠다. 그러나 <식 10-10>이 복잡해 독자들이 이해하기 다소 어려울 것 같아 수치적 예를 가지고 다시 한 번 더 생각해 보자. 아래의 함수를 적분한다고 하자.

$$\int 10(x+1)^9 dx$$

이때 $g(x) = (x+1)$, $F(x) = x^{10}$이라고 하면 $F(g(x)) = (x+1)^{10}$이 되고, $F' = f(x) = 10x^9$, $g'(x) = 1$이 되며, $f(g(x))g'(x) = 10(x+1)^9$이 되므로 앞의 식이 바로 $(x+1)^{10} + c$를 연쇄법칙으로 미분한 것과 같다는 뜻이다. 따라서 $\int 10(x+1)^9 dx$의 값은 $(x+1)^{10} + c$가 된다.

$\int 2xe^{x^2} dx$의 경우도 함수 $2x$와 지수함수인 e^{x^2}이 곱한 형태를 취하고 있기 때문에 언뜻 보면 복잡한 느낌을 준다. 하지만 이 치환법을 이용하면 이 문제에 대한 답이 예상외로 쉽게 나온다. 즉, $F(x) = e^{g(x)}$이라 하고 $g(x) = x^2$이라 하자. 그러면 F의 도함수인 f는 원시함수와 동일하다는 점을 확인하고 나서 적분대상 함수인 $2xe^{x^2}$이 $f(g(x))g'(x)$와 일치한다는 점을 인식하면 주어진 부정적분의 결과가 $F(g(x)) + c$가 된다는 것을 알 수 있다. 따라서 그 답은 $e^{x^2} + c$이다.

지금까지의 치환법에 대한 논의가 이해가 잘 안 된다면 다음 예제들을 통해 치환법을 좀 더 쉽고 실전적으로 푸는 방법을 익히도록 하자.

예제 6 $\int 4(4x+3)^9 dx$를 구하라.

| 풀이 | 표기를 간편히 하기 위해 $u=g(x)$로 놓자. 그러면 $u=g(x)=(4x+3)$이 되고 전미분 공식에 의해 $du=4dx$가 된다. 따라서 $4=\dfrac{du}{dx}$로 되고 이것을 그대로 대입하면 $\int 4(4x+3)^9 dx = \int \dfrac{du}{dx} u^9 dx = \int u^9 du = \dfrac{1}{10}u^{10}+c = \dfrac{1}{10}(4x+3)^{10}+c$ 가 된다.

예제 7 $\int 3x^2(x^3+1)^{18} dx$를 구하라.

| 풀이 | $u=x^3+1$로 놓으면 $du=3x^2 dx$가 된다. 따라서 $3x^2 = \dfrac{du}{dx}$이고 이를 원래 문제에 대입하면 $\int \dfrac{du}{dx} u^{18} dx = \int u^{18} du$가 되며 이를 적분하면 $\dfrac{1}{19}u^{19}+c = \dfrac{1}{19}(x^3+1)^{19}+c$로 된다.

예제 8 $\int x^2 e^{x^3} dx$를 구하라.

| 풀이 | 다른 예제에서와 마찬가지로 치환법을 적용시키기 위해선 먼저 치환대상이 되는 함수 부분을 제대로 결정하는 것이 중요하다. 여기서는 치환 가능성이 존재하는 부분이 두 곳이다. 하나는 x^2을 치환하는 것이고 둘째는 x^3을 치환하는 것이다. 그러나 x^2을 $u=g(x)$로 설정하더라도 더 이상 진척을 할 수가 없다는 사실을 쉽게 확인할 수 있다. 따라서 $u=g(x)=x^3$으로 놓고 그것의 도함수를 구하면 $du=3x^2 dx$이고, $x^2 = \dfrac{1}{3}\dfrac{du}{dx}$이므로 위 식은 $\int \dfrac{1}{3}\dfrac{du}{dx} e^u dx = \int \dfrac{1}{3} e^u du$로 변환시킬 수 있고, 결국 적분한 값은 $\dfrac{1}{3}e^u + c = \dfrac{1}{3}e^{x^3}+c$가 된다.

예제 9 $\int 4e^{2x+4} dx$를 구하라.

| 풀이 | $u=2x+4$로 놓으면 $du=2dx$이고 $2=\dfrac{du}{dx}$가 된다. 따라서 원래 문제에 대입하면 $\int 2\dfrac{du}{dx} e^u dx = 2\int e^u du = 2e^u + c = 2e^{2x+4}+c$이다.

2) 부분적분법

부분적분법은 제6장의 곱의 미분 공식(정리 6.11 참조)으로부터 도출된다. 즉, $z = f(x)g(x)$라는 함수가 있어 z함수가 $f(x)$와 $g(x)$ 두 함수의 곱의 형태로 나타나 있는 함수를 미분하면 $\dfrac{dz}{dx} = f'(x)g(x) + f(x)g'(x)$의 형태가 되는데, 이를 다시 적분해 보면

$$\int (f'(x)g(x) + f(x)g'(x))dx \tag{10-11}$$
$$= \int f'(x)g(x)dx + \int f(x)g'(x)dx = f(x)g(x)$$

로 되고 이를 기준으로 아래 <정리 10.6>을 도출할 수 있다.

정리 10.6 부분적분법

$f'(x)g(x)$ 꼴로 나타난 함수의 적분은 다음과 같다.

$$\int f'(x)g(x)dx = f(x)g(x) - \int f(x)g'(x)dx + c \tag{10-12}$$

부분적분법이라고 하는 이유는 <식 10-12> 좌측에서 적분 기호가 붙은 항이 두 군데로 부분별로 적분하기 때문이다. 일반적으로 부분적분법이 적용되는 문제는 2개의 적분 가운데 하나는 적분이 용이하지 않고 하나는 용이한 경우이다. 즉, <식 10-12>에서 $\int f(x)g'(x)dx$는 구하기 쉬우나 $\int f'(x)g(x)dx$는 구하기 어려울 경우 이 공식을 사용한다. 반대로 $\int f'(x)g(x)dx$는 구하기 쉬우나 $\int f(x)g'(x)dx$는 어려울 경우 두 항의 위치를 바꾸면 된다.

$\int xe^x dx$의 값을 구하는 것을 생각해 보자. 이때 $f(x) = x$, $g'(x) = e^x$이라고 놓으면 $f'(x) = 1$이고 $g(x) = e^x$이 된다. 따라서 위 문제는 $\int f(x)g'(x)dx$ 형태이며, 이를 위

의 적분 공식에 대입하면 다음의 식이 성립함을 알 수 있다.

$$\int xe^x\,dx + \int 1e^x\,dx = xe^x + c$$

따라서 $\int xe^x\,dx = xe^x - \int e^x\,dx + c = xe^x - e^x + c = (x-1)e^x + c$ 이다.

예제 10 $\int \ln x\,dx$ 를 구하라.

| 풀이 | 이 문제는 함수가 $(\ln x)(1)$이 곱해진 형태이다. 따라서 $f(x) = \ln x$, $g'(x) = 1$ 이라고 놓으면 $f'(x) = \dfrac{1}{x}$, $g(x) = x$가 되므로,

$\int \ln x\,dx = (\ln x)(x) - \int (x)\left(\dfrac{1}{x}\right)dx + c = x\ln x - \int 1\,dx = x\ln x - x + c$ 이다.

부분적분법을 사용할 때는 f와 g를 각각 어느 함수로 결정하느냐 하는 것이 중요하다. 항상 문제는 $\int f'(x)g(x)\,dx$ 혹은 $\int f(x)g'(x)\,dx$의 형태로 주어지며, 등식의 좌측 항에 위치한 $\int f'(x)g(x)\,dx$ 혹은 $\int f(x)g'(x)\,dx$가 쉽게 적분 가능한 형태가 되도록 해야 부분적분법을 적용할 수 있다.

예제 11 $\int x(x+1)^2\,dx$ 를 구하라.

| 풀이 | $f(x) = x$, $g(x) = \dfrac{1}{3}(x+1)^3$이라 놓으면 위 문제는 $\int f(x)g'(x)\,dx$ 형태이다. 따라서

$\int x(x+1)^2\,dx = \dfrac{1}{3}x(x+1)^3 - \dfrac{1}{3}\int (x+1)^3\,dx = \dfrac{1}{3}x(x+1)^3 - \dfrac{1}{12}(x+1)^4 + c$ 이다.

연습문제 10-1

1. 다음을 적분하라.

(1) $\int (2x^2 - 3x + 1)dx$ (2) $\int (e^x + 4x)dx$

(3) $\int \left(x^2 + 4x - \dfrac{1}{x}\right)dx$ (4) $\int \left(2e^{2x} + x^{\frac{1}{3}}\right)dx$

2. 다음을 치환적분법을 사용하여 적분하라.

(1) $\int 4x(x^2+2)^{87} dx$ (2) $\int \dfrac{2(\ln x)^2}{x} dx$

(3) $\int \dfrac{6x}{1-3x^2} dx$ (4) $\int 3x^2 \sqrt{x^3+2}\, dx$

3. 다음을 부분적분법을 사용하여 적분하라.

(1) $\int x^2 e^{2x} dx$ (2) $\int x \ln x\, dx$

(3) $\int x \sqrt{x+1}\, dx$

2 정적분

이 절에서는 정적분(definite integration)의 개념을 소개하고 정적분과 부정적분의 관계를 설명한다. 그리고 이를 적분함수의 면적의 개념으로 이해하기 위한 예를 제시한다. 또한 정적분의 성질을 알아보고 이를 바탕으로 특수한 형태의 정적분을 하는 방법과 예도 살펴본다.

(1) 정적분의 개념

앞 절에서 배운 부정적분의 경우 변수 x에 대한 정의역이 정해지지 않았었고 따라서 그 적분값이

$$\int f(x)dx = F(x) + c \qquad \text{(10-13)}$$

로 나타나 상수항 c가 명확한 값을 가지지 못했다.

하지만 이제 x의 정의역이 정해져서 $\alpha \leq x \leq \beta$의 범위 내에서 움직인다고 하자. <식 10-13>에 $x = \alpha$와 $x = \beta$라는 구체적인 수치를 대입해 보면 $F(\alpha) + c$와 $F(\beta) + c$를 얻을 수 있고, 그 차이는 $(F(\beta) + c) - (F(\alpha) + c) = F(\beta) - F(\alpha)$로 이제는 임의의 상수항 c가 없어진 값을 갖게 된다. 그래서 우리는 이를 α에서 β까지 $f(x)$의 정적분이라 하며, 표기는 다음과 같이 한다.

$$\int_\alpha^\beta f(x)dx \qquad \text{(10-14)}$$

여기서 β는 적분의 상한(upper limit of integration), α는 적분의 하한(lower limit of integration)이라 한다.

정적분의 값을 구하는 과정은 다음과 같은 기호를 사용해 표현한다.

$$\int_\alpha^\beta f(x)dx = [F(x)]_\alpha^\beta = F(\beta) - F(\alpha) \qquad \text{(10-15)}$$

예를 들어, $f(x) = 5x^4$일 때 $\int_2^4 f(x)dx$를 구한다고 하자.

$$\int_2^4 f(x)dx = [F(x)]_2^4 = F(4) - F(2)$$

이며 $F(x) = x^5$을 대입하면

$$\int_2^4 5x^4 dx = [x^5]_2^4 = (4)^5 - (2)^5 = 992$$

이다.

예제 12 $\int_1^4 (2x+3)\,dx$를 구하라.

| 풀이 | $\int_1^4 (2x+3)\,dx = \left[x^2+3x\right]_1^4 = [4^2+3(4)] - [1^2+3(1)] = 24$

(2) 정적분과 면적

정적분이란 주어진 구간에서의 함수의 면적을 의미한다. 여기에서 면적이란 주어진 구간 (α, β)에서 $f(x)=0$과 $y=f(x)$ 사이의 크기를 의미한다.

자세한 내용은 다음의 그림을 통해 살펴보자.

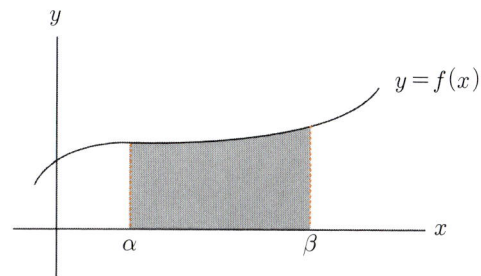

그림 10.1 함수가 양의 값을 갖는 경우의 정적분

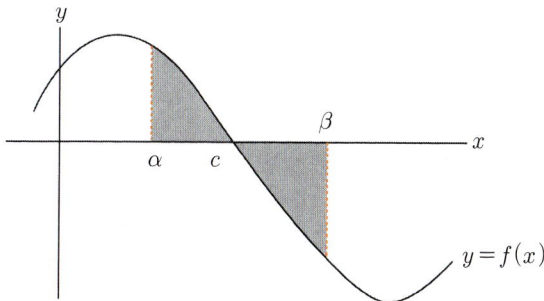

그림 10.2 함수가 양과 음의 값을 동시에 갖는 경우의 정적분

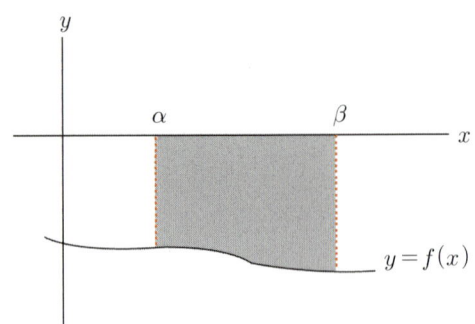

그림 10.3 함수가 음의 값을 갖는 경우의 정적분

[그림 10.1]은 양의 값을 갖는 함수 $y=f(x)$를 (α, β) 위의 구간에서 정적분을 하였을 때 얻어지는 정적분의 값을 색칠한 것이다. 이때 정적분의 값은 항상 양의 값을 지닌다.

[그림 10.2]는 함수가 주어진 구간에서 양과 음의 값을 동시에 갖는 경우를 나타낸다. 이 경우에 있어서 함수의 정적분은 (α, c)상에서는 양의 값, (c, β)까지는 음의 값을 지닌다. (α, β) 위에서 함수의 정적분값은 이 두 값을 더하여 얻어진다. 당연히 이 정적분의 값은 양수가 될 수도 있고 음수가 될 수도 있다.

[그림 10.3]은 주어진 함수가 음의 값을 가질 때의 정적분의 의미를 나타낸다. 이 경우에도 $y=0$과 (α, β)상에서 $f(x)$가 취하는 면적으로 나타난다. 다만 이때의 정적분값은 항시 음의 값을 지닌다.

주어진 함수의 정적분을 구하기 위해선 반드시 적분구간 (α, β)가 주어져야 하며, 그때의 값은 $y=f(x)$, $y=0$과 $x=\alpha$, $x=\beta$ 사이에 둘러싸인 $f(x)$의 면적으로 이해하면 된다. 다만 이때의 면적이란 표현은 그림상으로 개념을 설명하기 위한 하나의 방편일 뿐이다. 왜냐하면 함수값이 음인 구간에서의 정적분값은 항시 음의 값을 지니기 때문이다.

$y=f(x)$라는 주어진 함수를 생각해 보자. 이때 x를 시간, y를 x일 때의 속도를 나타낸다고 하자. x가 0부터 2시간 동안 움직인 총거리를 구하기 위해서는 속도 함수인 f를 적분해야 한다. 이 값은 물론 적분의 정의를 통하여 얻을 수 있다. 주어진 함수 $f(x)$를 0부터 2시간까지 적분하기 위해선 먼저 그 구간을 동일한 n개의 구간으로 나

눈 후 주어진 하나의 소구간에서 f의 최솟값을 구한다. 다음으로 소구간의 길이와 이 최솟값을 곱하여 면적의 근사치를 구한다. 그리고 나서 모든 소구간에 대해 이 작업을 행한 후 구간별 면적을 더하면 전체 면적의 근사치가 나온다. 만일 주어진 구간을 보다 작게 균등 분할하여 동일한 절차에 의해 면적의 근사치를 구하면 그 값은 점점 실제치에 접근한다. 즉, 주어진 구간을 무수히 많은 균등구간으로 나누고 각 근사 면적을 모두 합하여 얻은 값이 바로 정확한 면적을 의미한다.

이와 같은 적분 절차를 단계적으로 설명하면 다음과 같다.

정리 10.7 면적의 계산 절차

단계 1. 주어진 적분구간을 n개의 동일한 구간으로 분할한다.
단계 2. 각 소구간별 함수의 최솟값을 구하고 거기에 소구간의 길이를 곱하여 면적의 근사치를 획득한다.
단계 3. 이렇게 구한 소구간별 근사 면적을 모두 합한다.
단계 4. 분할한 소구간의 숫자를 무한대로 늘릴 때 앞 단계에서 구한 근사 면적값이 어떤 값에 수렴하는지 확인한다.

단계 2에서 함수의 최솟값을 구하는 대신 주어진 소구간의 최솟값에서의 함숫값, 혹은 최댓값에서의 함숫값을 적용하여도 결과에는 전혀 차이가 없다.

또한 마지막 단계의 작업은 극한값을 구하는 것으로서 앞 장의 미분 부분에서 배운 내용과 동일하다. 예를 들어, 면적의 근사치가 동일하게 분할된 소구간의 숫자인 n의 함수로서 $g(n)$으로 표현된다고 하자. 이때 n이 커짐에 따른 근사 면적 함수 g의 극한값은 다음과 같이 표현된다.

$$\lim_{n \to \infty} g(n) \text{ 혹은 } \lim_n g(n)$$

주어진 함수의 정적분을 구하는 문제를 그림으로 설명하면 다음과 같다.

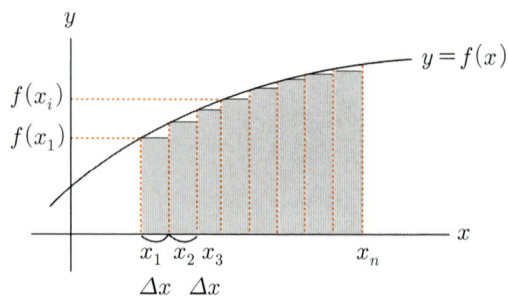

그림 10.4   정적분과 면적의 근사치와의 관계 1

즉, 주어진 구간을 동일하게 n등분하여 각 소구간의 값을 정하고 주어진 개별 소구간에서 함수의 최소값($f(x_i)$)과 소구간의 길이($\Delta x = x_{i+1} - x_i$)를 곱하여 색칠된 직사각형의 면적들을 각각 구한다($f(x_i)\Delta x$). 그리고 이를 모두 합하면 색칠된 면적(정적분값)의 근사치를 구할 수 있다. 이를 수식으로 나타내면 <식 10-16>과 같다.

$$\sum_{i=1}^{n} f(x_i)\Delta x \tag{10-16}$$

그 다음 소구간의 크기를 무한히 잘게 나누어($n \to \infty$) 직사각형의 수를 무한대로 늘려서 계산하면 $y = f(x)$에 대하여 과소평가되었던 면적은 0에 가까워지고 실질적인 크기로 수렴할 것이며, 이를 정적분의 식과 결합하면 <식 10-17>과 같다.

$$\lim_{n \to \infty} \sum_{i=1}^{n} f(x_i)\Delta x = \int_{\alpha}^{\beta} f(x)dx \tag{10-17}$$

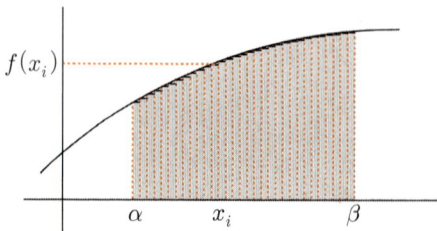

그림 10.5   정적분과 면적의 근사치와의 관계 2

정적분의 값을 구하는 과정에서 알 수 있듯이 소구간의 최소값이 양의 값을 갖느냐 혹은 음의 값을 갖느냐에 따라 면적의 근사값이 양 혹은 음의 값을 취한다.

예제 13 $y = x$라는 함수의 0과 1 사이의 면적을 구하는 문제를 생각해 보자. 우선 1단계 작업으로 0과 1 사이의 구간을 n개의 동일한 소구간으로 분할하면 k번째 소구간은 $\left[\dfrac{(k-1)}{n}, \dfrac{k}{n}\right]$가 된다. 두 번째 단계로서 k번째 소구간의 최소값을 구하면 $x = \dfrac{(k-1)}{n}$이다. 따라서 당해 소구간의 면적은 $\dfrac{1}{n}\left(\dfrac{(k-1)}{n}\right) = \dfrac{(k-1)}{n^2}$이 된다. 세 번째 단계로서 n이 주어졌을 때 소구간별 면적을 모두 합하면 $\dfrac{n(n-1)}{2n^2}$이다. 그리고 마지막 단계로서 n이 무한대로 갈 때 이 면적의 극한값을 구하면 $\lim\limits_{n \to \infty} \dfrac{n(n-1)}{2n^2} = \dfrac{1}{2}$이 된다.

정리 10.8 간단한 합의 공식

$$\sum_{k=1}^{n} k = \dfrac{n(n+1)}{2}$$

$$\sum_{k=1}^{n} k^2 = \dfrac{n(n+1)(2n+1)}{6}$$

앞의 공식과 시그마의 성질을 이용하면 다양한 합의 공식을 도출할 수 있다.

(3) 정적분과 속도 및 거리

여기에서는 속도와 거리의 관계를 통해 특정 함수를 정적분한다는 개념을 보다 구체적으로 이해해 보도록 하자.

지금 어떤 학생이 일정한 속도로 어떤 길을 걷고 있다고 하자. 주어진 시간 동안 이 학생이 걸은 거리는 얼마나 되는가 하는 문제는 누구나 쉽게 구할 수 있다. 만일 이 학생이 시속 30km의 속도로 걷고 있다면 2시간 동안 걸은 총거리는 60km라고 쉽게 계산할 수 있다.

이보다 조금 더 복잡한 상황을 생각해 보자. 이번에는 이 학생이 일정한 속도로 걷는 것이 아니라, 가는 도중에 속도를 변화시킨다고 하자. 예를 들어, 처음 반 시간 동안은 시속 20km, 다음 반 시간 동안은 시속 10km, 그 다음 1시간 동안은 시속 30km의 패턴을 반복한다고 하자. 이때 이 학생이 2시간 동안 걸은 거리는 얼마나 되는가? 이 문제의 답도 쉽게 알 수 있다.

이번에는 더욱 복잡한 상황을 살펴보자. 학생이 매 순간 걷는 속도를 변화시킨다고 할 때 일정한 시간 동안 학생이 걸은 총거리는 얼마나 될까?

정적분이란 다름 아닌 앞의 어느 경우에 대해서 주어진 시간에 얼마나 걸을 수 있는지 정확히 답을 해 주는 도구이다. 따라서 적분을 익히면 다양한 분야에 걸쳐 많은 도움을 얻을 수 있다.

이번에는 앞의 세 가지 경우에 대해 그림으로 푸는 방법을 생각해 보자. 모든 횡축을 시간, 종축을 속도를 나타낸다고 하자. [그림 10.6]의 (1)~(3)은 앞의 예의 순서에 맞춰 상황을 그림으로 표현한 것이다.

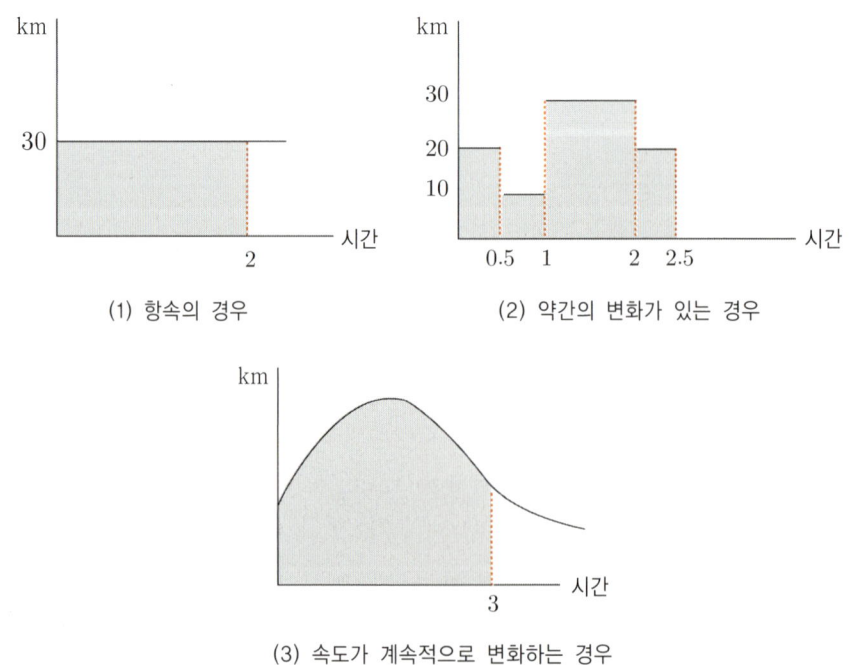

(1) 항속의 경우

(2) 약간의 변화가 있는 경우

(3) 속도가 계속적으로 변화하는 경우

그림 10.6 속도와 거리

주어진 시간 동안 걸은 총거리를 이 그림을 통해서 풀라고 한다면 앞의 두 경우는 주어진 시간까지의 속도곡선의 밑부분 면적에 해당한다는 것을 쉽게 알 수 있다. 마찬가지로 속도가 연속적으로 변화하고 있는 경우에도 속도곡선의 밑부분 면적이 움직인 총거리를 나타낸다고 짐작해 볼 수 있다. 즉, 속도 함수(곡선)를 주어진 시간까지 (혹은 주어진 구간 위에서) 정적분하면 그 구간에서 걸은 총거리, 혹은 정적분의 값을 얻을 수 있다.

(4) 정적분의 성질

함수 $f(x)$와 $g(x)$를 구간 $I=[\alpha,\beta]$ 위에서 정적분할 때 다음의 성질이 성립한다.

💡 정리 10.9 정적분의 성질

(1) 모든 실수 c에 대하여 다음이 성립한다.

$$\int_\alpha^\beta c\,f(x)dx = c\int_\alpha^\beta f(x)dx \qquad (10\text{-}18)$$

(2) 모든 실수 c, d에 대하여 다음이 성립한다.

$$\int_\alpha^\beta \{cf(x)+dg(x)\} = c\int_\alpha^\beta f(x)dx + d\int_\alpha^\beta g(x)dx \qquad (10\text{-}19)$$

(3) 상한과 하한이 같은 값을 가질 때 그 정적분값은 0이다.

$$\int_\alpha^\alpha f(x)dx = 0 \qquad (10\text{-}20)$$

(4) 적분구간 I를 $I_1=[\alpha,e]$, $I_2=[e,\beta]$의 서로 겹치지 않는 2개의 작은 구간으로 분리하였을 때($\alpha \leq e \leq \beta$), 다음이 성립한다.

$$\int_\alpha^\beta f(x)dx = \int_\alpha^e f(x)dx + \int_e^\beta f(x)dx \qquad (10\text{-}21)$$

(5) 상한값과 하한값이 바뀌었으면 그 적분값은 반대 부호를 갖는다.

$$\int_\alpha^\beta f(x)\,dx = -\int_\beta^\alpha f(x)dx \qquad (10\text{-}22)$$

여기에서는 이러한 성질들을 구체적으로 증명하진 않지만 정적분의 그림을 통해 그 의미를 생각해 보면 독자들이 그 내용을 이해할 수 있을 것이다.

예제 14 다음을 적분하라.

(1) $\int_1^2 (10 + 2x - x^2 + 3x^3)dx$

(2) $\int_0^3 (3x + 3x^2)dx$

(3) $\int_1^4 \frac{dx}{x^2}$

(4) $\int_1^2 \frac{dx}{x}$

(5) $\int_1^5 \left(\frac{x^4 + 1}{x^2}\right)dx$

(6) $\int_1^3 \left(3e^x + \frac{1}{x}\right)dx$

| 풀이 | (1) $\left[10x + x^2 - \frac{1}{3}x^3 + \frac{3}{4}x^4\right]_1^2 = 21\frac{11}{12}$

(2) $\left[\frac{3}{2}x^2 + x^3\right]_0^3 = \frac{3}{2} \times 3^2 + 3^3 = 40\frac{1}{2}$

(3) $\left[-\frac{1}{x}\right]_1^4 = -\frac{1}{4} - \left(-\frac{1}{1}\right) = 1 - \frac{1}{4} = \frac{3}{4}$

(4) $[\ln x]_1^2 = \ln 2 - \ln 1 = \ln 2$

(5) $\int_1^5 \left(x^2 + \frac{1}{x^2}\right)dx = \left[\frac{x^3}{3} - \frac{1}{x}\right]_1^5 = \left(\frac{5^3}{3} - \frac{1}{5}\right) - \left(\frac{1}{3} - 1\right) = \frac{632}{15}$

(6) $3\int_1^3 e^x dx + \int_1^3 \frac{1}{x}dx = [3e^x]_1^3 + [\ln x]_1^3 = 3(e^3 - e) + \ln 3 - \ln 1 = 3e(e^2 - 1) + \ln 3$

(5) 특수한 형태의 정적분법

여기에서는 특수한 형태의 정적분인 치환법과 부분적분법에 대해 소개하고 몇 가지 예제를 통해 그 응용방법을 살펴본다. 사실상 이 방법은 부정적분을 구하는 절에서 이미 소개된 것과 대동소이하다. 다만 부정적분과 달리 정의역이 확정되어서 부정적분에서와는 달리 정해진 값을 얻을 수 있다는 점이 다를 뿐이다.

1) 정적분에 있어 치환적분법

앞의 부정적분에서 이미 설명을 하였지만 우리는 다음의 미분에 관한 사실을 이용하여 어려워 보이는 적분 문제를 해결할 수 있다. $F(g(x))$를 x에 대해 미분하면 그 값은 $f(x)g'(x)$이다. 여기에서 $f(x)$는 함수 $F(x)$에 대한 도함수, g'은 함수 g의 x에 대한 미분을 각기 의미한다. 따라서 다음의 관계가 성립한다.

정리 10.10 치환적분법

$$\int_\alpha^\beta f(g(x))\, g'(x)\, dx = F(g(\beta)) - F(g(\alpha)) \qquad (10\text{-}23)$$

위의 적분법을 이용하여 $\int_0^1 3x^2(x^3+3)^{18} dx$를 구해 보자.

먼저 $g(x) = u = x^3 + 3$으로 놓으면 $du = 3x^2 dx$가 되며, 이를 이용해 위 식을 치환하면 $\int_0^1 3x^2(x^3+3)^{18} dx = \int_0^1 \frac{du}{dx} u^{18} dx = \int_3^4 u^{18} du$로 되고, 그 적분은 $\left[\frac{1}{19}u^{19}\right]_3^4$로 적분값은 $\frac{1}{19}(4^{19} - 3^{19})$이 된다.

예제 15 $\int_1^2 (2x^3 - 4)^2 3x^2 dx$를 구하라.

풀이 $u = 2x^3 - 4$로 놓으면 $du = 6x^2 dx$가 되고 $6x^2 = \frac{du}{dx}$이므로 $3x^2 = \frac{1}{2}\frac{du}{dx}$이다.

이것을 원래 문제에 대입해 치환하면

$$\int_1^2 u^2 \frac{1}{2} \frac{du}{dx} dx = \int_{-2}^{12} u^2 \frac{1}{2} du = \frac{1}{2} \int_{-2}^{12} u^2 du$$

$$= \frac{1}{6} [u^3]_{-2}^{12} = \frac{1}{6}(12)^3 - \left(\frac{1}{6}\right)(-2)^3$$

$$= \frac{1728}{6} + \frac{8}{6} = 289 \frac{1}{3}$$

예제 16 $\int_\alpha^\beta \left(\frac{e^{\ln x}}{x}\right) dx$ 를 구하라.

| 풀이 | $\int_\alpha^\beta \left(\frac{1}{x}\right) e^{\ln x} dx$ 라는 문제를 살펴보면, 우선 $\ln x$를 미분하면 $\frac{1}{x}$이라는 점과 $e^{\ln x}$을 $\ln x$에 대하여 미분하면 동일한 함수 형태가 나온다는 사실을 이용하여 풀어 보자. 즉, $g(x) = u = \ln x$로 놓으면 $du = \frac{1}{x} dx$이고 이를 문제의 식에 대입하면 $\int_\alpha^\beta \frac{du}{dx} e^u dx = \int_{\ln \alpha}^{\ln \beta} e^u du$로 되며 주어진 적분값은 $[e^u]_{\ln \alpha}^{\ln \beta} = e^{\ln \beta} - e^{\ln \alpha}$ 임을 알 수 있다.

예제 17 $\int_\alpha^\beta 2x\, e^{x^2} dx$를 구하라.

| 풀이 | $\int_\alpha^\beta 2x\, e^{x^2} dx$의 적분 문제에 있어서도 $g(x) = u = x^2$으로 놓으면 $du = 2x dx$가 되어 원래의 문제는 $\int_{\alpha^2}^{\beta^2} \frac{du}{dx} e^u dx$로 치환되어 $\int_{\alpha^2}^{\beta^2} e^u du$로 되며, 적분값은 $e^{\beta^2} - e^{\alpha^2}$ 이다.

2) 부분적분법

앞의 절에서 배웠던 부정적분의 부분적분법도 정적분에서 그대로 적용된다. 다만 이를 정적분에 적용하였을 때 다른 점은 치환법과 마찬가지로 x의 상·하한 범위가 확정되어 있어 구체적 수치로 그 값을 구할 수 있다는 것이다.

정리 10.11 정적분에서의 부분적분법

$$\int_\alpha^\beta f(x)g'(x)dx = [f(x)g(x)]_\alpha^\beta - \int_\alpha^\beta f'(x)g(x)dx \quad \text{(10-24)}$$

위 공식을 이용해 $\int_\alpha^\beta \ln x\, dx$를 구해 보자.

먼저 $f(x) = \ln x$, $g(x) = x$라고 놓고 앞의 등식을 활용하면 된다. 그러면 $g'(x) = 1$, $f'(x) = \dfrac{1}{x}$이 되어 문제는 $\int_\alpha^\beta f(x)g'(x)dx$ 형태가 된다.

따라서 $\int_\alpha^\beta \ln x\, dx = [x \ln x]_\alpha^\beta - \int_\alpha^\beta x\left(\dfrac{1}{x}\right)dx$이다.

이를 풀면 $[x \ln x]_\alpha^\beta - [x]_\alpha^\beta = \beta \ln \beta - \alpha \ln \alpha - (\beta - \alpha)$이다.

예제 18 $\int_\alpha^\beta xe^x\, dx$를 구하라.

풀이 이 문제도 $f(x) = x$, $g'(x) = e^x$이라고 설정하면 쉽게 풀 수 있다.

그러면 $f'(x) = 1$, $g(x) = e^x$이 되고 위 식은 $\int_\alpha^\beta f(x)g'(x)dx$ 형태가 된다. 따라서 $\int_\alpha^\beta xe^x dx = [xe^x]_\alpha^\beta - \int_\alpha^\beta e^x dx = \beta e^\beta - \alpha e^\alpha - (e^\beta - e^\alpha) = e^\beta(\beta - 1) - e^\alpha(\alpha - 1)$이 된다.

예제 19 $\int_\alpha^\beta x^2 e^x\, dx$를 구하라.

풀이 $\int_\alpha^\beta x^2 e^x dx$라는 정적분 문제는 부분적분의 방법을 두 번 적용하면 풀 수 있다. 우선 $f(x) = x^2$, $g'(x) = e^x$이라는 점을 이용하여 한 번 부분적분을 적용하면 $x^2 e^x]_\alpha^\beta - \int_\alpha^\beta 2xe^x dx = x^2 e^x]_\alpha^\beta - 2\int_\alpha^\beta xe^x dx$로 $\int xe^x dx$가 다시 나타나게 된다.

여기에 대해 바로 앞의 <예제 18>의 적분값을 구하는 부분적분법을 다시 적용하면 그 값을 구할 수 있다. 모두 풀면 $e^\beta(\beta^2-2\beta+2)-e^\alpha(\alpha^2-2\alpha+2)$이다.

이와 같이 부분적분법을 여러 차례에 걸쳐 적용할 수 있다는 점을 이용하면, 다음과 같이 어려워 보이는 $\int x^n e^x dx$의 적분 문제를 해결할 수 있다. 실제로 이 문제는 부분적분법을 n회 적용하면 그 답을 구할 수 있지만 이 책의 수준을 넘으므로 여기서는 자세히 다루지 않는다.

연습문제 10-2

1. 다음의 값을 구하라.

(1) $\int_1^3 2x\,dx$

(2) $\int_0^2 \frac{1}{2}x^2\,dx$

(3) $\int_0^1 (x^3-3x^2+1)\,dx$

(4) $\int_1^2 \left(3e^x+\frac{1}{x}\right)dx$

2. 다음의 값을 구하라.

(1) $\int_0^1 4x^3(x^3+2)\,dx$

(2) $\int_1^2 2(2x+1)^3\,dx$

(3) $\int_0^{\frac{1}{2}} \frac{2t}{1-t^2}\,dt$

3. 다음의 값을 구하라.

(1) $\int_0^1 xe^x\,dx$

(2) $\int_0^1 xe^{2x}\,dx$

(3) $\int_0^1 x^2 e^{2x}\,dx$

3 적분과 관련한 몇 가지 쟁점

이 절에서는 첫째, 정적분의 경우 적분구간이 상한값이나 하한값이 $-\infty$나 $+\infty$을 포함하고 있을 때의 정적분의 의미와 계산법, 둘째, 면적의 의미로 정적분을 정의하는 것과 부정적분으로부터 정적분을 정의하는 방법의 차이, 셋째, 적분구간이 개구간이나 폐구간 혹은 반폐구간일 경우 정적분값의 차이 등 몇 가지 쟁점이 되는 사항들에 대해 생각해 보자.

(1) 특수구간에서의 정적분

주어진 함수 $f(x)$의 적분구간이 (α, β)로 주어졌고 α 혹은 β가 $-\infty$나 $+\infty$의 값을 지닐 때 함수의 정적분 문제를 생각해 보자. 먼저 함수 f의 원시함수를 F라고 하고, β는 유한한 실수인 반면 α는 $-\infty$라고 하자. 이때 주어진 구간 위에서의 정적분은 다음과 같이 정의된다.

$$\int_{-\infty}^{\beta} f(x)\,dx = \lim_{\alpha \to -\infty} \{F(\beta) - F(\alpha)\} = F(\beta) - \lim_{\alpha \to -\infty} F(\alpha) \qquad \text{[10-25]}$$

이와 반대로 α는 유한한 실수이고 β가 $+\infty$의 값을 지니더라도 정적분의 정의는 유사하며 <식 10-26>으로 나타난다.

$$\int_{\alpha}^{\infty} f(x)\,dx = \lim_{\beta \to \infty} F(\beta) - F(\alpha) \qquad \text{[10-26]}$$

또한 α와 β가 각각 $-\infty$, $+\infty$의 값을 지닌다면 이때의 정적분은 다음과 같이 나타난다.

$$\int_{-\infty}^{+\infty} f(x)\,dx = \lim_{\beta \to \infty} F(\beta) - \lim_{\alpha \to -\infty} F(\alpha) \qquad \text{[10-27]}$$

예제 20 $\int_1^\infty \frac{1}{x^2} dx$ 를 구하라.

| 풀이 | $\int_1^\infty \frac{1}{x^2} dx = \lim_{\beta \to \infty} \int_1^\beta \frac{1}{x^2} dx = \lim_{\beta \to \infty} \left[-\frac{1}{x}\right]_1^\beta = \lim_{\beta \to \infty} \left(-\frac{1}{\beta} + 1\right) = 1$

예제 21 $\int_{-\infty}^0 e^x dx$ 를 구하라.

| 풀이 | $\int_{-\infty}^0 e^x dx = [e^x]_{-\infty}^0 = \lim_{\beta \to -\infty} [e^x]_\beta^0 = e^0 - \lim_{\beta \to -\infty} e^\beta = 1 - 0 = 1$

예제 22 $\int_0^{+\infty} e^{-x} dx$ 의 적분값을 구하라.

| 풀이 | $[-e^{-x}]_0^{+\infty} = -\lim_{\beta \to 0} e^{-\beta} + e^{-0} = -\lim_{\beta \to \infty} \frac{1}{e^\beta} + \frac{1}{e^0} = 0 + 1 = 1$

(2) 정적분의 두 가지 정의방법의 차이

앞 절에서 살펴본 바와 같이 정적분을 정의하는 방법에는 두 가지가 있다. 하나는 면적의 극한값을 구하는 방법이고 다른 하나는 적분을 사용하는 방법이다. 그리고 대부분의 경우 두 가지 방법에 의한 계산값은 일치한다. 그러나 적분대상 함수인 $f(x)$의 원시함수가 존재하지 않는 경우에는 적분을 이용해 정적분의 값을 구할 수 없다. 따라서 이런 경우는 면적의 극한값을 계산하는 방법을 통해서만 주어진 함수의 정적분을 구할 수 있다. 물론 $f(x)$의 원시함수가 존재하는 경우도 면적의 극한값으로 정적분을 계산할 수 있다. 이와 같은 사실을 근거로 우리는 정적분을 정의할 때 면적의 극한값에 의한 방법이 적분에 의한 방법보다 적분 문제를 푸는 데 더 유용하다고 말할 수 있다.

이와 같은 사실을 아래의 예를 통해 살펴보자.

$\int_\alpha^\beta e^{-x^2/2} dx$의 정적분을 생각해 보자. 여기에서 α와 β는 무한대의 값을 지닐 수 있는 실수이다. 그런데 적분대상 함수인 $e^{-x^2/2}$는 원시함수를 가지지 못한다. 즉, 이

함수를 도함수로 갖는 함수가 존재하지 않는다는 것이다. 그러므로 모든 실수쌍 α, β 에 대하여 앞의 정적분은 적분방식이 아닌 면적의 극한값을 사용하는 방법만을 통해서 구할 수 있다.

(3) 적분구간 문제

적분구간이 폐구간이냐 혹은 개구간이냐, 아니면 반폐구간이나 반개구간이냐에 따라 적분값이 차이가 있을까? 이 절에서는 이 문제에 대해 논의해 본다.

적분대상 함수가 $f(x) = x$로 주어져 있다고 하자. 이를 개구간 (0, 1) 위에서 적분하는 경우와 폐구간 [0, 1] 위에서 적분하는 경우 둘 다 적분값에는 차이가 나지 않는다. 정적분을 면적의 극한값으로 이해한다고 할 때 특정한 점에서의 면적은 0이다.[28] 이것은 마치 한 직선상에서 한 점의 길이가 0인 것과 동일한 이치이다. 즉, 정적분은 면적으로 정의가 되며 앞의 예에서 점 0이나 점 1 위에서의 직선 x는 아무런 면적을 지니지 않기 때문에 정적분의 값에 차이를 발생시키지 않는다. 이는 (0, 1]이나 [0, 1)과 같은 반폐구간 혹은 반개구간을 적분구간으로 하더라도 동일하게 적용된다.

이와 같은 원리를 적용할 때 주어진 함수를 구간 (a, b)에서 적분하건 (a, c)와 (c, b)의 두 구간(이때 $a \leq c \leq b$)으로 나누어 적분하건 그 값은 동일하다는 <정리 10.9>의 (4)번 성질로 이해할 수 있다. 심지어 주어진 구간을 무한한 개수의 개구간으로 분리하여 적분하더라도 적분값은 동일하다.

4 경영경제학에서의 응용

이 절에서는 적분이 어떻게 다양한 경영경제학적 문제에 응용될 수 있는지 살펴본다.

(1) 한계로부터 전체(총계)의 계산

경영경제학에서 총량값이 일정한 함수로 주어져 있을 때 그것을 주어진 값에서 미분한

---

[28] <정리 10.9> (3)번 정적분의 성질 참조

값을 한계(marginal)라고 한다고 앞의 여러 장에 걸쳐 언급했었다. 이를 일반화시켜 예를 들면, 생산량 x의 함수로서 총량 함수 $F(x)$가 주어져 있을 때 그것의 도함수 $f(x)$를 한계함수라고 부른다.

한계 함수를 부정적분하면 총함수의 대상이 되는 함수가 도출된다. 이는 한계 함수가 총함수의 미분의 결과로서 얻어지는 도함수이기 때문이다.

다음의 예를 생각해 보자. 먼저 한계수입 함수가 생산량 x의 함수로서 $f(x) = 10$으로 주어져 있다고 할 때 총수입 함수를 구해 보자. 단, 생산량이 0일 때의 총수입은 0이라고 가정한다. 그러면 총수입 함수 $F(x)$는 결국 한계수입 함수를 적분한 것이므로 $F(x) = 10x + c$가 되고, $x = 0$일 때 총수입이 0이라고 했으므로 $F(0) = c = 0$이 성립한다. 따라서 총수입 함수는 $F(x) = 10x$이다.

예제 23 총비용 함수는 생산량 x에 따라 기업이 지불하는 비용의 총액을 의미한다. 앞의 개념으로 미루어 보았을 때 한계비용 함수란 총비용 함수의 생산량에 대한 미분의 결과로 얻어진다. 한계비용 함수 f가 생산량 x의 함수로서 $f(x) = x$이고 생산량이 0일 때, 기업은 투자를 위해 일정한 비용 10억 원을 들여야 한다고 하자. 이 기업의 총비용 함수 $F(x)$를 구하라.

풀이 한계비용 함수를 부정적분하면 총비용 함수의 대상이 되는 함수 형태를 얻을 수 있다. 즉, $F(x) = \frac{1}{2}x^2 + c$이고, $F(0) = c = 10$억이므로 총비용 함수는 $F(x) = \frac{1}{2}x^2 + 10$억이다.

예제 24 한계이윤 함수 $f(x)$는 생산량 x에 따른 이윤의 변화율을 나타낸다. 만일 생산량에 따른 기업의 한계이윤을 $f(x) = 10 - 2x - 3x^2$으로 두고 생산량이 0일 때 기업의 이윤도 0일 경우, $x = 1$단위에서의 기업의 총이윤을 계산하라.

풀이 기업의 생산량에 따른 총이윤 함수를 $F(x)$라고 할 때 주어진 조건에서
$$F(x) = \int_0^x f(t)\,dt + c$$
가 된다. 한편 $F(0) = 0$이라고 하였으므로 $c = 0$이 되어 총이윤 함수는 $F(x) = 10x - x^2 - x^3$이다.
그러므로 $x = 1$에서 총이윤의 크기는 $F(1) = 8$이다.

예제 25   시장에서 상품단위당 10원으로 생산물을 판매하고 있는 기업이 있다. 이 기업의 생산량 q에 대한 한계비용 $MC(q)$는 $MC(q) = e^q$이라고 주어져 있다고 하자. 이 기업이 이윤을 극대화하기 위한 생산량을 결정한다고 할 때 그 생산량에서 기업이 얻는 이윤과 총비용을 각기 계산하라.

| 풀이 | 가격과 한계비용이 같아지는 생산량에서 이윤이 극대화되므로 그 때의 생산량 q^*는 다음과 같다.

$q^* = \log_e 10$

이 생산량하에 기업이 얻는 이윤은

$$\pi = \int_0^{q^*} (10 - e^q) dq$$
$$= [10q - e^q]_0^{q^*} = 10\log_e 10 - e^{\log_e 10} + 1$$

여기에서 $e^{\log_e 10}$은 10과 같다.

이를 확인하기 위해서는 $e^{\log_e 10} = x$라 하고
양변에 $\log_e$를 취해 보면 된다. 이를 활용하면,

$10\log_e 10 - 10 + 1 = 10\log_e 10 - 9$

이 때의 총 비용 $TC = \int_0^{q^*} MC \, dq$ 이므로 $[e^q]_0^{q^*} = e^{q^*} - 1 = 9$와 같다.

(2) 소비자 잉여와 생산자 잉여의 계산

소비자 잉여(consumer surplus)와 생산자 잉여(producer surplus)는 각기 시장거래의 결과 소비자와 생산자에게 돌아가는 순수한 잉여 혹은 거래의 순가치를 의미한다. 소비자 잉여는 일정한 소비량을 구매하기 위해 지불하고자 하는 최대 금액과 실제 지불한 금액 간의 차이로 정의된다. 마찬가지로 생산자 잉여란 일정한 생산량을 판매하며 얻은 기업의 총수입과 이를 생산하는 데 드는 총비용의 차이로 정의된다. 단, 여기에서 총비용이란 실제의 총비용에서 생산량이 0일 때 들어가는 비용(이를 흔히 고정비용이라 한다)을 제외한 나머지 비용만을 의미한다. 소비자가 지불하고자 하는 최대 금액은 주어진 수요곡선을 소비량 0부터 실제 구입할 소비량까지 적분한 값으로 정의된다.

예제 26 한 개인의 생수에 대한 수요 x는 가격 p의 함수로서 $x = 100 - p$라고 하자. 즉, 가격이 10일 때 이 소비자는 90단위의 생수를 소비한다. 이를 그림으로 그리면 다음과 같다.

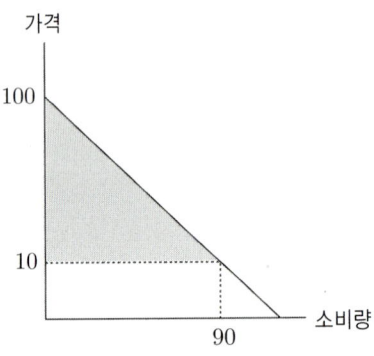

그림 10.7 소비자의 수요곡선

이 개인이 90단위의 상품을 소비하면서 지불하고자 하는 최대 금액은 그림의 색칠된 부분으로, 이는 $p = 100 - x$를 0부터 90까지 적분한 정적분값이라 할 수 있다. 그러면 그 값은 얼마인가? 또 90단위의 소비량을 구매하기 위해 상품단위당 10원씩 지불한다고 할 때, 이 소비자의 잉여는 얼마나 되는가?

| 풀이 | 소비량이 t일 때 이 소비자가 지불하고자 하는 최대 금액은 다음의 정적분을 푼 결과와 같다. 즉,

$$\int_0^t (100 - x)dx = 100t - \frac{1}{2}t^2$$

한편 90단위의 소비량을 구입하기 위해 지불해야 할 실제 금액은 900원이므로 소비자 잉여는 다음과 같이 계산된다.

$$\int_0^{90} (100 - x)dx - 900 = \left[100x - \frac{1}{2}x^2\right]_0^{90} - 900 = 4{,}050$$

예제 27 한 독점기업이 직면하는 시장수요곡선은 $q = \dfrac{100}{p^2}$ (p는 단위가격, q는 소비량)으로 주어져 있다. 그 기업이 단위당 1원의 가격을 부과할 때 소비자가 얻는 소비자 잉여의 크기는 얼마인가?

| 풀이 | $p=1$에서 소비하는 총량 $q^*=100$단위이다.

소비자 잉여는 수요곡선의 소비량까지의 면적에서 실제 지불한 금액을 차감한 값이므로 소비자 잉여 CS는 다음과 같이 계산된다.

$$CS = \int_0^{100} \frac{10}{\sqrt{q}}\,dq - 100$$
$$= \left[10 \times 2 \times q^{\frac{1}{2}}\right]_0^{100} - 100 = 100$$

예제 28 x의 생산량을 제작하는 기업이 치러야 할 한계비용(혹은 공급곡선)이 $2x$로 주어져 있다고 하자. 기업이 t의 생산량을 단위당 10원의 가격으로 팔 때 이 기업의 생산자 잉여를 계산하라.

| 풀이 | 한계비용을 0부터 t까지 정적분하면 고정비용을 제외한 총비용이 계산된다.

$$\int_0^t 2x\,dx = t^2$$

한편 t단위를 10원의 단위가격으로 팔았을 때 기업의 총수입은 $10t$이므로 기업의 생산자 잉여는 다음과 같이 계산된다.

$$\text{생산자 잉여} = 10t - \int_0^t 2x\,dx = 10t - t^2$$

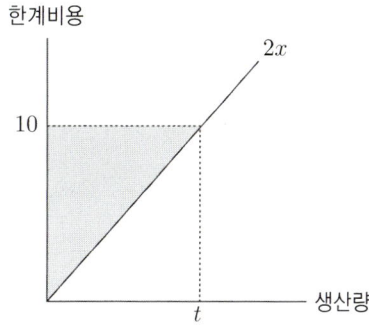

그림 10.8 공급자의 한계비용곡선(공급곡선)

(3) 수요의 지역적 분포와 총소비량(수요량)의 계산

소비자들이 일정한 거리 위에 일정한 분포로 흩어져 살고 있다고 하자. 이 경우 주어진 지역에서 상품에 대한 총소비량(총수요량)은 거리 x에 따른 소비자의 분포량 $f(x)$를 이용하여 계산할 수 있다. 즉, 도로를 (0, 1)이라 하고 그 도로상의 한 점 x에 위치하고 있는 소비자의 수를 $f(x)$라고 하며, 모든 소비자가 각기 한 단위의 상품을 소비한다고 하면 상품에 대한 총소비량(총수요량) y는 다음과 같이 계산된다.

$$y = \int_0^1 f(x)\,dx$$

만일 모든 소비자가 동일하게 한 단위씩의 상품을 소비하는 것이 아니라 위치 x에 따라 $g(x)$단위만큼 소비한다면 이때의 총소비량 y는 다음과 같이 계산된다.

$$y = \int_0^1 g(x)f(x)\,dx$$

예제 29 (0, 1)의 도로선상에서 지점 x에 위치하는 소비자 분포가 x^2이며 모든 개인이 아이스크림을 한 단위씩 소비한다고 할 때 주어진 도로선상에 위치한 소비자들이 소비할 아이스크림의 총량은 얼마인가?

| 풀이 | $y = \int_0^1 x^2\,dx = \left[\dfrac{1}{3}x^3\right]_0^1 = \dfrac{1}{3}$

예제 30 앞의 예제와 동일한 상황에서 개인의 소비량이 자신의 위치 x에 따라 $4x$로 나타난다고 할 때, 이 지역에 위치한 소비자들의 아이스크림 소비총량은 얼마나 되는가?

| 풀이 | $y = \int_0^1 (4x)x^2\,dx = \int_0^1 4x^3\,dx = [x^4]_0^1 = 1 - 0 = 1$

(4) 연속확률변수의 평균과 분산

X를 (α, β)상에서 값을 취하는 연속확률변수라 하고 그 확률밀도함수를 $f(x)$라고 하

면 이 확률변수 X의 평균 μ, 분산 σ^2은 다음과 같이 정의된다.

$$\mu = \int x f(x) \, dx$$

$$\sigma^2 = \int (x-\mu)^2 f(x) \, dx$$

이때 정적분의 계산원리는 이와 같은 연속확률변수의 평균과 분산을 구하는 데 기여한다.

예제 31 $\sigma^2 = \int_\alpha^\beta x^2 f(x) dx - \mu^2$ 임을 증명하라.

| 풀이 | 정의에 의하여

$$\begin{aligned}
\sigma^2 &= \int_\alpha^\beta (x-\mu)^2 f(x) \, dx \\
&= \int_\alpha^\beta (x^2 - 2\mu x + \mu^2) f(x) \, dx \\
&= \int_\alpha^\beta x^2 f(x) \, dx - 2\mu \int_\alpha^\beta x f(x) \, dx + \mu^2 \int_\alpha^\beta f(x) \, dx \\
&= \int_\alpha^\beta x^2 f(x) \, dx - 2\mu\mu + \mu^2 (1) \\
&= \int_\alpha^\beta x^2 f(x) \, dx - \mu^2
\end{aligned}$$

예제 32 $(0, 1)$상에 $2x$의 확률밀도를 지니는 확률변수 X의 평균과 분산을 구하라.

| 풀이 | $\mu = \int_0^1 x(2x) \, dx = \dfrac{2}{3}$

분산은 앞의 예제의 결과를 이용하여

$$\sigma^2 = \int_0^1 x^2 (2x) \, dx - \frac{4}{9} = \frac{1}{2} - \frac{4}{9} = \frac{1}{18}$$

chapter 10 종합문제

1 다음을 부정적분하라.

(1) $\int x^{\frac{1}{3}} dx$

(2) $\int x^{-10} dx$

(3) $\int (x^n + x^{n-1} + \ldots + x + 1) dx$

(4) $\int \ln x^n dx$

(5) $\int e^{-x} dx$

(6) $\int nx^{n-1} dx$ (단, $n \neq 0$)

(7) $\int (x^{-1} + x + 3) dx$

(8) $\int e^{nx} dx$ (단, $n \neq 0$)

2 다음의 값을 구하라.

(1) $\int x \ln x \, dx$

(2) $\int x e^x \, dx$

(3) $\int x(x+1)^{10} dx$

(4) $\int (2x+5)^{50} dx$

(5) $\int x^2 e^x dx$

3 다음의 부정적분을 치환법을 이용하여 구하라.

(1) $\int (20x+1)(10x^2+x)^{100} dx$

(2) $\int x^2 e^{-x^3} dx$

(3) $\int (10x^{10} + 3x^9)^{100} (100x^9 + 27x^8) dx$

(4) $\int x^2 e^{x^3} dx$

(5) $\int \frac{2x}{x^2+1} dx$

4 다음의 정적분값을 구하라.

(1) $\int_0^1 (x^{10} + 5x^5 + 9x + 1)\, dx$　　(2) $\int_1^3 (\ln x + x^8)\, dx$

(3) $\int_0^\infty e^{-2x}\, dx$　　(4) $\int_0^1 e^{nx}\, dx$ （단, $n \neq 0$）

(5) $\int_{-1}^1 (x + x^2 + x^3)\, dx$

5 정적분의 성질을 이용하여 다음을 구하라.

(1) $\int_2^5 (x-2)^{50}\, dx$　　(2) $\int_{-1}^1 |x|\, dx$

(3) $\int_\infty^{-\infty} x e^{-\frac{x^2}{2}}\, dx$　　(4) $\int_5^{10} e^{(x-3)}\, dx$

(5) $\int_0^{\frac{1}{2}} (x^2 + 3x)\, dx + \int_{\frac{1}{2}}^1 (x^2 + 3x)\, dx$

(6) $\int_{-10}^{10} (3x^2 + 5x^4)\, dx$　　(7) $\int_0^\infty e^{-\alpha x}\, dx$ （단, $\alpha > 0$）

6 부분적분법을 이용하여 다음을 구하라.

(1) $\int_2^5 \ln x\, dx$　　(2) $\int_1^2 x \ln x\, dx$

(3) $\int_{-1}^1 x e^x\, dx$　　(4) $\int_1^2 3x^2 \ln x\, dx$

7 치환법을 이용하여 다음의 값을 구하라.

(1) $\int_0^1 (x^{n-1} + 1)(x^n + nx)^n\, dx$　　(2) $\int_1^2 x e^{x^2}\, dx$

(3) $\int_1^2 \frac{e^{\ln x}}{x}\, dx$　　(4) $\int_0^1 x^3 e^{x^4}\, dx$

(5) $\int_0^1 (3x^2 + 2x)(x^3 + x^2)^{10}\, dx$

8 적분방식을 통해 다음을 풀어라.

(1) 기업 A는 자동차를 생산한다. 생산량 x에 따른 한계비용 f는 $f(x) = 10 + x + x^2$으로 주어진다. 이 기업의 고정비용이 10억 원이라 할 때 기업의 총비용 함수를 구하라.

(2) 기업 A가 자동차를 x대 판매하여 얻는 한계수입 g는 $g(x) = 100 + x^2$이라고 한다. 이 기업의 총수입 함수를 구하라.

(3) 이 자동차를 구입하는 소비자들의 수요량 x는 자동차의 대당 가격 p의 함수로서 $\sqrt{x} = 100 - p$로 주어진다. 소비자들이 8,100대의 자동차를 대당 30원에 구입할 때 소비자 잉여의 크기를 구하라.

제2장 집합

연습문제 2-1

1. (1) $A \cup B = U = [0, 1]$
   (2) $A \cap B = \varnothing$
   (3) $A \cap C = \{0, 1\}$
   (4) $C^c = (0, 1)$, 즉 0과 1 사이의 개구간
   (5) $A - C$는 $(0, 1)$의 개구간에 있는 유리수의 집합

2. <정의 2.1>~<정의 2.3>을 충실하게 활용하여 즉각적으로 확인할 수 있다. 단, 벤다이어그램은 증명도구가 되지 않으니 활용하지 않도록 한다.

3. $A \cup B$, $A \cap B$를 1개의 집합으로 보고 <정리 2.4>를 적용해 보라.

연습문제 2-2

1. (1) $A \times B = \{(2, 1), (2, 2), (4, 1), (4, 2), (5, 1), (5, 2)\}$
   (2) $A \times B = R^3$

2. <정의 2.6>대로 계산하여 쉽게 확인할 수 있다.

3. (1) $A \times B = \{(1, 2), (1, 4), (1, 6), (3, 2), (3, 4), (3, 6), (5, 2), (5, 4), (5, 6)\}$
   (2) $2^9 = 512$
   (3) $\{(1, 6), (3, 4), (5, 2)\}$

종합문제

1. (1) $A \cup B = R$, $A \cap B = \{x \mid -3 \leq x < 1 \text{ 또는 } 2 < x \leq 4\}$
   (2) $A^c = \{x \mid 1 \leq x \leq 2\}$, $A - B = \{x \mid x < -3 \text{ 또는 } x > 4\}$

2. (힌트) A, B 대신 각각 A^c, B^c을 대입해 보라.

3. (힌트) $n = 2$인 경우는 <정리 2.4>를 통해 논증되었으므로, 다른 n값들에 대해 증명하기 위해 수학적 귀납법을 활용해 보라. 즉, $n = k$인 경우에 성립함을 가정하고 $n = k+1$인 경우를 증명할 수 있다.

4. <정의 2.1>과 <정의 2.6>을 충분히 활용하면서 증명해 보라. 단, 벤다이어그램은 집합 증명의 경우 증명도구가 되지 못하므로 활용하지 않도록 한다.

5. 결론은 'No!'이다. 반대 예를 상상해 보라.
6. $A \times B \times C = \{(1, a, 3), (1, a, 4), (1, b, 3), (1, b, 4), (1, c, 3), (1, c, 4), (2, a, 3), (2, a, 4),$
   $(2, b, 3), (2, b, 4), (2, c, 3), (2, c, 4)\}$
7. $A = [a, b]$, $B = [c, d]$라고 하면 $A \times B = \{(x, y) \mid a \leq x \leq b,\ c \leq y \leq d\}$이다. 좌표평면에서 직사각형 모양이 된다. 그래서 확인해 보라.
8. (1) $\{(2, 8), (3, 7), (4, 6)\}$
   (2) $\{(2, 4), (2, 6), (2, 8), (3, 6), (4, 4), (4, 8)\}$
9. 필요충분조건이다.
10. 충분조건이지만 필요조건은 될 수 없다.

제3장 함수

연습문제 3-1

1. (1) 정의역을 A라고 할 때 치역 $f(A) = \{y \in R \mid y \geq \sqrt{2}\}$

   (2) $f(A) = \left\{ y \in R \mid y \geq -\dfrac{1}{4} \right\}$

   (3) $f(A) = \{y \in R \mid 0 < y \leq 1\}$

2. (1) 함수가 아니다.

   (2) 함수이다.

3. (1) $\{(1, a), (2, a), (3, b)\}$를 예로 들 수 있다.

   (2) $\{(1, a), (1, b)\}$를 예로 들 수 있다.

연습문제 3-2

1. (1) $(f+g)(x) = x^2 + 2x$, $(f-g)(1) = 1$, $(f \cdot g)(x) = 2x^3 - x^2 + 2x - 1$, $(7g)(2) = 21$,
   $(-f)(x) = -x^2 - 1$

   (2) $(f/g)(x) = \dfrac{x^2 + 1}{2x - 1}$, $(2f - 3g)(2) = 1$

   (3) $\dfrac{1}{2}$ 이외의 모든 실수

2. (1) $(f \circ g)(2) = 3$

   (2) $(f \circ f)(x) = 4x - 9$

   (3) $(g \circ f)(1) = 0$

   (4) $(g \circ g)(x) = x^4 - 2x^2$

연습문제 3-3

1. (1) 쌍사함수

   (2) 단사함수

   (3) 단사함수도 전사함수도 아니다.

2. (1) 정의역 R, 공역 R, $x = y^{\frac{1}{3}}$

   (2) 예를 들어 정의역은 R, 공역은 1보다 작은 실수의 집합, 즉 $\{y \in R | y < 1\}$이라고 하면 쌍사함수임을 알 수 있고, 이때 역함수는 $x = \begin{cases} \dfrac{1}{1-y}, & 0 < y < 1 \\ y+1, & y \leq 0 \end{cases}$

   (3) 예를 들어 정의역과 공역을 모두 R^+로 하면 역함수는 $x = \sqrt{y}$이다.

연습문제 3-4

1. 지수의 법칙에 의해 쉽게 증명됨을 확인하라.

2. (1) $2^x = e^{x \ln(2)}$

   (2) $3^{x+2} = e^{(x+2)\ln(3)}$

   (3) $5^{(x^2-2)} = e^{(x^2-2)\ln(5)}$

3. (1) $\log_{10} x = \dfrac{\ln(x)}{\ln(10)}$

   (2) $\log_3(x^2+2) = \dfrac{\ln(x^2+2)}{\ln(3)}$

   (3) $\log_4 \dfrac{(x-3)^2}{x^2+1} = \dfrac{2\ln(x-3) - \ln(x^2+1)}{\ln(4)}$

종합문제

1. $F_1 = \{(1, 3), (2, 3)\}$, $F_2 = \{(1, 3), (2, 4)\}$, $F_3 = \{(1, 3), (2, 5)\}$,

   $F_4 = \{(1, 4), (2, 3)\}$, $F_5 = \{(1, 4), (2, 4)\}$, $F_6 = \{(1, 4), (2, 5)\}$,

$F_7 = \{(1, 5), (2, 3)\}$, $F_8 = \{(1, 5), (2, 4)\}$, $F_9 = \{(1, 5), (2, 5)\}$

2. (1) n^m개

   (2) $m \leq n$

   (3) n개의 개체에서 각기 다른 m개의 개체를 택하여 나열하는 순열의 수, 즉 $n(n-1)\cdots(n-(m-1))$개이다.

3. (1) 쌍사함수

   (2) 쌍사함수

   (3) 전사함수도 단사함수도 아니다.

4. (1) $(f \circ f)(x) = 16x - 10$

   (2) $x = 1$

   (3) $f^{-1}(y) = \dfrac{y+2}{4}$

5. 6. (힌트) 증가함수와 강증가함수의 정의에 충실하게 추론해 보라.

7. 예를 들면 아래와 같이 정의역과 공역을 정할 수 있다.

   (1) $f:A \to B$, $A = \{x \mid x \geq 0\}$, $B = \{y \mid y \geq -1\}$, 역함수 $x = \sqrt{y+1}$

   (2) $f:A \to B$, $A = \{x \mid x \geq 2\}$, $B = \{y \mid y \geq 0\}$, 역함수 $x = y^2 + 2$

   (3) $f:A \to B$, $A = \{x \mid x > 0\}$, $B = \{y \mid y > 0\}$, 역함수 $x = \sqrt{\dfrac{1}{y}}$

8. (1) $\ln \dfrac{x^3}{x^2+2}$

   (2) $\ln \dfrac{xy}{5}$

9. (1) $x = \dfrac{\ln(2.5)+1}{2}$

   (2) $x = e^{\frac{5}{6}}$

10. (1) $A\left(1 + \dfrac{r}{n}\right)^n$

    (2) (힌트) $h = \dfrac{r}{n}$로 두면 $A\left(1 + \dfrac{r}{n}\right)^n = A\left\{(1+h)^{\frac{1}{h}}\right\}^r$ 임을 활용하라.

제4장 행렬

연습문제 4-1

1. (1) $\begin{bmatrix} 6 & 1 \\ 3 & 2 \end{bmatrix}$ (2) $\begin{bmatrix} 17 & -1 \\ 3 & 1 \end{bmatrix}$

    (3) $\begin{bmatrix} 2 & -5 \\ 3 & 0 \end{bmatrix}$ (4) $\begin{bmatrix} 20 \\ 2 \end{bmatrix}$

    (5) $\begin{bmatrix} -2 & 5 \\ -3 & 0 \end{bmatrix}$ (6) $\begin{bmatrix} 2 & 4 \\ 2 & 3 \end{bmatrix}$

    (7) $\begin{bmatrix} -4 & -2 & 0 \\ 7 & 11 & 15 \end{bmatrix}$ (8) $\begin{bmatrix} 14 & 19 & 24 \\ 4 & 5 & 6 \end{bmatrix}$

2. $x_1 = -5,\ x_2 = -1,\ x_3 = -3,\ x_4 = 2$

3. (1) $\begin{bmatrix} 10 & -20 & 15 \\ 30 & -60 & 45 \\ 40 & -80 & 60 \end{bmatrix}$ (2) $\begin{bmatrix} -a^2 + b^2 & -a^3 & b^3 - c^3 \\ -a^3 + b^3 & -a^4 & -b^4 - c^4 \end{bmatrix}$

4. (1) $\begin{bmatrix} 7 & 1 \\ 4 & 0 \end{bmatrix}$ (2) $\begin{bmatrix} -3 & -3 \\ 4 & 6 \end{bmatrix}$

    (3) $\begin{bmatrix} 9 & 0 \\ 8 & 3 \end{bmatrix}$ (4) $\begin{bmatrix} -5 & -4 \\ -2 & 1 \end{bmatrix}$

    (5) $\begin{bmatrix} 25 & 7 \\ 26 & 12 \end{bmatrix}$ (6) $\begin{bmatrix} -14 & -6 \\ -12 & -4 \end{bmatrix}$

    (7) $\begin{bmatrix} -4 & -7 \\ 12 & 15 \end{bmatrix}$ (8) $\begin{bmatrix} 2 & 1 \\ 6 & 5 \end{bmatrix}$

5. $a = \dfrac{1}{3},\ b = -\dfrac{1}{12},\ c = \dfrac{1}{2},\ d = 4$

연습문제 4-2

1. (1) $\begin{bmatrix} 10 & 3 \\ 2 & -2 \end{bmatrix}$ (2) $\begin{bmatrix} 29 & 54 \\ -14 & -4 \end{bmatrix}$

    (3) $\begin{bmatrix} 18 & 4 \\ -4 & 0 \end{bmatrix}$ (4) $\begin{bmatrix} -4 & 14 \\ -2 & 0 \end{bmatrix}$

    (5) $\begin{bmatrix} 4 & 6 \\ 3 & 5 \end{bmatrix}$

2. (1) $\begin{bmatrix} 4 & 9 \\ 7 & 8 \end{bmatrix}$ (2) $\begin{bmatrix} 8 & 48 \\ 0 & 20 \end{bmatrix}$

3. $AB = \begin{bmatrix} 0 & 0 & 0 \\ 0 & 0 & 0 \\ 0 & 0 & 0 \end{bmatrix} = 0,\quad BA = \begin{bmatrix} 0 & 0 & 0 \\ 0 & 0 & 0 \\ 1 & 8 & 0 \end{bmatrix} \neq 0$

연습문제 및 종합문제 정답

종합문제

1. (1) $\begin{bmatrix} 3 & 3 \\ 1 & 1 \end{bmatrix}$ (2) $\begin{bmatrix} 1 & 2 \\ -1 & 7 \end{bmatrix}$

   (3) $\begin{bmatrix} -4 & -1 \\ -2 & -6 \end{bmatrix}$ (4) $\begin{bmatrix} -8 & -9 \\ -4 & -22 \end{bmatrix}$

   (5) $\begin{bmatrix} 12 & 23 \\ 8 & 10 \end{bmatrix}$ (6) $\begin{bmatrix} 3 & 46 \\ 4 & 28 \end{bmatrix}$

   (7) $\begin{bmatrix} 8 & 12 \\ -1 & 17 \end{bmatrix}$ (8) $\begin{bmatrix} 11 & 2 \\ 11 & 2 \end{bmatrix}$

2. (1) $AB = \begin{bmatrix} -1 & 7 \\ 0 & 4 \end{bmatrix}$, $BA = \begin{bmatrix} 4 & 0 \\ -1 & -1 \end{bmatrix}$, $AB \neq BA$

   (2) $A(B+C) = AB + AC = \begin{bmatrix} 12 & 23 \\ 8 & 10 \end{bmatrix}$

   (3) $(AB)C = A(BC) = \begin{bmatrix} 3 & 46 \\ 4 & 28 \end{bmatrix}$

3. (1) $A' = \begin{bmatrix} 1 & 2 & 5 \\ 0 & -1 & 2 \\ 3 & 4 & 6 \end{bmatrix}$, $B' = \begin{bmatrix} 2 & 1 & 2 \\ 3 & 4 & 7 \end{bmatrix}$

   (2) $A' = \begin{bmatrix} 1 & 2 & 5 \\ 0 & -1 & 2 \\ 3 & 4 & 6 \end{bmatrix}$, $(A')' = \begin{bmatrix} 1 & 0 & 3 \\ 2 & -1 & 4 \\ 5 & 2 & 6 \end{bmatrix} = A$

   (3) $(AB)' = B'A' = \begin{bmatrix} 8 & 11 & 24 \\ 24 & 30 & 65 \end{bmatrix}$

4. $x = -3$, $y = 1$

5. (1) $(AB)' = B'A' = \begin{bmatrix} 3 & 5 \\ 3 & 5 \\ 3 & 5 \end{bmatrix}$ (2) $(3A)' = 3A' = \begin{bmatrix} 3 & 3 \\ 0 & 3 \end{bmatrix}$

6. (1) $\begin{bmatrix} 7 & 1 & 1 \\ 7 & 4 & 8 \\ -1 & 13 & 6 \end{bmatrix}$ (2) $\begin{bmatrix} 17 & 28 & 2 \\ 6 & 56 & 17 \\ 22 & 44 & 16 \end{bmatrix}$

   (3) $\begin{bmatrix} 18 & 3 & 5 \\ 16 & 8 & 23 \\ -3 & 31 & 15 \end{bmatrix}$ (4) $\begin{bmatrix} 25 & -1 \\ 32 & -2 \\ 35 & 16 \end{bmatrix}$

   (5) $\begin{bmatrix} -2 & -3 \\ 34 & 7 \\ 52 & 24 \end{bmatrix}$

7. (1) $AB = \begin{bmatrix} 10 & 0 & -6 \\ 13 & -1 & -13 \\ 13 & 4 & 13 \end{bmatrix}$ (2) $BA = \begin{bmatrix} 7 & -12 \\ 11 & 15 \end{bmatrix}$

   (3) $Bx = \begin{bmatrix} 5r - 3p \\ 2r + s + 4p \end{bmatrix}$

8. (1) $BA = \begin{bmatrix} 1 & 0 \\ 0 & 1 \end{bmatrix}$ 이므로 A와 B는 서로 역행렬이다.

   (2) $DC = \begin{bmatrix} 1 & 0 \\ 0 & 1 \end{bmatrix}$ 이므로 C와 D는 서로 역행렬이다.

제5장   행렬의 응용

연습문제 5-1

1. (1) $M_{11} = \begin{vmatrix} 3 & 6 \\ 7 & 1 \end{vmatrix} = -39$ (2) $M_{13} = \begin{vmatrix} 4 & 3 \\ 2 & 7 \end{vmatrix} = 22$

   (3) $C_{21} = -\begin{vmatrix} 0 & 1 \\ 7 & 1 \end{vmatrix} = 7$ (4) $C_{23} = -\begin{vmatrix} 5 & 0 \\ 2 & 7 \end{vmatrix} = -35$

   (5) $|A| = -173$

2. (1) -12 (2) -80

   (3) -86 (4) -8

   (5) 66 (6) 185

   (7) 626

3. $|C| = 20$

   $C_{11} = 20$, $C_{12} = 0$, $C_{13} = 0$, $C_{21} = -10$, $C_{22} = 5$, $C_{23} = 0$,

   $C_{31} = -12$, $C_{32} = 0$, $C_{33} = 4$

4. $|D| = 105$로 같다.

5. $|E| = 46$

연습문제 5-2

1. A = 비특이행렬, B = 특이행렬, C = 특이행렬

2. $A^{-1} = \begin{bmatrix} \frac{3}{4} & \frac{1}{2} & \frac{1}{4} \\ \frac{1}{2} & 1 & \frac{1}{2} \\ \frac{1}{4} & \frac{1}{2} & \frac{3}{4} \end{bmatrix}$, $B^{-1} = \begin{bmatrix} 0 & -1 & 1 \\ -1 & 1 & 0 \\ 1 & 0 & 0 \end{bmatrix}$

3. $A^{-1} = \begin{bmatrix} \frac{4}{25} & -\frac{3}{10} \\ -\frac{1}{5} & \frac{1}{2} \end{bmatrix}$, $B^{-1} = \begin{bmatrix} \frac{1}{2} & -1 \\ -\frac{3}{2} & 4 \end{bmatrix}$

$C^{-1} = \begin{bmatrix} \frac{3}{5} & \frac{2}{5} & -\frac{8}{5} \\ \frac{4}{5} & \frac{6}{5} & -\frac{19}{5} \\ -1 & -1 & 4 \end{bmatrix}$, $D^{-1} = \begin{bmatrix} -\frac{1}{4} & \frac{1}{4} & \frac{1}{4} \\ \frac{7}{10} & -\frac{1}{10} & -\frac{3}{10} \\ \frac{3}{20} & \frac{1}{20} & -\frac{7}{20} \end{bmatrix}$

연습문제 5-3

1. $x = 6$, $x = -2$
2. $C = \begin{bmatrix} 20 & -5 \\ -6 & 4 \end{bmatrix}$, $x = 5$, $y = 8$
3. $C = \begin{bmatrix} -4 & -12 & 60 \\ 34 & -22 & -14 \\ -7 & 41 & -19 \end{bmatrix}$, $x = 1$, $y = 3$, $z = 5$

연습문제 5-4

1. $x = 3$, $y = 7$
2. $x = 3$, $y = -1$, $z = -2$
3. $x = y = z = 1$

연습문제 5-5

1. $x = 5$, $y = -1$, $z = 2$
2. $x_1 = -1$, $x_2 = 3$, $x_3 = 4$

연습문제 5-6

1. A : 양의 정부호 형식, B : 어디에도 속하지 않음
   C : 양의 정부호 형식, D : 어디에도 속하지 않음
2. $Q_d = Q_s = \frac{ad - bc}{b + d}$, $P = \frac{a + c}{b + d}$
3. $Y = \frac{I + G + \alpha}{1 - \beta(1 - t)}$
   $C = \frac{\alpha + \beta(1 - t)(I + G)}{1 - \beta(1 - t)}$

$$T = \frac{t(I+G+\alpha)}{1-\beta(1-t)}$$

4. $Q_d = Q_s = 1,\ P = 3$

종합문제

1. $|A| = -23,\ |B| = ade + 1$

2. $|A| = 95$

    $C_{11} = 20,\ C_{12} = 10,\ C_{13} = -45,\ C_{21} = -24,\ C_{22} = 7,\ C_{23} = 54$

    $C_{31} = 7,\ C_{32} = -6,\ C_{33} = 8$

3. $p \neq 0,\ p \neq -3$

4. $A^{-1} = \begin{bmatrix} -\frac{3}{2} & 2 \\ 1 & -1 \end{bmatrix},\ B^{-1} = -\frac{1}{52}\begin{bmatrix} 25 & -14 & -15 \\ -15 & -2 & 9 \\ -14 & 12 & -2 \end{bmatrix},\ C^{-1} = \begin{bmatrix} 3 & -4 & -1 \\ -4 & 5 & 2 \\ 2 & -2 & -1 \end{bmatrix}$

5. $A^{-1} = \begin{bmatrix} 1 & 0 & 0 \\ -1 & 1 & -1 \\ 0 & 0 & 1 \end{bmatrix},\ B^{-1} = \begin{bmatrix} 0 & \frac{1}{3} & -\frac{1}{3} \\ \frac{1}{3} & 0 & \frac{1}{3} \\ -\frac{1}{3} & \frac{1}{3} & \frac{1}{3} \end{bmatrix}$

6. $A^{-1} = \begin{bmatrix} 3 & -12 & 5 \\ -1 & 5 & -2 \\ -2 & 8 & -3 \end{bmatrix},\ x = 3,\ y = -1,\ z = -2$

7. $A^{-1} = \begin{bmatrix} 10 & -6 & -15 \\ -17 & 10 & 26 \\ -8 & 5 & 12 \end{bmatrix},\ x_1 = 4,\ x_2 = 2,\ x_3 = 5$

8. $x_1 = 9,\ x_2 = -3$

9. $x_1 = \frac{49}{11},\ x_2 = -\frac{28}{11},\ x_3 = \frac{31}{11}$

10. $x = 3,\ y = -1,\ z = -2$

11. $p = 4,\ Q_d = Q_s = 2{,}000$

12. $Y = 210,\ C = 170,\ T = 70$

제6장 함수의 미분

연습문제 6-1

1. (1) 비존재 (2) 비존재
   (3) 2
2. (1) 4 (2) -8
   (3) $\dfrac{5}{3}$ (4) $\dfrac{4}{5}$
   (5) 0 (6) 4
   (7) 2 (8) 15
3. (1) 3 (2) $-\infty$
   (3) 0 (4) 5
4. (1) -1 (2) 0
   (3) 4 (4) -2
5. (1) 없음 (2) $x=2,\ x=-1$

연습문제 6-2

1. $y-f(a)=f'(a)(x-a)$
2. $\displaystyle\lim_{y_1\to y_0}\dfrac{g(y_1)-g(y_0)}{y_1-y_0}=\lim_{x_1\to x_0}\dfrac{x_1-x_0}{f(x_1)-f(x_0)}=\lim_{x_1\to x_0}\dfrac{1}{\dfrac{f(x_1)-f(x_0)}{x_1-x_0}}=\dfrac{1}{f'(x)}$
3. (1) $2x+1$ (2) $-\dfrac{1}{x^2}$
   (3) x^2 (4) $\dfrac{1}{2\sqrt{x+1}}$
4. (1) $-\dfrac{6x}{(x^2+3)^4},\ \dfrac{42x^2-18}{(x^2+3)^5}$
   (2) $\dfrac{t}{\sqrt{1+t^2}},\ \dfrac{2t^2-t+2}{2(1+t^2)\sqrt{1+t^2}}$
   (3) $(z-1)(z+1)^2(5z-1),\ 4(z+1)(5z^2-2z-1)$
   (4) $\dfrac{2}{2p+1},\ -\dfrac{4}{(2p+1)^2}$

(5) $e^{x^2}(1+2x^2)$, $2xe^{x^2}(3+2x^2)$

(6) $\dfrac{2x+3}{x^2+3x-1}$, $-\dfrac{2x^2+6x+11}{(x^2+3x-1)^2}$

5. (1) $-3x^2 e^{1-x^3}$ (2) $\dfrac{e^{2p}}{\sqrt{1+e^{2p}}}$

   (3) $-\dfrac{e^t}{(e^t+1)^2}$

6. (1) $y=0$ (2) $y=\dfrac{1}{2}x+\dfrac{1}{2}$

   (3)

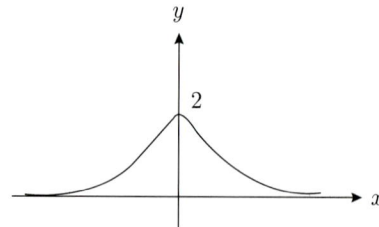

7. $MPC = 0.8$, $MPS = 0.2$

8. (1) $MP_L = 8$, $MC = 244$ (2) $\dfrac{C}{Q}\dfrac{dQ}{dC} = 3$

9. 2020년

종합문제

1. (1) $\dfrac{1}{\sqrt{3}}$ (2) -1

   (3) 0 (4) ∞

2. 좌극한, 우극한 값은 e^2, $f(0)$에서 함수값이 존재하지 않으므로 연속함수는 아님

3. (1) $10x$ (2) $-\dfrac{3}{x^2}$

   (3) $\dfrac{3e^{3x}+2x}{e^{3x}+x^2}$ (4) ae^{ax+b}

   (5) $\dfrac{1}{2\sqrt{x}}+\dfrac{3}{x^2}-\dfrac{2}{x^3}$ (6) $\dfrac{-\ln x+1-\dfrac{4}{x}}{(\ln x)^2}$

   (7) $2(x+1)^3(2x-1)^2(7x+1)$ (8) $16x(2x^2+1)^3$

   (9) $y = 2ax+b$

4. (1) $\dfrac{dx}{dy}=\dfrac{1}{-e^{-x+2}}$ (2) $\dfrac{dx}{dy}=\dfrac{x^2+2}{2x}$

(3) $x \neq 0$, $\dfrac{dx}{dy} = -\dfrac{x^3}{2}$ (4) $\dfrac{1}{e}$

5. 4

6. $MR(Q) = 60 - 2Q$, 0, 1

7. $MPS = 0.04Y - 1$, $MPC = -0.04Y + 2$

8. $\dfrac{1}{n}$

9. (1) 1.5 탄력적 (2) 7.5%

10. $\dfrac{e}{3}$

11. 46.7년

12. $MR = \dfrac{2Q}{a} - \dfrac{b}{a}$

제7장 다변수함수의 미분

연습문제 7-1

1. (1) $f_x = 4x - 12y + 3y^2$, $f_y = -12x + 6xy - 54y^2$

   (2) $g_{t_1} = \dfrac{4t_2^2 + 6t_2}{(t_2^2 - 3t_1)^2}$, $g_{t_2} = -\dfrac{2t_2^2 + 6t_1 + 8t_1 t_2}{(t_2^2 - 3t_1)^2}$

   (3) $f_x = 20(x+y)(x^2 + 2xy + y^2)^9$, $f_y = 20(x+y)(x^2 + 2xy + y^2)^9$

   (4) $f_{x_1} = \dfrac{2}{x_1}$, $f_{x_2} = \dfrac{2}{x_2}$

   (5) $f_x = 4x - 7y^2$, $f_y = -14xy$, $f_w = 2w$

   (6) $f_x = 6x(z - y)$, $f_y = -(3x^2 + z^2)$, $f_z = 3x^2 - 2yz + 3z^2$

   (7) $f_x = 3$, $f_y = 0$

   (8) $f_x = 0$, $f_y = -4$

   (9) $g_x = 2$, $g_y = -2$

   (10) $g_x = y - 1$, $g_y = x$

(11) $h_x = 3x^2$, $h_y = 3y^2$

(12) $h_x = 2(x+2)(y+4)^3$, $f_y = 3(x+2)^2(y+4)^2$

(13) $v_x = -\dfrac{1}{(x+y)^2}$, $v_y = -\dfrac{1}{(x+y)^2}$

(14) $f_x = -e^x + (y-x)e^x$, $f_y = e^x$

2. $f_x = 2xy - 2y^3$, $f_x(1,1) = 0$, $y = 1$ 평면으로 절단했을 때 나타나는 단면에서 $x = 1$에 그은 접선의 기울기

$f_y = x^2 - 6xy^2$, $f_y(1,1) = -5$, $x = 1$ 평면으로 절단했을 때 나타나는 단면에서 $y = 1$에 그은 접선의 기울기

3. (1) $f_x = 8x^3 y + 5y^3 + 3y$, $f_y = 2x^4 + 15xy^2 + 3x$

$f_{xx} = 24x^2 y$, $f_{xy} = 8x^3 + 15y^2 + 3$, $f_{yy} = 30xy$

(2) $f_1 = 6x_1^2 x_2$, $f_2 = 2x_1^3 + 5x_3^4$, $f_3 = 20x_3^3 x_2$

$f_{11} = 12x_1 x_2$, $f_{12} = 6x_1^2$, $f_{13} = 0$

$f_{22} = 0$, $f_{23} = 20x_3^3$

$f_{33} = 60x_3^2 x_2$

(3) $f_x = y + z$, $f_y = x + z$, $f_z = x + y$

$f_{xx} = 0$, $f_{xy} = 1$, $f_{xz} = 1$

$f_{yy} = 0$, $f_{yz} = 1$

$f_{zz} = 0$

(4) $f_x = 1$, $f_y = -\dfrac{y}{\sqrt{y^2 + z^2}}$, $f_z = -\dfrac{z}{\sqrt{y^2 + z^2}}$

$f_{xx} = 0$, $f_{xy} = 0$, $f_{xz} = 0$

$f_{yy} = -\dfrac{z^2}{(y^2 + z^2)\sqrt{y^2 + z^2}}$, $f_{yz} = \dfrac{yz}{(y^2 + z^2)\sqrt{y^2 + z^2}}$

$y_{zz} = -\dfrac{y^2}{(y^2 + z^2)\sqrt{y^2 + z^2}}$

(5) $f_x = \dfrac{y}{(x+y)^2}$, $f_y = -\dfrac{x}{(x+y)^2}$

$f_{xx} = \dfrac{-2y}{(x+y)^3}$, $f_{xy} = \dfrac{x-y}{(x+y)^3}$, $f_{yy} = \dfrac{2x}{(x+y)^3}$

(6) $f_x = \ln y$, $f_y = \dfrac{x}{y}$

$f_{xx} = 0$, $f_{xy} = \dfrac{1}{y}$, $f_{yy} = -\dfrac{x}{y^2}$

연습문제 7-2

1. (1) $dy = 9x_1^2(x_1^3 - x_2^2)^3 dx_1 - 6x_2(x_1^3 - x_2^2)^2 dx_2$

   (2) $dv = 2t_1 dt_1 + 2dt_2$

   (3) $dz = 2xy dx + x^2 dy$

   (4) $dz = \dfrac{1}{x} dx + \left(\dfrac{1}{y} + 2y\right) dy$

   (5) $df = 8x dx + 12y dy$

   (6) $dy = v du + u dv$

   (7) $dg = e^{y^2} dx + 2xy e^{y^2} dy$

   (8) $dy = -\dfrac{u + 2v}{2u^3} du + \dfrac{1}{2u^2} dv$

2. (1) $6w + 10$ (2) $4t^3 + 6t - 2$

   (3) $64t - 22$ (4) $12t + 1$

3. $\dfrac{dU}{dt} = \dfrac{Y}{2\sqrt{t}} + \dfrac{2X}{3\sqrt[3]{t}}$

4. (1) $-\dfrac{2xy + y^2}{x^2 + 2xy}$ (2) $-\dfrac{y^2 - 1}{2(x+1)y}$

   (3) $-\dfrac{x^2 - 4y}{y^2 - 4x}$ (4) $-\dfrac{3x^2 + 2xy - 1}{x^2 + 1}$

5. (1) 0.017 (2) -0.012

   (3) 1.72

6. (1) $MU_x = \dfrac{1}{2} x^{-\frac{1}{2}} y^{\frac{1}{3}}$, $MU_y = \dfrac{1}{3} x^{\frac{1}{2}} y^{-\frac{2}{3}}$

   (2) $\dfrac{37}{60}$

   (3) $y = \dfrac{1}{x\sqrt{x}}$, $\dfrac{3y}{2x}$

   (4) $\dfrac{1}{2}$, $\dfrac{3}{64}$, x재 소비가 증가하면 주관적으로 평가한 가치감소

7. (1) $MP_K = 2L$, $MP_L = 2K - \dfrac{1}{2\sqrt{L}}$ (2) $K = \dfrac{Q_0 - \sqrt{L}}{2L}$

   (3) $\dfrac{K}{L} - \dfrac{1}{4L\sqrt{L}}$

종합문제

1. (1) $2, 0$ (2) $0, -3$

   (3) $2x, 2y$ (4) $2(x+2)(y+3)^2,\ 2(x+2)^2(y+3)$

   (5) $2x - 3y,\ 2y - 3x$ (6) $-\dfrac{1}{(x+y)^2},\ -\dfrac{1}{(x+y)^2}$

   (7) $\dfrac{x}{\sqrt{x^2+y^2}},\ \dfrac{y}{\sqrt{x^2+y^2}}$ (8) $(y-x-1)e^x,\ e^x$

   (9) $e^x \ln y,\ \dfrac{e^x}{y}$

2. (1) $f_x = f_y = f_z = 1$

   $f_{xx} = 0,\ f_{xy} = 0,\ f_{xz} = 0$

   $f_{yy} = 0,\ f_{yz} = 0$

   $f_{zz} = 0$

   (2) $f_x = 0,\ f_y = 2y,\ f_z = 4z$

   $f_{xx} = 0,\ f_{xy} = 0,\ f_{xz} = 0$

   $f_{yy} = 2,\ f_{yz} = 0$

   $f_{zz} = 4$

   (3) $f_x = e^x y^e z,\ f_y = e^{x+1} y^{e-1} z,\ f_z = e^x y^e$

   $f_{xx} = e^x y^e z,\ f_{xy} = e^{x+1} y^{e-1} z,\ f_{xz} = e^x y^e$

   $f_{yy} = (e-1) e^{x+1} y^{e-2} z,\ f_{yz} = e^{x+1} y^{e-1}$

   $f_{zz} = 0$

   (4) $f_x = \dfrac{2x}{x^2+y^2+z^2},\ f_y = \dfrac{2y}{x^2+y^2+z^2},\ f_z = \dfrac{2z}{x^2+y^2+z^2}$

   $f_{xx} = \dfrac{2(-x^2+y^2+z^2)}{(x^2+y^2+z^2)^2},\ f_{xy} = \dfrac{-4xy}{(x^2+y^2+z^2)^2},\ f_{xz} = \dfrac{-4xz}{(x^2+y^2+z^2)^2}$

   $f_{yy} = \dfrac{2(x^2-y^2+z^2)}{(x^2+y^2+z^2)^2},\ f_{yz} = \dfrac{-4yz}{(x^2+y^2+z^2)^2},\ f_{zz} = \dfrac{2(x^2+y^2-z^2)}{(x^2+y^2+z^2)^2}$

연습문제 및 종합문제 정답

3. (1) $dz = (3x^2y^2 - 14x)dx + 2x^3y\,dy$

   (2) $dw = dx - \dfrac{y}{\sqrt{y^2+z^2}}dy - \dfrac{z}{\sqrt{y^2+z^2}}dz$

   (3) $dz = e^x dx - e^{-y} dy$

   (4) $dw = 15(x^3-4)^4 x^2 y^2 dx + 2y(x^3-4)^5 dy$

   (5) $dz = -\dfrac{x^2-y^2}{(x^2+y^2)^2}dx - \dfrac{2xy}{(x^2+y^2)^2}dy$

   (6) $dw = 2xe^{x^2}\ln(y+1)dx + e^{x^2}\dfrac{1}{y+1}dy$

   (7) $dz = (y+3)dx + (x+2)dy$

   (8) $dw = \alpha A K^{\alpha-1} L^{\beta} dK + \beta A K^{\alpha} L^{\beta-1} dL$

4. (1) $\dfrac{dz}{dy} = 60y + 80$ (2) $\dfrac{dz}{dw} = 4w^3 + 8w + 20$

   (3) $\dfrac{dz}{dt} = \dfrac{3y(1-2t)}{5x^2} + 2x^3 t$

5. (1) $\dfrac{3x^2y + 4x - y^3}{3y^2x - x^3}$ (2) $-\dfrac{x}{y}$

   (3) $\dfrac{20xy - 2xy^5 - y}{5y^4x^2 - 10x^2 + x}$ (4) $-\dfrac{ye^{xy} - 8x - 1}{xe^{xy}}$

   (5) $\dfrac{\partial z}{\partial x} = \dfrac{8x^3 y + 2x}{3y^6 z^2}$, $\dfrac{\partial z}{\partial y} = \dfrac{2x^4 - 6z^3 y^5}{3y^6 z^2}$

6. (1) $MU_X = \dfrac{Y}{2\sqrt{XY}}$, $MU_Y = \dfrac{X}{2\sqrt{XY}}$

   (2) $Y = \dfrac{1}{X}$, $Y = \dfrac{4}{X}$

   (3) $1, \dfrac{1}{16}$

   (4) X소비가 증가할수록 주관적으로 평가한 X가치 감소

7. (1) $MP_K = \alpha A$, $MP_L = \beta A$

   (2) $MP_K = \alpha A K^{\alpha-1} L^{\beta}$, $MP_L = \beta A K^{\alpha} L^{\beta-1}$

   (3) $dQ = \alpha A K^{\alpha-1} L^{\beta} dK + \beta A K^{\alpha} L^{\beta-1} dL$

   (4) $K = A^{-\frac{1}{\alpha}} L^{-\frac{\beta}{\alpha}}$

   (5) $\dfrac{\beta K}{\alpha L}$

8. (1) $\dfrac{8}{3}$　　　　　　　　　　(2) $\dfrac{2}{5}$

   (3) $\dfrac{5}{2}$

9. (1) $Y^* = \dfrac{b + I^* + G^*}{1 - a(1-t)}$　　　(2) $\dfrac{1}{1-a(1-t)},\ \dfrac{1}{1-a(1-t)}$

   (3) $\dfrac{-aY}{1-a(1-t)}$

제8장　극대화와 극소화

연습문제 8-1

1. (1) $x = 2$에서 극소값 12
   (2) $x = 1$에서 극대값 1
   (3) $x = -7$에서 극대값 686, $x = 7$에서 극소값 -686
   (4) $x = 1$에서 극소값 3

2. (1) $x = 0$ 혹은 1에서 최소값 0, $x = \dfrac{1}{2}$에서 최대값 $\dfrac{1}{4}$
   (2) $x = \pm 1$에서 최소값 1, $x = 2$에서 최대값 10
   (3) $x = 1$에서 최소값 -3, $x = 2$에서 최대값 8
   (4) $x = 0$에서 최소값 0, $x = 1$에서 최대값 $\dfrac{1}{2}$

연습문제 8-2

1. (1) $\left(-\dfrac{6}{7}, \dfrac{3}{7}\right)$에서 극소값 $\dfrac{133}{49}$　　(2) $(-\sqrt[3]{2}, \sqrt[3]{4})$에서 극대값 7

   (3) 극값이 존재하지 않는다.　　　　(4) $\left(\dfrac{4}{9}, \dfrac{2}{9}\right)$에서 극대값 $-\dfrac{28}{9}$

연습문제 8-3

1. $MR(Q) = 25 - Q$, $MC(Q) = 2Q + 1$, 이윤 극대화 생산량 $Q = 8$
2. $(2, 4)$에서 극대이윤값 50

종합문제

1. (1) $x=1$에서 극대값 1

   (2) $x=\dfrac{1}{3}$에서 극대값 $\dfrac{2}{9}$, $x=-\dfrac{1}{3}$에서 극소값 $-\dfrac{2}{9}$

   (3) $x=1$에서 극소값 0, $x=-1$에서 극대값 4

   (4) $x=\dfrac{1}{3}$에서 극대값 $\dfrac{103}{27}$, $x=5$에서 극소값 -47

   (5) $x=-1$에서 극소값 3

2. (1) $x=e$에서 극소값 $-e$ (2) $x=e$에서 극대값 $\dfrac{1}{e}$

   (3) $x=0$에서 극소값 1 (4) $x=\dfrac{3}{2}$에서 극소값 $e^{-\frac{1}{4}}$

3. (1) $(1,0)$에서 극소값 3 (2) 극값이 존재하지 않음

   (3) 극값이 존재하지 않음 (4) $(-1,-1)$에서 극소값 0

   (5) $(1,1)$에서 극소값 5 (6) $\left(-\dfrac{1}{2},-4\right)$에서 극소값 6

4. (1) $\left(-\dfrac{1}{2},0,0\right)$에서 극소값 $-\dfrac{3}{4}$ (2) $\left(\dfrac{1}{3},-\dfrac{1}{3},-\dfrac{1}{2}\right)$에서 극소값 $-\dfrac{13}{36}$

5. $MR(Q)=20-2Q$, $MC(Q)=Q+6$, 이윤 극대화 생산량 $Q=\dfrac{14}{3}$

6. $Q_1=300$, $Q_2=225$

제9장 제약조건하의 극대·극소화

연습문제 9-1

1. (1) $\left(\dfrac{6}{5},\dfrac{18}{5}\right)$에서 극대값 $-\dfrac{27}{5}$

   (2) $(4,4)$에서 극소값 8

   (3) $(8,8)$에서 극대값 64

2. (1) $(7,5)$에서 극대값 196

   (2) $(0,3)$에서 극소값 0, $(2,1)$에서 극대값 4

연습문제 9-2

1. $x=50, y=50$에서 최대효용 수준$=25{,}000$
2. $K=10, L=4$

종합문제

1. (1) $(2, 1)$에서 극댓값 14
   (2) $(3, 3)$에서 극솟값 30
   (3) $\left(\pm\dfrac{1}{\sqrt{2}}, \pm\dfrac{1}{\sqrt{2}}\right)$에서 극댓값 $\dfrac{1}{2}$, $\left(-\dfrac{1}{\sqrt{2}}, \dfrac{1}{\sqrt{2}}\right)$, $\left(\dfrac{1}{\sqrt{2}}, -\dfrac{1}{\sqrt{2}}\right)$에서 극솟값 $-\dfrac{1}{2}$
   (4) $(0, 0)$에서 극솟값 0, $(2, 4)$에서 극댓값 20

2. (1) $\left(\dfrac{1}{2}, 0, -\dfrac{1}{2}\right)$에서 극솟값 $\dfrac{1}{2}$
   (2) $(1, 2, 5)$에서 극솟값 30
   (3) $(10, 10, 20)$에서 극댓값 $2{,}000$

3. (1) $x=3, y=1$ (2) $x=30, y=45$
4. (1) $K=25, L=100$ (2) $K=16, L=4$
5. (1) $K=81, L=81$ (2) $K=16, L=4$
6. (1) $\left(1-\dfrac{1}{\sqrt{3}}, \dfrac{1}{\sqrt{3}}\right)$에서 최댓값 $1+\dfrac{2}{3\sqrt{3}}$
   (2) $(2, 0)$에서 최댓값 12
   (3) $(1, 1, 1)$에서 최솟값 4

제10장 적분

연습문제 10-1

1. 적분상수를 c라고 할 때

   (1) $\dfrac{2}{3}x^3 - \dfrac{3}{2}x^2 + x + c$ (2) $e^x + 2x^2 + c$

   (3) $\dfrac{1}{3}x^3 + 2x^2 - \ln x + c$ (4) $e^{2x} + \dfrac{3}{4}x^{\frac{4}{3}} + c$

2. (1) $\dfrac{1}{44}(x^2+2)^{88}+c$ (2) $\dfrac{2}{3}(\ln x)^3+c$

   (3) $-\ln(1-3x^2)+c$ (4) $\dfrac{2}{3}(x^3+2)^{\frac{3}{2}}+c$

3. (1) $\dfrac{1}{2}x^2e^{2x}-\dfrac{1}{2}xe^{2x}+\dfrac{1}{4}e^{2x}+c$ (2) $\dfrac{1}{2}x^2\ln x-\dfrac{1}{4}x^2+c$

   (3) $\dfrac{2}{3}x(x+1)^{\frac{3}{2}}-\dfrac{4}{15}(x+1)^{\frac{5}{2}}+c$

연습문제 10-2

1. (1) $\dfrac{18}{7}$ (2) 136

   (3) $\dfrac{1}{4}$ (4) $3e^2-3e+\ln 2$

2. (1) $\dfrac{18}{7}$ (2) 136

   (3) $\ln 4 - \ln 3$

3. (1) 1 (2) $\dfrac{1}{4}(e^2+1)$

   (3) $\dfrac{1}{4}(e^2-1)$

종합문제

1. 적분상수를 c라고 할 때

   (1) $\dfrac{3}{4}x^{\frac{4}{3}}+c$ (2) $-\dfrac{1}{9}x^{-9}+c$

   (3) $x+\dfrac{1}{2}x^2+\dfrac{1}{3}x^3+\cdots+\dfrac{1}{n+1}x^{n+1}+c$ (4) $n(x\ln x - x)+c$

   (5) $-e^{-x}+c$ (6) x^n+c

   (7) $\ln x + \dfrac{1}{2}x^2+3x+c$ (8) $\dfrac{1}{n}e^{nx}+c$

2. 적분상수를 c라고 할 때

   (1) $\displaystyle\int x\ln x\,dx = \dfrac{x^2}{2}\ln x - \int \dfrac{x^2}{2}\cdot\dfrac{1}{x}dx$
   $= \dfrac{x^2}{2}\ln x - \dfrac{1}{4}x^2+c$

(2) $\int xe^x\,dx = xe^x - \int e^x\,dx + c = xe^x - e^x + c$

(3) $\int x(x+1)^{10}\,dx = \dfrac{1}{11}x(x+1)^{11} - \int \dfrac{1}{11}(x+1)^{11}\,dx + c$

$= \dfrac{1}{11}x(x+1)^{11} - \dfrac{1}{11}\cdot\dfrac{1}{12}(x+1)^{12} + c$

(4) $\dfrac{1}{102}(2x+5)^{51} + c$

(5) $x^2 e^x - 2xe^x + 2e^x + c$

3. 적분상수를 c라고 할 때

(1) $\int (20x+1)(10x^2+x)^{100}\,dx = \dfrac{1}{101}(10x^2+x)^{101} + c$ ($g(x) = 10x^2 + x$ 라고 하면)

(2) $\int x^2 e^{-3x^3}\,dx = -\dfrac{1}{3}e^{-x^3} + c$ ($g(x) = -x^3$ 으로 치환)

(3) $\int (10x^{10} + 3x^9)^{100}(100x^9 + 27x^8)\,dx$

$= \dfrac{1}{101}(10x^{10} + 3x^9)^{101} + c$ ($g(x) = 10x^{10} + 3x^9$ 으로 치환)

(4) $\dfrac{1}{3}e^{x^3} + c$

(5) $\ln(x^2+1) + c$

4. (1) $\dfrac{212}{33}$

(2) $\left[x\ln x - x + \dfrac{1}{9}x^9\right]_1^3 = 3\ln 3 + \dfrac{1}{9}3^9 - \dfrac{19}{9}$

(3) $\left[-\dfrac{1}{2}e^{-2x}\right]_0^\infty = \dfrac{1}{2}$

(4) $\dfrac{e^n - 1}{n}$

(5) $\dfrac{2}{3}$

5. (1) $\int_2^5 (x-2)^{50}\,dx = \int_0^3 u^{50}\,du = \dfrac{1}{51}\cdot 3^{51}$

(2) $\int_{-1}^1 |x|\,dx = 2\int_0^1 x\,dx = 1$

(3) $\int_\infty^{-\infty} xe^{-\frac{x^2}{2}}\,dx = \int_{-\infty}^\infty (-x)e^{-\frac{x^2}{2}}\,dx = \left[e^{-\frac{x^2}{2}}\right]_{-\infty}^\infty = 0$

(4) $\int_5^{10} e^{(x-3)}\,dx = \int_2^7 e^x\,dx = e^7 - e^2$

(5) $\dfrac{11}{6}$ (6) $200,\ 2000$

(7) $\dfrac{1}{a}$

6. (1) $\int_2^5 \ln x \, dx = [x \ln x - x]_2^5 - \int_2^5 1 \, dx = 5\ln 5 - 2\ln 2 - 3$

(2) $\int_1^2 x \ln x \, dx = \frac{x^2}{2} \cdot \ln x]_1^2 - \int_1^2 \frac{x^2}{2} \cdot \frac{1}{x} dx = \frac{x^2}{2} \ln x]_1^2 - \int_1^2 \frac{x}{2} dx$

$= \frac{4}{2}\ln 2 - \frac{1}{2}\ln 1 - \left(\frac{4}{4} - \frac{1}{4}\right) = 2\ln 2 - 0 - \left(1 - \frac{1}{4}\right) = 2\ln 2 - \frac{3}{4}$

(3) $\int_{-1}^1 x e^x \, dx = [x e^x]_{-1}^1 - \int_{-1}^1 e^x \, dx = [x e^x]_{-1}^1 - [e^x]_{-1}^1 = e + e^{-1} - e + e^{-1} = \frac{2}{e}$

(4) $8\ln 2 - \frac{7}{3}$

7. (1) $\int_0^1 (x^{n-1}+1)(x^n+nx)^n \, dx = \left[\frac{1}{n(n+1)}(x^n+nx)^{n+1}\right]_0^1$

$= \frac{1}{n(n+1)} \cdot (1+n)^{n+1} = \frac{(n+1)^n}{n}$

(2) $\int_1^2 x e^{x^2} \, dx = \left[\frac{1}{2} e^{x^2}\right]_1^2 = \frac{1}{2}(e^4 - e)$

(3) $\int_1^2 \frac{e^{\ln x}}{x} dx = [e^{\ln x}]_1^2 = e^{\ln 2} - 1$

(4) $\frac{1}{4}e - \frac{1}{4}$

(5) $\frac{2^{11}}{11}$

8. (1) 총비용 함수 F는 f를 적분하여 얻어지므로,

$F(x) = \int (10+x+x^2) dx + 10억 = 10x + \frac{1}{2}x^2 + \frac{1}{3}x^3 + 10억$

(2) 총수입 함수 G는 한계수입 함수 g를 적분하여 얻어지며, 판매량이 0일 때 총수입도 0이라 할 수 있으므로,

$G(x) = \int (100+x^2) \, dx = 100x + \frac{1}{3}x^3$

(3) $P = 100 - \sqrt{x}$ 라고 할 수 있으므로, 소비량 8,100대에 대해 지불하고자 하는 최대 금액은 다음의 정적분을 통해 구할 수 있다.

$\int_0^{8100} (100 - x^{\frac{1}{2}}) \, dx = \left[100x - \frac{2}{3}x^{\frac{3}{2}}\right]_0^{8100} = 8100\left(100 - \frac{2}{3} \cdot 90\right) = 324,000(원)$

실제 지불한 총금액은 243,000(원)이므로 두 값의 차이인 소비자 잉여는 $324,000 - 243,000 = 81,000(원)$이다.

찾아보기

【ㄱ】

가산집합(countable set) 9
가우스 기호 122
가우스-조단 방법 82, 95
감소함수 26
강감소함수 26
강증가함수 26
개구간(open interval) 10
경영학 109
경제학 109
고차 행렬식 68
공급곡선 100, 130
공급량 130
공급법칙 130
공역(co-domain) 24
공집합(empty set) 8
관계(relation) 18
교집합(intersection) 11
교차탄력성(cross elasticity of demand) 179
구간(interval) 10
국민소득 185
균형국민소득 185
극값(extrema) 192
극대값(relative maximum) 192
극소값(relative minimum) 192
극한(limit) 109, 110, 111, 119
극한의 유일성 128

【ㄴ】

노동의 한계생산(Marginal Product of Labor, MP_L) 183, 236
노동의 한계생산물(Marginal Productivity of Labor, MP_L) 156

【ㄷ】

다변수함수 26
다항함수 26, 123

단사함수(injection) 29
단순 거시경제 모델 102
단위 탄력적 179
단위행렬 56
닫힌구간 123
대칭행렬 59
도함수(derivative) 110, 130, 134
독립변수 26, 110
동치(equivalent) 16
드모르간(De Morgan)의 법칙 14

【ㄹ】
라그랑주 승수 218
라그랑주 승수법(method of Lagrange Multipliers) 218
라그랑주 함수 218
라운드 164
라플라스 전개 69
로그함수 33, 37
로피탈 정리(L'Hospital' theorem) 148

【ㅁ】
멱등행렬 60
명제 15
무한대 119
무한집합(infinite set) 9
물가 109
미분 109
미적분법 109

【ㅂ】
반개구간(half-open interval) 10
벡터 47
변화량 131
볼록함수(convex function) 35
부분적분법 251, 264
부분집합(subset) 8
부정적분 243
부정적분의 성질 246
분산 274
불가산집합(uncountable set) 9
비탄력적 179
비특이행렬 63, 79

【ㅅ】
사루스(Sarus)법칙 68
사치재(luxurious goods) 180
삼각행렬 60
상대적 여집합(relative complement) 12
상부 삼각행렬 60
상수 119
상수함수 26
샌드위치 정리 129
생산량 109
선형방정식 44
선형연립방정식 44
소득 109
소득탄력성(income elasticity of demand) 180
소비자 효용 함수 233
소비지출(C) 185

소행렬 69
수반행렬 84
수요곡선 100
수요법칙(law of demand) 153
순간변화율 132
순서쌍(ordered pair) 17
스칼라 49
쌍사함수(bijection) 29

【ㅇ】
여인수 69
여집합(complement) 12
역함수 31
역행렬 62, 82
역행렬의 도출 순서 86
연립방정식의 해 구하기 88
연속확률변수 274
열등재(inferior goods) 180
열린구간 123
열벡터 47
영의 정리(Young' theorem) 167
영행렬 54, 57
오목함수(concave function) 36
완전 비탄력적 179
외대칭행렬 60
우극한(right-hand limit) 111
우도함수(right-hand derivative) 134
유계헤시안(bordered Hessian) 221
유리함수 26
유한집합(finite set) 9
음함수 정리 175

이변수함수 26
이윤 109
이윤 함수 207
이자율 109
일대일 29
일대일 대응관계 29
일변수함수 26

【ㅈ】
자본의 한계생산(Marginal Product of Capital, MP_K) 183, 236
자연로그 법칙 245
자연로그함수 36, 146
자연지수 33
자연지수함수 34
적분 243
적분상수 244
적분의 기초 법칙 244
적분의 상한 254
적분의 하한 254
전도함수 172, 173
전미분 146, 169
전사함수(surjection) 29
전체집합(universal set) 12
전치행렬 58
전치행렬의 성질 59
접선 193
정방행렬 56
정부지출(G) 185
정상재(normal goods) 180
정의역(domain) 24

정적분 110, 253
종속변수 26, 110
좌극한(left-hand limit) 111
좌도함수(left-hand derivative) 134
주대각원소 59
중간값 정리 125
증가함수 26
지수법칙 246
지수함수 33, 37
직각 쌍곡선 119
진부분집합(proper subset) 8
집합 7

[ㅊ]

차원 46
총공급 184
총비용(total cost) 함수 207, 270
총생산량 185
총수요 184
총수입(total revenue) 함수 207, 270
총이윤 함수 270
최대값(global maximum) 192
최대값 정리 126
최소값(global minimum) 192
최소값 정리 126
충분조건 16
치역 24
치환적분법 248, 263
치환행렬 61

[ㅋ]

카테시안 적 17
콥-더글러스(Cobb-Douglas) 생산함수 183
쿤-터커 정리(Kuhn-Turker theorem) 229
크래머 법칙 91

[ㅌ]

타여인수 77
탄력성(elasticity) 154, 178, 179
탄력적 179
통화량 109
투자지출(I) 185
특이행렬 63, 79

[ㅍ]

편도함수(partial derivative) 164
편미분 164
편탄력성(partial elasticity) 178
평균변화율 131
폐구간(closed interval) 10
필수재(necessary goods) 180
필요조건 16
필요충분조건 16

[ㅎ]

하부 삼각행렬 60
한계기술대체율(Marginal Rate of Technical Substitution, $MRTS$) 236
한계비용(Marginal Cost, MC) 156, 209
한계비용 함수 270

한계생산물 체감의 법칙 184
한계소비성향(Marginal Propensity to
    Consumption, MPC) 156
한계수익(Marginal Revenue, MR) 156
한계수입 209
한계이윤 함수 270
한계효용(marginal utility) 138, 139, 156,
    181
한계효용 체감의 법칙 139
함수(function) 23, 119
함수값 24
함수의 연속성 120
합성함수 28
합집합(union) 12
행렬 43
행렬식(determinant) 67
행렬식의 특성 74
행렬의 곱셈 50
행렬의 나눗셈 52
행렬의 덧셈 47

행렬의 뺄셈 48
행렬의 연산 54
행렬의 연산법칙 55
행벡터 47
헤시안 행렬 206
확률밀도함수 274
환율 109
효용 109
효용함수 180

【기타】

GDP 109
1차 조건(first-order condition) 195
1차편도함수 163
1차 필요조건(first-order necessary
    condition) 198
2차 조건(second-order condition) 195
2차 충분조건(second-order sufficient
    condition) 198
2차편도함수 167

저자 소개

정홍열
성균관대학교 경제학과 학사
성균관대학교 대학원 경제학과 석사
University of Texas at Austin 경제학과 박사
현재 한국해양대학교 국제무역경제학부 부교수

조성철
서울대학교 경제학과 학사
KAIST 경영과학과 석사
KAIST 경영과학과 박사
현재 한국해양대학교 해운경영학부 교수

유일선
서울대학교 국제경제학과 학사
서울대학교 대학원 국제경제학과 석사
서울대학교 대학원 국제경제학과 박사
현재 한국해양대학교 국제무역경제학부 교수

김종석
서울대학교 경제학과 학사
Washington University in St. Louis 경제학과 석사
Washington University in St. Louis 경제학과 박사
현재 한국해양대학교 국제무역경제학부 교수

유성진
한국과학기술원 경영정책학과 학사
한국과학기술원 산업경영학과 석사
한국과학기술원 산업공학과 박사
현재 한국해양대학교 해운경영학부 부교수